# 융합
# 인문학

인문 예술과 자연과학의 융합적 만남
# 융합 인문학

엮은이 / 최재목
지은이 / 강운구·김상환·민주식·박홍규·신동원·이용주·장회익·정병규·주경철·함성호
펴낸이 / 강동권
펴낸곳 / (주)이학사

1판 1쇄 발행 / 2016년 7월 30일

등록 / 1996년 2월 2일 (등록번호 제 03-948호)
주소 / 서울시 종로구 윤보선길 65(안국동 17-1) 우 03061
전화 / 02-720-4572· 팩스 / 02-720-4573
홈페이지 / ehaksa.kr
이메일 / ehaksa1996@gmail.com
페이스북 / facebook.com/ehaksa · 트위터 / twitter.com/ehaksa

ⓒ 강운구·김상환·민주식·박홍규·신동원·이용주·장회익·정병규·주경철·최재목·함성호, 2016,
Printed in Seoul, Korea.
ISBN 978-89-6147-266-1 03100

이 책의 저작권은 저자가 가지고 있습니다.
저작권법에 의해 보호를 받는 저작물이므로 이 책 내용의 일부 또는 전부를 재사용하려면
저작권자와 (주)이학사 양측의 동의를 얻어야 합니다.

* 이 책의 인세는 영남대학교의 인문학 발전을 위해 기부합니다.

* 책값은 뒤표지에 표시되어 있습니다.

이 도서의 국립중앙도서관 출판시도서목록(CIP)은 e-CIP 홈페이지(http://www.nl.go.kr/ecip)와 국가자료공동목록시스템(http://www.nl.go.kr/kolisnet)에서 이용하실 수 있습니다. (CIP제어번호: CIP2016017198)

최재목 엮음

강운구 김상환 민주식
박홍규 신동원 이용주
장회익 정병규 주경철
함성호 지음

# 융합
# 인문학

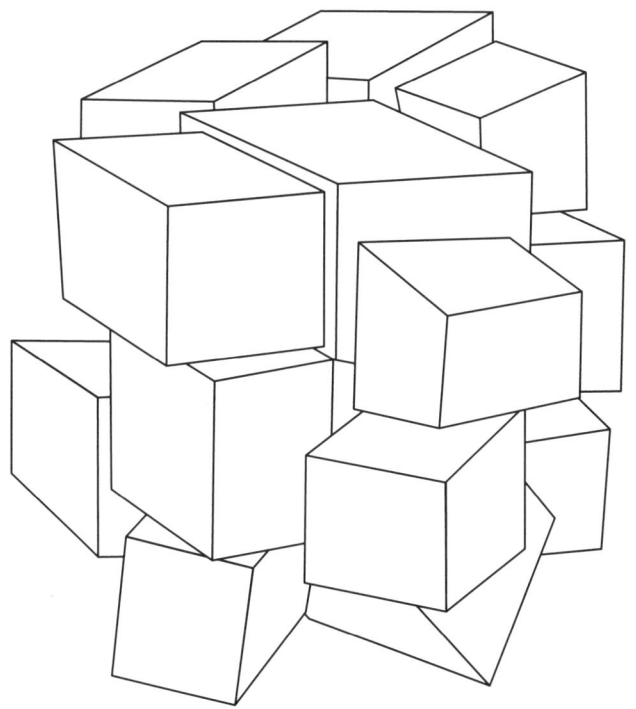

인문 예술과 자연과학의 융합적 만남

이학사

머리말
# 삶은 어차피 융합이다

최재목(영남대 철학과 교수, 융합인문학 주간)

"진리는 새롭지 않다. 오류만이 새롭다"라는 말이 떠오른다. 최근 유행하게 된 '융합'이란 말도 그렇다. 우리 사회에서 무언가를 '구별할 가치가 있어' 새로 말을 사용하는 것이지 말 자체가 없었던 것은 아니다.

언어는 나(자아)의 때요, 얼룩이요, 흔적이다. 세계는 나의 때요, 얼룩이요, 흔적이다. 나의 흔들림-흐느낌의 흔적이 언어이고 세계이다. 융합이라는 말이 나온다는 것은 우리 사회가 새로운 무언가를 갈망하면서, '흔들리고-흐느끼고' 있다는 것이리라! 사물이 있으니까 이에 대응하는 언어가 일일이 생겨나는 것이 아니다. 이런저런 가치가 있어서 이렇게 저렇게 구분할 필요가 있으니 언어가 생겨나는 것이다. 현재 우리의 삶은 기존의 삶과 생활 방식이 많이 달라지고 있어서 이전과 현재를 구분(구별)할 가치가 있게 되었다.

융합이란 개념의 재발견은 우리 사회가 새롭게 무언가를 고민하고 있다는 반증이다. 언어가 있어서 말하는 것이 아니다. 말하고 싶은 것이 있어서 언어가 생겨난 것이다. 눈이 있어서 보는 것이 아니라 보고 싶은 것이 있어서 눈이 생겨난 것처럼 말이다.

없는 데서 무언가를 찾아내는 것을 '발명Invention'이라 한다면(無→有), 있는 데서 무언가를 찾아내는 것을 '발견Discovery'이라 할 수 있다(有→有). 융합은 무언가 이미 있는 것을 발상의 재료로 삼아 새로운 것을 찾아내기에, 형식상으로는 발견에 해당한다. 하지만 새로 창출된 것이 이미 있던 것과는 다른 것이기에, 내용상으로는 발명이라 할 수 있다. 물리적 변화가 아니라 화학적 변화이기 때문이다. 화학적 변화는 다른 것들과 만나는 데서 출발한다. 만나지 못한다면 아무런 변화도 기대할 수 없을 것이다.

대학 내에서도 사회에서도, 국내적으로나 국제적으로나 융합이 대세이다. 융합적이지 않으면 잘 먹히지 않는다. 융합에 눈뜨지 않고는 먹고살기 힘들게 되었다. 살아남기 어렵다는 말이다. 창의적인 진로 개척도 어렵다. 그만큼 대중의 지성, 감각이 발달하였고, 사회 시스템도, 세계시장도 다각도로 변화하고 있다. 세상의 위대한 책들은 모두 '변화하라!' '변화에 부단히 적응하라!'고 가르치지, '변화와 맞짱 뜨라! 엇박자로 살아라! 거부하라!'고 가르치지 않는다.

그동안 우리 사회는 자기 것 지키기에 급급한 면이 있었다. 그렇다고 바깥세상에 "이것이다!"라고 꼭 내세울 만한 '자기 것'이 있었던 것도 아니다. 아카데미 내부에 눈을 돌려보자. 전공-학과-학역學域의 벽이 얼마나 두꺼웠던가. 소통도 대화도 없었다. 교수도 학생도, 각기 자신의 영역-분야에만 골몰하고 집중하였다. 그것을 권위인 양 소명인 양 자랑해왔다. 타자들, 바깥의 변화에는 별 관심이 없었다. 그래도 과거에는 다들 그러했으니 대체로 살아갈 수 있었다. 그런 사회구조였기 때문이다. 단일 메뉴만으로도 폐쇄 구역의 구멍가게에서는 잘 버틸 수 있었다. 맛이 별로 없어도 괜찮았다. 사람들이 우물 안 개구리라서, 아니 별 대안이 없어서라도 그냥저냥 눈감고 잘 팔아주었다.

하지만 지금은 다르다. 그때는 그런 방식이 통했을지 모르지만 지금은 다르다. 그랬다가는 망한다. 사물을 바라보는 사회와 대중의 눈이 높아졌고, 입맛도 엄청 까다로워졌다. 하루가 다르게 세련되고, 고급스러워져간다. 사물에 대한 안목이 분화되면 될수록 그 통합의 폭이나 방법 또한 훨씬 더 복잡다단해진다. 창의적이지 않고서는 살아남기도 어려워졌다는 말이다. 이런 사태는 안주하는 자에겐 불행이나 저주이지만 도전하는 자에게는 행운이고 절호의 찬스이다.

융합적 안목을 익히려면 확고한 자신의 영역을 확보해두고, 그것을 진전시키면서, 이것저것들 사이[間]에서 어울리며[際] 통하며[通] 잘 섞여 놀[遊] 줄 알아야 한다. 그래서 융합의 유능함은 노는 능력, 즉 '유능遊能'이어야 한다.

유동-소요逍遙-횡단(크로스오버)-섭렵의 노하우를 통해서 물건, 시스템, 콘텐츠, 아이디어의 '묘합妙合', 즉 '최적화' 상태를 찾을 수 있다. 신의 한 수가 아니더라도 '딱 맞음'을 찾아내는 일이 중요하다. 이것은 자연과학적인 것이나 기술적인 것일 수도, 인문사회적인 것일 수도 있다. 어떤 것이 됐든 결국은 '딱 맞음'이 '딱 좋음'으로 진전된다. 종국에는 '미학적' 경지에 도달하는 것이다. 이 경지는, 컴퍼스처럼 우선 자신이 전공하는 지식의 영역에 '깊이 더 깊이' 발을 담그고서 그것을 관망-측정할 수 있는 다양한 영역을 섭렵-장악해가는 '유능'의 방법에서 얻을 수 있다. 어설프게 이것저것을 그냥 접맥시킨다고 해서 쉽게 공짜로 얻어지는 것이 아니다. 그렇다고 이것이나 저것만을 묵수한다고 얻어지는 것은 더더욱 아니다.

흔히 '한 우물만 파라!'는 말을 해댄다. 한편으로는 맞지만 다른 한편으로는 틀린 말이다. 깊이 파고들려면 넓게 시작해야 한다. 입구가 좁으면 깊어질 수가 없다. 물론 깊어지면 자동적으로 넓어질 수 있다. 그러나 깊어지면서 그 깊이와 위상을 객관적으로 짚어볼 수 있는 시야를 충분히 확보해두지 않으면 넓이를 장담할 수 없다. 자칫 우물에 갇히거나 영영 그 제한된 좁은 구멍 속에 푹 빠져버릴 수 있다. 어떤 일을 하든 반드시 되돌아 나올 길과 시야를 확보해두어야 한다. 그래야 우물 그 자체를 통찰하고, 나아가서 다른 우물들과 통하는 물길을 명확히 알 수 있다. 한 우물을 잘 팔 수 있는 능력으로 다른 우물을 다시 파 내려가면 여러 우물끼리 서로 만나게 하는 방법도 자연 터득하지 않겠는

가. '한 우물만 파라!'는 말은 옛날에는 맞았지만 지금은 틀리다. 한 우물만 파가지고는 그 우물 자체도, 그 이상의 어떤 것도 얻어낼 수 없다!

융합이란 말은 주로 영어의 '퓨전fusion', '컨버전스convergence', '칵테일cocktail', '하이브리드hybrid' 등의 번역어로 쓰여왔다. 이 단어들의 번역어를 찾는 과정에서 '융합'이란 말이 재발견된 것이다.

두 개 이상의 분야를 서로 접목시키거나 기존의 분야에 다른 분야의 특성이나 기술을 도입하는 방식은 이미 경제, 의료, 교육, 나노/바이오뿐만 아니라 학문의 전 영역에서 다양하게 시도되고 있다. 어차피 삶은 모든 것의 '연결'로서 이루어져 있다. 의식하든 그렇지 않든 간에, 연결은 인간과 사회의 운명인 것이다. 이 점에서 우리의 삶 자체가 이미 융합적인 셈이다.

'녹다'는 뜻의 '융融' 자에다 '합하다'는 뜻의 '합合' 자를 붙인 융합이란 개념은, 글자 자체로 보면 뭐 특별할 것도 없다. 사전적으로는 '다른 두 종류 이상의 사물을 서로 섞거나 녹여서 하나로 합하는 것'을 말한다. '섞거나 녹인다'는 것은 '화和'-'통通'-'결結'-'혼混' 등의 글자와도 끼리끼리 모일 수 있는 이른바 '가족 유사성'을 갖는다. 그래서 융합은 통섭統攝/通攝/通涉, 통합統合, 합체合體, 혼합混合, 결합結合 등의 개념들과도 친하다.

그렇다면 융합의 동력은 어디서 찾을 것인가? 바깥에 산재해 있는, 이미 있는 사물들, 사건들의 숙련된 탁월한 연결을 통해서? 아니, 인간의 두뇌-의식 어딘가에 숨어 있는 비장의 고층古層을 찾아내는 이른바 의식의 지질학 혹은 고고학적 탐색을 통해서? 아니면 이 둘의 결합을 통해서? 어느 쪽이든 다 가능한 일이다.

요즘 대학마다 취업이 안 된다고 야단들이다. 학생들은 먹고 살 길이 막막하다고 힘이 빠져 있다. 학생들과 대학들의 고민은 현재보다는 미래로 향한다. 인공지능의 발달로 수많은 일자리가 없어져버릴지 모른다는 전망마저 있다. 물론 새로 생겨나는 것도 많다. 득이 있으면 실이 있기 마련이다. 미래의 먹거리를 마련기 위해서는 무엇보다 생각, 발상법, 안목이 깨어 있어야 한다. 이 책은 '융합'을 주제로 깨어 있는 발상법을 다각도로 노크한다.

지난해(2015년) 영남대학교 기초교육대학에서는 젊은 학생들의 창의적인 발상을 돕는 새로운 교양 강좌를 만들었다. '스무살의 인문학'(1학기)과 '융합 인문학'(2학기)이다. 어쩌다 보니 능력 없는 내가 이 두 과목을 주관하게 되어 과목명도 직접 정하였다. 처음에는 어설픈 감도 있었지만 다행히 이 강좌들을 자문해주시는 교수님들이 계시다. 이분들에게서 많은 도움과 힘을 얻고 있다. 바쁘심에도 불구하고 늘 자문에 임해주시는 기초교육대학의 박홍규 교수님, 교육학과의 박철홍 교수님, 기계공학부의 임병덕 교수님, 교육학과의 홍윤경 교수님, 네 분께 이 자리를 빌려 특별히 깊은 감사의 말씀을 드린다.

이 책은 지난해 2학기에 진행된 교양 강좌 '융합 인문학'의 내용을 엮은 것이다. '차례'에 잘 드러나 있듯이 각 분야의 최고 전문가들이 다양한 전공 영역에서 연마해온 탁월한 지식을 알기 쉬운 세련된 언어로 강의한 것이다. 1시간 20분 정도의 강의와 1시간 이상 이어진 질의응답 내용을 가능한 한 생동감 있게 옮기고자 하였다. 마지막까지 좋은 책이 되도록 번거로움을 마다 않고 원고를 정성스레 다듬어주신, 강의를 담당해주신 모든 선생님께 머리 숙여 깊은 감사를 드린다.

아울러 이 강좌에 많은 관심을 가지고 물심양면 후원해주신 영남대학교 노석균 총장님과 강좌의 운영위원 교수님, 기초교육대학 여러분, 그리고 이 책이 나오기까지 고생한 영남대학교 신문사 기자들과 홍보실 촬영팀 여러분, 영남대학교 대학원 철학과 석사과정의 장귀용 군, 대학원 한국학과 박사과정의 허재윤, 김명월에게 감사를 드린다.

마지막으로 『스무살의 인문학』에 이어 『융합 인문학』까지 흔쾌히 출판해준 이학사에 감사드린다.

2016년 7월 1일 영남대학교 압량벌에서
최재목 쓰다

# 차례

머리말 _삶은 어차피 융합이다

최재목
5

융합이란
무엇인가?:
광활한 시선의 회복

김상환
15

한국 고건축에서 보는
미와 생명:
조선집에 담긴 철학

함성호
47

근대 세계의
과거와 미래:
문명화와 야만화

주경철
79

한글의
새로운 세계:
한글 문자학

정병규
111

## 분류 사고와 창의성:
과학과 인문, 앎의 원리로서 분류와 분류의 한계

이용주
129

## 사진은 무엇을 말해주는가?:
사진의 기록성과 효용

강운구
163

## 뫼비우스의 띠:
우주 속의 인간, 인간 속의 우주

장회익
191

## 다빈치와 융합적 시야:
창조적 태도로 살아가기

박홍규
229

## 의학과 인문의 융합:
허준의 『동의보감』

신동원
255

## 아름다움이란 무엇인가?:
외양과 느낌의 시대 즐기기

민주식
281

# 융합이란 무엇인가?

## 광활한 시선의 회복

김상환

**김상환**

프랑스 파리4대학교(소르본)에서 철학 박사 학위를 받았으며, 현재 서울대학교 철학과 교수로 재직 중이다. 주로 현대 프랑스 철학을 강의하고 있으며, 구조주의 전후의 현대 철학 사조를 동아시아의 문맥에서 재해석하는 데 관심을 가지고 있다. 2012년부터 고등과학원 초학제연구 프로그램의 패러다임-독립연구단에서 과학과 인문 예술 융합의 기초가 될 새로운 지식 패러다임과 방법론을 모색하는 3년간의 연구를 이끌었다. 주요 저서로 『철학과 인문적 상상력』, 『니체, 프로이트, 맑스 이후』, 『예술가를 위한 형이상학』 등이 있고, 『차이와 반복』, 『헤겔의 정신현상학』(공역) 등을 번역했다.

전문성을 얻은 대신에 전인성을 상실하는 것이 근대인의 운명입니다.

오늘 저는 융합의 의미, 역사적 배경, 그리고 여기에 덧붙여서 융합 연구에 필요한 창의적 사고의 논리에 대해 말씀드리겠습니다.

1930년대 모더니즘을 대표하는 작가 이상에서부터 출발해봅시다. 이상의 본명은 김해경입니다. 김해경이라는 사나이가 글을 쓸 때 자신의 필명을 이상으로 했습니다. 그런데 이상의 '상' 자가 무슨 한자인지 아세요? '상자 상箱' 자입니다. 나는 가수다, 나는 천재다, 나는 달인이다, 얼마든지 이렇게 얘기할 수 있는데 왜 '나는 상자다'라고 얘기했을까요? 수수께끼 같지 않나요? 아마 그 비밀은 그의 산문을 읽어보면 풀 수 있을지도 모르겠습니다. 그는 이렇게 씁니다.

"부채꼴의 인간 … 원시인은 혼자서 엽사, 공예가, 건축사, 의사를 겸했다. … 현대인은 그중 하나를 선택한다. 미래는 전적인 인간을 요구한다."

여기서 키워드가 무엇이겠습니까? '부채꼴의 인간'이죠. 풀어서 말하자면 '현대의 인간은 협소한 인간이다. 원형적이고 전인적인 인간이 아니라 부채꼴로 쪼그라든 인간이다. 미래는 어떤 전적인 인간, 원형적인 인간을 요구한다'는 것입니다. 여기에 비춰 봤을 때 이상의 그 '상箱' 자는 근대 문명에 대한 신랄한 반어라고 할 수 있습니다. 인간이 저마다 자신의 상자에 갇혀 있다는 것입니다.

근대 문화의 가장 중요한 특징은 한없이 나누어지고 분화된다는 데 있습니다. 알에서 나온 생명체가 계속 분화되듯이, 그러니까 개구리 알에서 올챙이가 나오고 올챙이에서 개구리의 손과 발 같은 기관들이 나오듯이 한없이 분화, 세분화되는 것입니다. 특히 직업과 노동의 분화가 일어납니다. 이상의 문장을 보세요. 원시인은 혼자서 공예가, 건축사, 의사를 겸했다고 하는데 이것만 겸했겠습니까? 미용사, 재단사, 구두장이는 물론이고, 요즘에는 손톱 꾸미는 것도 중요한 직업인데 옛날 사람들은 이런 네일 아티스트도 모두 겸했습니다.

우리 시대에는 직업이 분화되어 있어 우리는 그중 하나만 선택하죠? 과거에는 다양한 일을 한 사람이 동시에 하면서 전체를 담당했는데 이제 인간은 하나의 전문 직업에 붙들려 있습니다. 말하자면 근대적 분업 체계에 갇히게 되었습니다. 이것이 이상이 말하는 '상자에 갇힌 인간'이죠. 홍상수 감독의 〈돼지가 우물에 빠진 날〉이라는 영화가 있습니다. 돼지가 우물에 빠지듯이 근대인은 자기 직업의 우물에 빠져서 바깥을 보지 못한다는 겁니다.

직업이 끊임없이 분화된다는 것은 가치가 분화되고 세계관이 분화된다는 것과 같습니다. 한평생 군인, 학자, 개그맨으로 산 사람들을 비교해봅시다. 이들은 가치관, 세계관이 서로 다를 수밖에 없습니다. 자기 직업에 철저할수록 그 직업이 요구하는 규범, 조건을 익히고 내면화해야 합니다. 그러다 보면 자연스럽게 다른 직업을 가진 사람과 완전히 다른 가치관, 완전히 다른 세계관을 지니게 됩니다.

근대에는 노동과 직업의 분화, 가치관의 분화에 더해 학문의 분화도 왕성하게 일어나게 되었습니다. 과거로 올라가면 한 학자가 철학부터 동물학, 정치학까지 모든 학문을 다 했어요. 아리스토텔레스나 데카르트, 라이프니츠 같은 고전적인 철학자들은 전방위적인 학자였는데 지금은 그런 학자를 찾을 수 없습니다. 요즘 지식인은 특정한 분야에 매몰된 전문가입니다. 근대 학문, 근대 문명 자체의 특징이 분업 체계를 통해 효율성을 추구하는 것이었는데 그 와중에 우리 인간이 부채꼴로 쪼그라들었습니다. 전문성을 얻은 대신에 전인성을 상실하는 것이 근대인의 운명입니다.

오늘날 융합 학문의 이념은 바로 이런 근대 문명, 근대 학문에 내생적으로 뒤따르는 폐단이 누적된 나머지 이제 학문의 진보에 걸림돌이 될 정도가 되었기 때문에 이것을 한번 타파해보자, 계속 나누고 쪼개고 깊이 파고들지만 말고 넓고 광활한 시선을 회복해보자 하는 데서 나왔습니다. 특히 요즘은 패러다임 전환이 일어나는 시기입니다. 과거의 패러다임이 제기했던 작은 문제를 파고드는 연구는 더 이상 큰 의미가 없습니다. 새로운 학문 유형, 사고의 전제를 찾으려는 노력이 어느 때보다 시급합니다. 작은 나무가 아닌 숲을 봐야 하는 시대입니다. 근대 문명이 부딪히는 내재적 한계 때문에 융합 담론, 융합 이론의 필요성이 제기될 수밖에 없는 것입니다.

우리가 기초 분야로 깊이 내려가지 못하면 응용과학 분야든 순수 자연과학 분야든 정말 의미 있는 횡적인 융합을 체계적으로 이루어내기가 어렵습니다.

그러면 가장 초보적인 사항으로 융합 연구의 유형부터 한번 점검해봅시다. '다학제multidisciplinary 연구', '학제간interdisciplinary 연구', '초학제transdisciplinary 연구', 이 세 가지를 융합 연구의 대표적인 유형으로 뽑을 수 있는데요, 이중 가장 오래되고 친숙한, 말하자면 중간의 위치에 있는 것이 학제간 연구입니다. 이 말에는 약간의 부조리가 있어요. 국가에 해당하는 nation, national이라는 말이 있죠. 국가들이 모이면 국제, international이 됩니다. 분과 학문, 즉 서로 다른 discipline이 모이면 interdiscipline이 됩니다. 국가에서 국제로 가는 것처럼 학문에서 학제로 가는 것이죠. 그런데 거기다 다시 '간'이라고 붙이는 건 마치 '역전'이라 하면 되는 것을 '역전앞'이라 하는 것과 같습니다. 두 글자로 하면 이상하니까 하나 갖다 붙인 거예요. '학제간'이라고. 학제간 연구는 말하자면 비빔밥 정도의 융합이라고 보면 되겠습니다. 표준적인 것입니다. 이것을 기준으로 초학제로 가면, 섞였는데 비빔밥 정도가 아니라 찌개나 수프가 되어버리는 거예요. 찌개나 수프가 되면 재료가 갖고 있던 원래의 성질이 다 사라지고 새로운 전체 속에 통합되어버리죠? 재료가 형질 변화를 겪게 될 정도로 강도 높게 합쳐졌을 때를 초학제라고 합니다. 반면 첫 번째 다학제는 조금 더 느슨한 것입니다. 학문 간 통합이 물리적이고 병렬적인 연대, 느슨한 연대의 형식을 취할 때 다학제라고 합니다. 그러니까 이런 분류의 기준은 학문들이 같이 섞이고 융합되는 강도에 있습니다. 말하자면 비빔밥 정도냐, 수프까지 가느냐, 아니면 그 이전이냐 하는 것입니다.

그런데 이런 얘기를 할 때 사람들이 빠뜨리는 게 있습니다. 많은 경우 학문 체계 전체는 나무에 비유됩니다. 데카르트의 비유에 따르면, 뿌리가 형이상학이고 그 뿌리에서 뻗어 나온 줄기가 순수 자연과학이고, 여기서 더 뻗어 나온 가지가 이른바 응용과학입니다. 데카르트가 볼 때 학문의 유용성은 응용과학에서 찾아야 합니다. 마치 나무의 가지 끝에서 과실이 열리는 것처럼 학문이라는 나무의 최종적인 과실, 그 유용성의 과실은 테크놀로지, 응용과학에서 나온다는 것입니다. 요즘 융합 인문학이라는 말을 많이 하지만, 현재 가장 왕성하게 융합이 일어나는 것은 사실 테크놀로지 분야예요. 그러나 테크놀로지(가지) 수준에서 융합이 일어나려면 줄기에 해당하는 순수 과학 분야로 하강할 수 있어야 해요. 이 점을 많은 사람이 놓치고 있습니다. 좀 더 기초적인 관점, 기초적인 수준의 연구로 내려가지 않으면 위쪽에서 일어나는 응용과학 분야들 간의 횡적인 연대, 종합을 감당하기 어렵습니다. 마찬가지로 순수 이론적인 분야, 가령 물리학과 생물학 사이에 분자생물학 같은 융합 연구가 있습니다. 학문 나무에서 줄기 부분에 해당하는 이런 분야에서 횡적인 연대가 왕성하고 체계적으로 진행되려면 그 아래의 뿌리까지 내려가야 해요. 형이상학이나 인식론, 이런 데까지 내려갔다가 올라와야 수평적 구도의 횡적인 연대나 융합이 비로소 건실하게 진행될 수 있는 것입니다.

제가 기술도 잘 모르고 자연과학에 대해서도 잘 모르지만 융합 연구 현장에 자주 끌려다니는 이유도 바로 이런 요구 때문입니다. 우리가 기초 분야로 깊이 내려가지 못하면 응용과학 분야든 순수 자연과학 분야든 정말 의미 있는 횡적인 융합을 체계적으로 이루어내기가 어렵습니다. 인문학이 융합에 관여해야만 하는 이유도 여기 있습니다. 가령 자연과학자들, 기계공학자들, 전자공학자들만 모여서 융합을 하면 뭔가 의미 있는 결실이 나오지 않습니다. 인문학이 학문 나무의 뿌리에 거름과 자양분을 듬뿍 줘야, 저 가지 끝에 탐스러운 과실이 열리는 것입니다.

인문학과 자연과학이 서로를 믿지 못하고 불신하게 되는 현상은 근대화 과정에 있는 모든 국가에서 공통적으로 나타나는 현상이라고 볼 수 있습니다.

지금부터는 융합과 관련된 중요한 논쟁의 역사를 간단히 돌아보겠습니다. 융합과 관련된 이야기가 나올 때 늘 되돌아가게 되는 중요한 고전적 논쟁 몇 가지를 소개해드리겠습니다.

C. P 스노우Snow의 『두 문화』라는 책이 있습니다. 원래 스노우의 강연 제목은 '두 문화와 과학혁명'인데 우리나라에서 번역될 때는 '두 문화'라는 간단한 제목으로 번역되었네요. 스노우는 팔방미인입니다. 물리학 교수이면서 정치가였고, 행정가로서 과학기술부 장관도 지냈고, 또 아주 유명한 문필가, 소설가였어요. 이 사람이 59년에 아주 유명한 강연을 했습니다. 그 강연의 요지는 이렇습니다. '어떻게 이 나라 영국의 문인들은 물리학의 가장 초보적인 원리도 이해하지 못할 정도로 과학에 대해 무지할 수 있는가. 또 이 나라의 과학자들은 어떻게 인문학에 대해서 이렇게나 무지한가. 셰익스피어와 같이 인문학의 a, b, c에 해당하는 것도 모르지 않는가. 이래서야 나라가 어떻게 발전하고 유지될 수 있겠는가.'

50년대는 체제 경쟁이 왕성하게 일어났던 냉전의 시대였습니다. 스노우는 과학자들과 인문학자들이 별개의 세계를 이루어서 서로를 오해하고 대립하고 불신할수록 막대한 사회적 손실이 초래될 것이라고 개탄했던 것입니다. 인문학과 자연과학 사이가 갈수록 멀어지고, 그러다 보니 서로를 믿지 못하고 불신하게 되는 현상은 근대화 과정에 있는 모든 국가에서 공통적으로 나타나는 현상이라고 볼 수 있습니다. 이 책이 제기한 문제, 50년대에 스노우가 제기한 문제는 아직까지 우리가 풀어야 할 화두, 과제로 남아 있습니다.

두 번째는 90년대에 포스트모더니즘이 전 세계에 왕성하게 휘몰아칠 때 일어난 지적 사기 논쟁입니다. 앨런 소칼Alan Sokal이라는 학자가 40세쯤에 장난을 친 일입니다. 이른바 소칼 사건이라고 하는데, 이 사건으로 학계가 발칵 뒤집어졌습니다. 소칼이 포스트모더니즘을 옹호하고 전파하기 위해서 창간된 유명한 저널에 가짜 논문을 투고했거든요. 그는 이 논문에서 포스트모더니즘의 이론은 예술이나 인문학 분야에만 들어맞는 게 아니고 과학에도 들어맞는다고 했습니다. 이 사람은 통계물리학자인데, 실험도 하지 않고 엉터리로 표를 만들어서 포스트모더니즘은 첨단 물리학에서도 다 통하는 얘기라고 했어요. 제목도 아주 포스트모던하게 「경계의 침범: 양자 중력의 변형 해석학을 위하여」라고 지었습니다. 이 저널의 편집자들은 권위 있는 과학자들에게 이 글의 심사를 맡기지 않고 오히려 '아니 이런 희소식이!' 하면서 그냥 저널에 실었어요. 소칼은 그 저널이 나오는 시점에 다른 저널에 '내가 엉터리 논문을 보냈는데 그걸 그냥 싣더라, 포스트모더니즘이란 것이 얼마나 엉터리냐'는 식으로 썼습니다. 그래서 학계에 난리가 난 것입니다.

이때 소칼 사건으로 아주 유명해진 물리학자가 장 브릭몽Jean

Bricmont입니다. 소칼이 이 사람과 함께 바로 책을 썼던 것이죠. 제목이 『지적 사기』, 부제가 '포스트모더니즘은 얼마나 과학을 남용하고 있는가'입니다. 포스트모더니즘의 원조에 해당하는 라캉, 데리다, 들뢰즈, 크리스테바 같은 저명한 프랑스 철학자들의 책에서 과학과 관련된 부분을 찾아서 전부 엉터리라고 일일이 지적했어요. 과학적 근거가 없는 얘기들을 하고 있다고 썼습니다. 이때는 포스트모더니즘이 전 세계를 강타할 때입니다. 미국, 일본, 한국 할 것 없이 포스트모던이라는 단어가 안 들어가면 책이 안 팔리던 시대였어요. 또 이 단어만 들어가면 아무리 엉터리라도 일정한 부수 이상의 판매량을 올리기도 했어요. 그만큼 거센 유행의 물결이 일던 시절이었는데 이런 책을 내서 세상이 발칵 뒤집어진 것이죠. 문제는 프랑스 철학자만 비판한 게 아니고 콰인, 쿤, 포퍼 같은 전 세계적으로 존경받는 과학철학자들, 과학사가들도 함께 비판했다는 겁니다.

그래서 이른바 '과학 전쟁'이라는 대논쟁이 자연과학자 집단과 인문학자 집단 사이에서 벌어지게 되었습니다. 그런데 이 집단적 논쟁이 이상하게 돌아가기 시작했습니다. 처음에는 두 편의 학자들이 서로 반목했는데 계속 싸우다 보니 서로를 이해하게 되고 마침내 화해해서 위대한 평화가 찾아왔습니다. 이 사건은 현대 과학철학의 중요한 이정표가 됩니다. 특히 자연과학과 인문학, C. P. 스노우가 말했던 두 문화 사이에 화해를 가져온 사건이었습니다.

마지막으로는 90년대 말에 나온 에드워드 윌슨Edward Wilson

의 『통섭』 이야기를 해보겠습니다. 워낙 유명한 책이지요. 내용은 별거 없는데 우리나라에서 이상하게 과잉 반응을 일으키고 폭발적인 인기를 얻었습니다. 겉과 속이 너무 달라서 전문가들이 보면 의아한 현상입니다. 그 이유를 따져보면 consilience라는 단어를 '통섭'이라고 옮긴 게 결정적이라는 생각이 듭니다. 통섭이나 화쟁, 원융은 당나라 시대의 불교에서 나온 용어들입니다. 통섭이나 원융이라는 말은 원래 대단히 좋은 말입니다. 서로 다른 것들이 상생의 관계에서 합쳐진다는 뜻이지요. 학문을 예로 든다면 서로 다른 학문들이 평등한 입장에서 상생적인 시너지 효과를 일으키며 하나로 합쳐진다는 뜻입니다.

제목이 『통섭』이니까 '와, 이게 모든 학문이 상생하는 길이구나. 미래로 가는 선도적인 내용이겠구나'라고 생각합니다. 그런데 읽어보면 거꾸로예요. 이 책은 굉장히 낡고 시대착오적인 이념을 담고 있습니다. 이 책의 원래 내용은 생물학을 중심으로 모든 학문이 헤쳐 모여야 한다는 것입니다. 심리학, 사회학, 철학, 정치학 등 모든 학문이 생물학으로 환원될 수 있고, 그렇게 생물학으로 돌아가야 모두 과학적으로 설명된다는 내용입니다. 이 책의 주장에 따르면 다른 학문은 결국 다 필요 없는 겁니다. 그래서 한때 사람들이 입만 열면 통섭, 통섭이라고 했는데, 나중에 드디어 그 정체가 탄로 나서 이것이 '새로운 종류의 지적 사기다'라는 이야기가 나왔습니다. 이런 제목으로 책이 나오기도 했지요. 그러나 하여간 이 책이 우리나라에서 융합 담론을 촉발시키고 자극하는 데 커다란 역할을 한 것은 사실입니다. 그 점에서는 인정을 해야 하는 책입니다.

 융합이라는 적당한 용광로에 넣어서 '같아져라, 같아져라' 하는 것은 좋지 않습니다.

 조금 더 큰 문맥에서 오늘날의 융합을 여러 가지 분야나 차원에서 살펴볼 필요가 있습니다. '테크놀로지', '사회정책 및 행정', '인문학과 자연과학', '동양과 서양'을 중심으로 이야기해보겠습니다.

 우리가 여기서 말하는 융합은 convergence라는 말에서 왔습니다. 이 말은 과거에는 잘 쓰지 않던 말입니다. '학제간', '초학제'라는 말은 썼지만, 이런 말은 쓰지 않았어요. 그런데 어느 순간 이 말이 다른 말을 대체하고 주도적인 기표가 됐어요. 바로 테크놀로지 분야에서 일어나는 융합 연구 때문에 그렇습니다. 2002년에 미국 과학재단과 상무부가 협동해서 제출한 정책 보고서에 '융합 기술converging technology'이라는 말이 등장했고, 이때부터 융합이 중요한 화두로 떠올랐습니다.

 여기서 정의되는 융합은 '나노 기술(NT), 생명공학 기술(BT), 정보 기술(IT), 인지과학(CS) 등 4대 분야(NBIC)를 상호 결합하는 의도'입니다. 이 네 종류의 첨단 테크놀로지를 결합하려는 의도가 융합이란 말의 핵심적 의미입니다. 이것이 오늘날 굉장히 중요한 화두로 떠오른 이유는 정보 기술을 중심으로 하는 융합 기술이 산업 분야에서 새로운 차원을 열어놓았기 때문입니다. 스티브 잡스를 생각하면 되죠. 전화기, 인터넷, 사진기, 녹음기 등 기존의 다양한 제품이 하나의 휴대 장치 안에 결합되면서 일어나는 스마트 혁명이 대표적 사례입니다. 다양한 제품, 프로그램, 이 모든 것을 아주 효율적으로 하나의 모듈 속에 통합하는 것, 이것이 융합입니다. 요즘 박근혜 정부가 말하는 창조 경제의 바로 그 '창조'가 도대체 무엇을 의미하는지 사람들이 의아해하고 있는데, 그것은 이런 스마트 혁명, 융합 혁명을 근거로 한 말인 것 같습니다. 이런 테크놀로지 분야에 스티브 잡스 같은 사람이 등장해서 융합을 '미래로 가는 선도적인 이념'으로 떠오르게 했습니다.

그런데 융합 연구는 인문학이나 자연과학, 또는 테크놀로지 분야에서만 일어나는 것이 아닙니다. 정책 과학이나 행정학 분야에서도 융합 연구가 왕성하게 이루어집니다. 가령 도시 개발이나 재개발을 할 때, 토목과 건축만 하면 되는 게 아니거든요. 의료, 교육, 환경 등 다양한 분야의 전문가들이 참여하지 않으면 제대로 된 도시 개발을 하지 못합니다. 어떻게 이 많은 전문가들의 이야기를 하나로 수렴하고 통합할 수 있는가가 골치 아픈 문제입니다. 우리나라에서는 이런 융합 연구가 잘 이루어지지 않는데, 왜냐하면 무엇보다 하강의 기술이 없어서 그렇습니다. 인문학, 철학적 사고로 하강하지 못하면 잘 안 돼는 겁니다. 사회와 도시라는 것이 얼마나 복잡합니까. 단일 전공의 관점에서는 절대 문제를 파악하고 해결하지 못합니다. 점점 더 다시각, 다원적인 접근이 필요하고 융합적인 지혜가 필요합니다.

다른 한편으로 인문학과 자연과학의 융합이 스노우 이후에 계속 추구되고 있습니다. 실질적으로 이러한 시도를 해보면 인문학과 자연과학 사이의 거리가 너무 멀고 넘지 못할 심연이 있다는 것을 느끼게 되지만 그럼에도 이런 시도를 계속하는 이유는 우리 시대가 패러다임 안정기가 아니라 변동기이기 때문입니다. 미래 학문의 새로운 전제, 새로운 이념을 찾아야 하는 이런 때에는 자연과학자도 인문학을 알아야 하고 인문학자도 정말 창조적이려면, 미래를 감당할 수 있는 인문학을 하려면 자연과학을 알아야 합니다.

또 지금은 학문, 사상 면에서만이 아니라 정치경제학적인 측면에서도 큰 전환기입니다. 중국이 부상하고 있고, 동아시아가 전 세계에서 차지하는 정치경제학적인 비중이 날로 커지는 시대입니다. 여러분은 '아이비리그의 종언'이라는 말 들어보셨어요? 옛날에는 아이비리그에서 공부해야 정상에 갈 수 있었습니다. 미국의 다국적기업과 정부가 세계를 지배했기 때문이죠. 그래서 세계의 모든 인재가 미국으로 흡수되고, 미국이 요구하는 인재를 키워주는 명문 대학에서 훈련받아야 세계 정상에 우뚝 설 수 있었습니다. 그런데 지금은 그런 시대가 아닙니다. 벌써 교육 전문가들은 아이비리그의 시대는 끝났다고 말합니다. 지금은 동아시아가 세계에서 차지하는 정치경제학적인 비중이 점점 커지고 있는 중입니다. 그래서 지금 세계의 모든 원자재가 중국으로 흡수되고 있는 것처럼, 조금 더 있으면 세계의 인재들이 동아시아로 빨려 들어올 것입니다.

지금 요구되는 인재는 물론 자본주의나 민주주의, 서양의 문화도 잘 알고 있어야 합니다. 하지만 동아시아 지역의 오랜 문화적 전통도 잘 알아야 하고, 이 지역에서 독자적으로 인적인 네트워크를 구성할 수 있어야 합니다. 과거처럼 서양의 학문이나 교양만 알거나, 거꾸로 우물에 빠져서 동아시아 문화나 전통만 잘 아는 사람은 반쪽짜리 인재에 불과합니다. 동서의 문화적 전통, 인문적 교양을 다 알아야 세계 정상에 설 수 있습니다. 그래서 동서의 융합이 융합 인문학의 중요한 과제가 될 것입니다. 그러나 이것은 대단히 어렵습니다.

자연과학과 인문학, 동양적 사유와 서양적 사유는 달라도 너무 다릅니다. 들여다보면 볼수록 합쳐지기 어렵습니다. 겉으로는 비슷하고 공통점이 많아 보이지만 뿌리가 다르고 문법이 달라요. 억지로 하나로 만들려고 하면 오히려 부작용이 큽니다. 융합이라는 적당한 용광로에 넣어서 '같아져라, 같아져라' 하는 것은 좋지 않습니다. 이 두 가지가 서로 건강하고 의미 있는 형태로 융합되는 데는 장구한 세월이 필요합니다. 그래서 저는 융합이라는 말보다 합류confluence라는 말이 더 좋은 것 같습니다. 마치 따로 흐르던 물줄기가 하나의 강이 되어 합류를 거듭하는 것처럼 인문학과 자연과학, 동양적 사유의 패러다임과 서양적 사유의 패러다임이 자기 자율성을 가지고 따로 흐를 때는 따로 흐르고 또 만날 때는 서로 만나서 좋은 영향을 주고받고 헤어질 때는 헤어지는 과정이 필요합니다. 이러한 과정 속에서 자연스럽게 융합이 일어나도록 유도하는 것이 좋다는 것이 저의 생각입니다.

두 개의 프레임을 결합시키는 횡단적인 사고가 창조적인 사고입니다.

융합적인 사고, 융합적인 연구를 위해서는 대단히 창의적인 상상력 필요합니다. 융합 혁명이 스마트 혁명이었고 이 스마트 혁명이 우리나라에서 창조 경제로 번역되고 있다고 말했습니다. 이 세 가지 말, 창조와 스마트와 융합은 겹치는 말입니다. 이제까지 우리는 융합과 스마트 혁명에 대해서만 말했는데 이제는 융합에 필요한 창의적인 사고에 대해서, 무엇보다 창의적 사고의 형식적인 특징에 대해 얘기해보고 싶습니다. 철학 하는 사람으로서 이것을 묻지 않을 수 없죠. 그래서 몇 가지 답을 만들어봤습니다.

1950년대 미국에서 창조심리학이라는 학문이 탄생했습니다. 소련에서 인공위성을 쏘고 우주 비행에 성공하는 것을 보고 미국이 놀랐을 때입니다. 체제 경쟁이 심할 때인데, 이러다 소련에게 압도당하겠다는 위기감이 팽배했습니다. 스노우의 강연도 비슷한 배경에서 나왔다고 말씀드렸죠. 이 시대의 미국에서 위대한 과학적 발견을 촉진하기 위해서 과학적 창조의 비밀이 무엇인지 학문적으로 연구해보자는 흐름이 일었고 그래서 창조심리학이라는 학문이 나왔습니다.

그때 나온 대표적인 책이 아서 쾨슬러Arthur Koestler의 『창조의 행위』입니다. 지금도 아주 고전적 위치에 있는 책입니다. 이 책에서 쾨슬러가 창조란 bisociation이라고 했어요. bisociation은 association이라는 말을 응용한 신조어입니다. association은 '관념 연합'이라고 번역됩니다. 심리학에서 비슷한 생각끼리 서로 들러붙는다는 뜻으로 사용되는 것이 association입니다. bisociation과 비교해서 association은 하나의 체계, 하나의 우물, 하나의 상자 안에서 일어나는 관념 연합입니다. 그런데 쾨슬러가 볼 때 창조적인 사고는 두 개의 영역, 두 개의 틀, 두 개의 패러다임을 횡단하는 데서 일어납니다. 하나의 이론, 하나의 체계 안에서 일어나는 관념 현상은 새로울 수 없다는 말이지요. 사실 그런 것은 진부해요. 두 개의 프레임two frames을 결합시키는 횡단적인 사고가 창조적인 사고입니다.

영화 〈친절한 금자씨〉에 "너나 잘하세요"라는 말이 나옵니다. 우리나라 같은 동방예의지국일수록 존대와 하대, 상하귀천을 엄격히 구별합니다. 그런데 "너나 잘하세요"는 하대의 논리와 존대의 논리가 우리도 모르는 순간 턱 결합한 것입니다. 이 얼마나 웃기고 신선하며 독창적인가요? 개그는 독창적이어야 합니다. 서로 다른 논리나 프레임 사이에서 결합이 이루어지면, 우리가 이것을 듣는 순간 웃음이 터져 나오죠. 또 어떤 말을 들으면 갑자기 눈물이 나기도 합니다. 그런 말도 이런 논리적인 형식을 취하고 있어요. 가령 사랑하는 자식을 위해 목숨을 내놓아도 아깝지 않은데, 그런 자식을 스스로 죽이거나 그 아들의 살로 만든 음식을 먹어야 하는 장면을 보신 적이 있나요? 영화 〈사도〉에서도 영조가 자기 아들을 죽여야 되잖아요. 미워서 죽였겠어요? 자기 아들을 죽이고 싶은 사람이 어디 있겠어요? 서양 비극의 핵심적 작품인 『오이디푸스 왕』에서는 주인공이 자기 아버지를 죽입니다. 이것도 두 개의 프레임이 결합되는 사건입니다. 사랑하는 사람과는 무조건 사이가 좋고, 사랑하지 않는 사람과는 갈등하고 적대만 하는 것이 단독 프레임의 논리인데 여기서는 사랑해야 할 사람과 적대하는 것이죠. 우리가 뜨거운 눈물을 쏟는 장면이나, 배꼽을 잡고 폭소를 터뜨리는 말을 가만히 보면 두 프레임의 결합이라는 특성을 갖고 있다고 요약할 수 있습니다.

이런 내용은 아리스토텔레스의 『시학』에도 나옵니다. 문학적 언어의 가장 중요한 특징은 은유적 성격에 있습니다. 아리스토텔레스는 서로 다른 종류에 속하는 사물들 사이에서 유사성을 간파하는 것이 은유의 능력이라고 했어요. 비슷한 사물, 하나의 종에 속하는 사물들 사이의 유사성을 간파하는 것은 하나도 감동적이지 않습니다. 대학의 2학년 여학생들, 기계공학과 학생들 사이의 유사성을 발견하는 것은 하나도 감동적이지 않아요. 그런데 금붕어와 30대 미혼 남성의 유사성을 찾으라고 하면 갑자기 어려워지죠? 서로 다른 시스템이나 프레임에 속하는 사물들, 서로 다른 차원에 속하는 개체들 사이의 유사성을 찾는 것은 쉬운 일이 아닙니다.

"깃발은 소리 없는 아우성." 멋진 시적인 표현이에요. 어느 날 시인이 바람에 나부끼는 깃발을 봤는데 아우성치는 사람들의 얼굴을 닮았다고 본 거지요. 남들이 보지 못하는 유사성, 공통점을 간파한 겁니다. 문학적인 상상력의 핵심이 두 프레임의 결합이라는 것을 알 수 있어요. association이 '연합'이기 때문에 bisociation은 '이합' 정도로 이해하면 될 것 같습니다.

대부분의 사람은 처음부터 창조적으로 사고하는 능력을 갖는 게 아니고 열심히 자기 길을 가다 보면 끝에는 창의적인 사고에 이르는 것입니다.

보완적인 얘기를 해보겠습니다. 다시 반복하면, 창조적인 사고는 횡단적 사유입니다. 아주 배타적이고 상식적인 시각에서는 도저히 결합하거나 가까워질 수 없는 체계 사이를 횡단해서 두 개체 사이의 유사성을 간파하고 서로 이어놓는 것이 창조적 사고의 논리적 형식입니다. 그런데 이런 능력은 천부적으로 타고나는 것일 수도 있지만 보통 사람들에게는 각고의 노력 끝에 획득되는 것입니다. 혁신의 아이콘인 스티브 잡스는 재능도 있었지만 엄청난 노력을 한 사람이죠. 창의적 인간이 되기 위해서는 몇 단계의 정신적 형태 변화가 필요합니다. 보통 사람이 이합적 횡단의 사고까지 도달하려면 어떻게 해야 할까요?

발달심리학에서는 3단계를 거쳐야 한다고 합니다. '체계 내적 사유', '체계 간적 사유', '체계 횡단적 사유'입니다. 첫 단계인 체계 내적 사유는 이상의 말을 다시 빌리면 자신의 상자, 자신의 세계, 자신의 직업, 자신의 전공에 빠져 있는 사고입니다. 이 단계의 제일 중요한 특징은 모든 문제에는 하나의 정답만이 있다고 보는 것입니다. 모범생일수록, 이 세상의 모든 물음에는 딱 하나의 정답이 있다고 확신합니다. 자기 우물에서 모든 것을 다 해결할 수 있다고 생각하는 겁니다. 우리 때는 대학생들이 데모 많이 했죠. 어른들이 조금만 어긋나게 결정하면 거리에 나와서 피켓 들고 시위를 많이 했는데, 자기 기준이 명확해서 틀린 걸 못 보는 거예요. 이게 20대의 특징입니다. 그러나 좀 더 나이가 들고 원숙해지면 '답이 딱 하나만 있는 게 아니구나. 여러 개의 관점을 허락해야 하는구나'라고 깨닫게 돼요. 그래서 체계, 우물, 상자가 자기가 속한 하나만 있는 것이 아니고 여러 개가 있다는 것을 깨닫게 됩니다. 30, 40대에 이르러 원숙해지면 갈등을 조율하여 타협을 이끌어내는 능력이 생기는 것이죠. 그러나 아직 배타적인 두 프레임, 체계를 통합하지는 못합니다.

정말 횡단적인 사고는 보통 사람이라면 60, 70대쯤에 이르기까지 성숙을 거듭해야 허락됩니다. 시적인 것과 논리적인 것, 인문적인 것과 과학적인 것, 동양적인 것과 서양적인 것, 이런 것들을 결합하는 것이 체계 횡단적 사유입니다. 천부적으로 창조적인 사람이 있지만 대부분의 사람은 처음부터 창조적으로 사고하는 능력을 갖는 게 아니고 열심히 자기 길을 가다 보면 끝에는 창의적인 사고에 이르는 것입니다.

융합 인문학의 궁극적 과제는 '로고스'와 '뮈토스'라는 두 논리를 횡단하고 이합시키는 길을 찾는 것입니다.

융합이나 초학제 연구에 관심을 가지고 있는 입장에서 볼 때, 또 인문학이나 철학을 하는 관점에서, 특히 융합 인문학의 관점에서 볼 때 인문학이 풀어야 할 마지막 핵심적인 문제가 있습니다. 바로 '로고스logos'와 '뮈토스mythos'의 간극입니다. 자연과학자들과 얘기를 해보면 이 사람들은 삼단논법적인 논증의 형식이 나오지 않거나, 모든 말이 하나의 공식으로 압축되지 않으면 절대 믿지 않으려 합니다. 하지만 인문학자들은 그런 것을 굉장히 우습게 보지요. 인문학자들은 서사 구조narrative structure가 갖추어진 글이냐 아니냐를 중요하게 생각하고, 우리가 기억을 공유하고 미래를 함께할 수 있는 어떤 허구적 공간을 창조하는 것이 인문학의 핵심이라고 봅니다. 이것을 로고스와 뮈토스에 대입해볼 수 있습니다. 이 간극을 어떻게 뛰어넘느냐가 대단히 중요한 문제인 것 같습니다. 특히 융합 인문학을 정의하고자 할 때는 로고스와 뮈토스를 넘어서는 제3의 논리를 고민해야 합니다.

로고스와 뮈토스의 간극은 도처에서 나타나고 있습니다. 가령 자연과학 분야에서도 물리, 화학, 생물은 완전히 종류가 다른 학문입니다. 진화생물학은 거의 인문학과 다르지 않습니다. 모든 진화론적인 담론을 뒷받침해주는 최후의 주춧돌은 갈라파고스의 핀치새 얘기입니다. 이것은 증명이 아니고 그럴듯한 일화입니다. 가령 '낙동강에 왜 저렇게 물고기가 많을까'라고 물으면 진화론자들이 과학적으로 설명한다고 하는데 결국은 이야기를 지어내주는 거예요. 원래 물고기들이 모두 바다에 살았었는데 큰 물고기가 작은 물고기를 잡아먹으니까 작은 물고기들이 살아남기 위해 계속 도망치다 보니까 큰 물고기가 못 들어오는 민물로 들어왔다… 이런 식으로 이야기를 지어내는 거예요. 그런데 물리, 화학은 그런 게 아니거든요.

  동양적 사유와 서양적 사유도 마찬가지입니다. 공자의 사유는 분석, 비판, 증명 자체를 무시하고 싫어합니다. 『논어』에도 나오고 『대학』에도 나오지만 소송, 논쟁, 따지는 것을 굉장히 싫어하죠. '술이부작述而不作'이라는 말에서도 알 수 있듯이 어떤 이야기 속의 이상화된 내용을 보전하고 전달하는 게 동양적인 방법이고 사유입니다. 초역사적인 기원을 찾아서 이것을 근거로 과거를 부정하고 비판하는 것이 서양적 사고인데, 동양은 그런 것을 하찮게 생각해요. 굉장히 다른 논리에 따라 움직이고 있어요. 이것도 결국 로고스와 뮈토스의 대립이라고 할 수 있습니다. 결국 융합 인문학의 궁극적 과제는 '로고스'와 '뮈토스'라는 두 논리, 두 프레임을 횡단하고 이합시키는 길을 찾는 것이라고 생각합니다.

## 질문과 대답

요즘 서양과 동양의 조화, 인문학과 자연과학의 조화 같은 융합적인 측면을 사회나 기업에서 많이 강조하고 있는데요. 하지만 인문학 자체가 어렵게 느껴져서 그런 점들이 크게 와 닿지 않습니다. 앞으로 대학생들이 어떤 준비를 해나가야 할지 조언을 듣고 싶습니다.

지름길은 철학과에 가서 동양철학 강의를 많이 듣는 것입니다. 인문학, 특히 동양 인문학이 어렵게 느껴질 것 같은데, 여러분이 우리 세대와는 달리 한문 훈련을 많이 받지 못해서 조금 안타까운 점도 있습니다. 그런데 저도 원래 프랑스 철학을 전공하고 가르치는 입장인데, 최근 10년 전부터는 동양 인문학을 많이 들여다보고 있어요. 처음에는 낯설게 느껴지고 『주역』 같은 것을 볼 때는 '이게 무슨 황당무계한 소리인가' 했어요. 하지만 역시 동양철학은 우리 땅에서 오랫동안 선조들이 해오던 것이기 때문에 우리의 미풍양속이나 가족 관계 같은 일상에 다 녹아 있습니다. 고비만 넘기면 가속도가 붙고 금방 책을 읽게 됩니다. 서양 사람들도 동양 인문학을 하려고 노력해요. 정말 뛰어난 학자가 많지만 일반적으로는 굉장히 큰 장벽을 느끼지요. 우리가 서양의 학문을 할 때도 결국은 그들을 따라가지 못하는 지점이 있거든요. 이 사람들은 한번 치고 나가면 빠르게, 높이 나가는데, 우리가 그렇게 하지 못하는 것은 원래 우리 것이 아니기 때문이라는 생각이 듭니다. 여러분도 동양 인문학이 지금은 낯설고 서양의 것이 더 친숙해 보이겠지만, 동양 인문학에 친숙해지기 시작하면 금방 알게 돼요. 그게 우리의 장점이고, 그걸 살려야 미래를 끌고 갈 수 있는 힘이 생긴다는 걸.

예전에 임권택 감독이 서울대학교에서 강연을 했어요. 제가 강연을 계획했고, 강연 후에 저녁을 같이 먹으면서 얘기를 나누었어요. 임권택 감독이 〈춘향뎐〉이나 〈취화선〉 같은 영화를 통해서 파리에서 엄청난 호응을 얻었는데 이분이 원래 동양권 소재를 다루지 않던 분이었어요. 원래는 전쟁이나 도시의 삶을 찍었는데, 자기가 세계 무대에 나가서 다른 쟁쟁한 감독들과 경쟁하려니까 '결국 우리 것을 가지고 해야겠다. 현대적인 것을 하면 도저히 당해낼 수 없다. 우리의 것을 찾아보자'라는 생각을 하게 되었다고 합니다. 그래서 〈씨받이〉라는 영화를 찍고 상을 받은 후에 계속 우리 것을 찍었고 결국 세계적인 거장이 된 겁니다. 제가 말씀드린 것과 같은 맥락의 이야기 같습니다.

건축에서도 융합적 사고가 굉장히 중요하다고 생각합니다. 예를 들어서 어떻게 현대적 재료로 전통적인 것을 끌어낼지, 아니면 어떻게 서양의 재료로 한국적인 건축을 할지 고민이 많습니다. 또 새로운 것을 시도할 때 그것이 바로 인정받기도 하지만, 몇백 년이 지나서 인정받기도 합니다. 지금 새로운 것을 시도할 때 지금의 사회가 그것을 받아들일 준비가 되어 있는지 여쭤보고 싶습니다.

제가 알기로는 오늘날 일본에 안도 다다오를 비롯해서 위대한 건축가가 많습니다. 서양 사람들도 존경하는 건축가가 많아요. 일본 건축가들은 정말 일본적이면서도 현대적인 건축의 기법을 세계에 내놓았어요.

우리 것을 있는 그대로 복원하거나 반복하는 것은 무의미합니다. 두 프레임의 결합, 이합이 중요합니다. 과거와 미래, 그 두 가지 문맥, 두 시대, 두 시간을 통합하는 것이 바로 창조입니다. 어디 건축뿐이겠어요? 예술을 비롯한 모든 분야가 그렇습니다. 그런데 문제는 성공해서 영웅이 되면 좋지만 너무 시대를 앞서갈 때 인정받지 못하는 경우가 있다는 겁니다. 위대한 예술가들은 피카소 같은 몇 사람을 제외하고는 살아서는 많은 고생을 하고 죽어서 인정을 받았죠. 고흐, 고갱도 현대 회화의 패러다임을 연 화가이지만 살았을 때 아무도 인정해주지 않았어요. 이게 또 창조적인 자가 짊어져야 할 무게가 아니겠습니까?

과거에는 한 사람이 넓은 의미로 여러 가지를 통섭했는데 지금은 한 가지만 깊게 보는 시대라고 하셨습니다. 그런데 지금 상황에서 우리가 과연 학문적으로 봤을 때 넓은 것을 굳이 고집할 필요가 있을까요? 여기에는 어떤 의미가 있는지 또 우리가 어떻게 대처해야 할지 조언을 듣고 싶습니다.

대학에서의 상황을 기준으로 얘기한다면, 오늘날 융합 연구, 초학제 연구, 학제적 연구를 많이 권장합니다. 과거에는 분업 생산 체제하에서 공장을 돌리거나 학문을 하는 것이 효과적이었어요. 하지만 지금은 그렇게 할수록 오히려 효율이 떨어집니다. 문제 자체가 복합적이기 때문에, 자기 분야만 연구해서는 여러 가지 문제가 생기는 겁니다.

질문의 핵심은 융합 연구의 난점입니다. 말하자면 안정된 방법론을 찾기가 참 어려워요. 무엇과 무엇을 융합해야 하는가? 선험적으로 결정되어 있지 않습니다. 제기된 문제에 따라 융합의 형태나 내용 등 모든 게 달라져야 해요. 또 그때그때마다 새로운 방법론과 논리를 개발해야 해요. 학문적 탐구에서 가장 중요한 것이 이런 방법론적 안정성입니다. 과학자들이 동일한 방법론을 공유해야 비로소 하나의 체계적인, 누적적인 발전이 성립합니다. 실험하는 사람의 피부색이나 종교가 다르다고 결과가 달라져서는 안 되고, 언제나 객관적인 데이터가 나와야 해요. 그런데 융합 분야는 방법론적인 안정성이 결여돼 있어요. 모이는 사람과 방식에 따라 달라질 수 있다는 말입니다. 그래서 융합 분야가 과연 지속적으로, 누적적으로 발전하는 분야가 될 수 있겠느냐 하는 문제가 있습니다.

또 그렇기 때문에 문제의 핵심은 '그런 거 해봐야 누가 알아주냐', 다시 말해 '누가 취업을 시켜주냐'인 것이죠. 방법론적인 취약성도 있지만 제도적인 취약성의 문제도 있는 겁니다. 융합 학문 하는 사람들이 안정적으로 일할 수 있는 제도적인 기반과 시스템이 드물어요. 젊었을 때부터 융합 연구를 한 사람이 평생 헌신할 수 있는 일자리가 별로 없어요. 또 중요한 저널에 투고해야 학문적으로 인정을 받는데 이런 분야를 심사하고 평가할 수 있는 저널, 평가 시스템을 갖추기가 대단히 어렵습니다. 이런 것이 융합 연구의 난점입니다. 그래서 이런 분야를 공부한 사람이 졸업하고 갈 곳이 없는 거예요. 예를 들어 미국에서는 아주 왕성한 연구가 이루어지고 있고 인문학 분야의 인재들이 몰리는 분야가 비교문학인데, 우리나라에서는 비교문학으로 학위를 받으면 갈 데가 없어요. 비교문학과가 없고 비교문학 저널이 없어요. 비교문학 하면 실업자가 되는 거예요. 비교문학이 아주 전통적인 융합 인문학인데, 제도적 장치, 방법론적인 안정성이 취약하다는 것이 기존의 근대 분과 학문에 비해 불리한 점이에요. 이런 것을 갖추기 위해서는 개인의 노력만으로는 안 되죠. 국가적 지원과 노력이 필요합니다.

특별히 '융합'보다는 '합류'를 강조하셨는데, 이렇게 말씀하신 의도에 대해서 좀 더 구체적인 이야기를 듣고 싶습니다.

오늘날은 근대적인 이념이 어느 정도 실현되고, 다시 근대에 내재한 한계, 장애, 부정적인 것을 넘어서야 하는 시대입니다. 아까 이상의 산문에서 보았듯이 상실된 것을 되찾아야 하는 시대이기 때문에 융합 학문이 인문학이나 기술뿐만 아니라 넓게는 동양과 서양의 융합까지 내다봐야 하는 시대입니다. 그런데 오늘날 우리에게 요구되는 융합 학문의 성격을 정확히 파악하려면 17세기의 융합 담론과 지금의 융합 담론을 잘 비교할 수 있어야 해요. 특히 두 가지 담론의 배후에 있는 인식론적인, 존재론적인 전제를 잘 알아야 합니다. 그래야 윌슨의『통섭』같은 책이 얼마나 낡은 이념을 추구하고 있는지, 현대적이지 않은지 알 수 있어요.

17세기의 대표적인 과학자들, 철학자들은 모든 학문이 하나의 균일한 연역적 체계를 이룬다고 생각했어요. 아무리 대상이, 주제가, 논제가 달라져도 똑같은 방법을 적용할 수 있다고 보았습니다. 동일한 방법론적 절차에 따라 인간이 부딪히는 모든 문제를, 살아 있는 것이든 죽어 있는 것이든, 인간이든 공기든, 광물이든 식물이든 똑같이 탐구할 수 있다고 간주했습니다. 그것이 이른바 보편수학의 방법인 거죠. 수학적인 방법이 무차별하게 존재하는 모든 걸 다 설명할 수 있어야 합니다. 이게 근대과학의 출발이에요. 이런 주장을 잘 이해하려면 전근대 시대의 과학을 잘 알아야 합니다. 전근대 시대에는 아리스토텔레스의 철학, 스콜라철학이 지배했어요. 아리스토텔레스가 바라본 세상은 종種과 유類로 이루어져 있습니다. 그리고 이 개체들은 수직적이고 목적론적인 위계질서에 속합니다. 그런데 아리스토텔레스가 강조하는 것은 사물의 종, 유가 달라지면 접근 방법도 달라져야 한다는 것입니다. 하프를 연주하는 섬세한 손과 곡괭이를 휘두르는 광부의 손, 농사를 짓는 농부의 손이 달라야 한다는 거예요. 살아 있는 것을 탐구할 때와 죽어 있는 것을 탐구할 때 어떻게 똑같은 방법을 사용할 수 있겠어요. 대상이 달라지면 문제가 달라지고 방법도 달라져야 합니다. 사물들이 갖고 있는 존재론적 차이, 굴곡, 그 지형에 따라 방법이 다 달라지는 거예요. 요즘도 인문학과 자연과학에 똑같은 방법을 적용할 수 있는가 하는 논쟁이 있어요. 찬성하는 사람과 반대하는 사람이 있습니다. 그런데 아리스토텔레스의 관점에 따르면 다른 방법을 적용해야 하는 겁니다.

그러나 데카르트의 생각은 달랐던 겁니다. 근대과학의 출발이 데카르트인 이유는 데카르트가 '자연에 존재하는 모든 것은 연장延長이다'라고 정의했기 때문이에요. 이렇게 외치자마자 이 세상의 모든 종, 유의 차이는 증발하고 사라졌습니다. 살아 있는 것이든 죽어 있는 것이든 기계든 식물이든 인간의 몸이든 모두 다 연장이라는 단일한 종으로 평등해집니다. 그리고 존재론적으로 동일한 것에는 과학적으로 동일한 방법이 무차별적으로 적용될 수 있다는 것이 데카르트의 얘기예요. 이런 것에 기초할 때 모든 학문은 존재론적으로 동일하니까, 인식론적 규칙도 같으니까 하나가 될 수 있습니다. 다 연역적으로 이어져 있고 완결된, 닫힌 체계가 가능하다는 것입니다. 여기서 이제 융합하고 통합하는 학문이 나와요. 플라톤과 데카르트의 계통입니다. 아까도 얘기했지만 데카르트는 모든 학문을 한 그루의 나무로 봤습니다. 모든 학문이 유기적으로 이어져 있다고 말했어요.

그런데 지금은 다시 아리스토텔레스의 상황으로 복귀하는 중입니다. 근대 학문이 분화, 전문화, 세분화되니까 서로 만날 수 없는 곳에 도착하게 됐어요. 서로 존재론적, 인식론적 지형이 달라진 지점에 서 있어요. 그렇기 때문에 이제 리좀형의 학문이 나온 것입니다. 수목형은 한 그루의 나무가 유기적인 통일성을 이루는 것처럼 모든 학문이 집결되어 있는 형태입니다. 그런데 리좀형은 뿌리가 줄기이고, 줄기가 열매인 것이에요. 가지였던 것이 뿌리가 돼서 다시 새로운 시작을 일으키는 것입니다. 각 분야의 자율성이 인정되면서도 상호 얽히는 것입니다. 그래서 17세기 통합 학문, 말하자면 윌슨이 부활시킨 통섭의 이념과 지금의 융합 학문은 인식론적, 존재론적 전제가 완전히 다른 것이에요. 수목형이냐 리좀형이냐의 차이가 있는 것입니다. 합류의 형태, 말하자면 같이 흐르면서 섞일 때는 섞이고, 헤어질 때는 헤어지면서 서로 영향을 주는 형태가 오늘날의 융합 학문의 특징입니다.

앨런 소칼의 지적 사기 사건이 1996년도에 일어나고 인문학과 과학이 대립했지만 결국에는 서로를 존중하게 되었다고 하셨는데, 이 사건이 일단락된 것인지, 또 이 사건 이후 소칼의 생각도 궁금합니다.

그 이후에 소칼은 아프리카에 가서 헌신하는 삶을 살았습니다. 일종의 속죄인 것 같아요. 90년대 중반은 포스트모더니즘에 대한 강력한 시기, 질투, 증오가 넘치던 때였어요. 과거를 부정하는 새로운 사조가 대두될 때는 무대에서 내려와야 하는 사조들이 많습니다. 이때도 엄청난 저항이 있었죠. 과격하고 혁신적인 것이 언제나 찬사를 받는 것이 아닙니다. 혁신적인 것이 대두할수록 사라져야 하는 것들이 조용히 사라지지 않아요. 최대한 저항하고 방해하는 것이죠. 그런 저항을 이겨나갈 수 있는 배짱도 있어야 합니다. 소칼의 책은 욕을 하기 위한 욕이었다고 생각합니다. 라캉이나 데리다 등의 논의는 과학적인 것을 바탕으로 새로운 것을 펼쳐가는 것이었는데, 그런 점을 고려하지 않고 곧이곧대로, 있는 그대로 말하지 않았다고 해서 사기라고 하는 것은 아무런 의미가 없습니다.

# 한국 고건축에서 보는 미와 생명

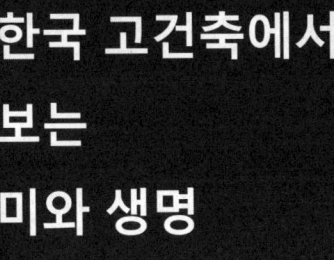

조선집에 담긴
철학

함성호

**함성호**

1990년 『문학과 사회』 여름호에 시를 발표했으며, 1991년 『공간』 건축평론 신인상을 받았다. 시집으로 『56억 7천만 년의 고독』, 『성타즈마할』, 『너무 아름다운 병』, 『키르티무카』가 있으며, 티베트 기행 산문집 『허무의 기록』, 만화 비평집 『만화당 인생』, 건축 평론집 『건축의 스트레스』, 『당신을 위해 지은 집』, 『철학으로 읽는 옛집』, 『반하는 건축』, 『아무것도 하지 않는 즐거움』을 썼다. 현재 건축 실험 집단 'EON'의 대표로 있다.

비례적으로 완벽하면 아름답다는 것이 바로 서구의, 더 정확하게는 서구 근대의 인식입니다. 그런데 정말 그럴까요?

간혹 어른들이 저한테 이런 얘기를 합니다. '한 우물만 파라. 너는 왜 이것저것 다 건드리느냐.' 저는 이 말을 하도 많이 들어서 이런 반론을 준비했습니다. '나는 한 우물을 팠다. 한 우물을 파다 보니까 여러 가지 지층이 나오더라. 오히려 한 우물을 팠는데 계속 한 가지 지층밖에 안 나오는 게 문제 아닌가?' 우물을 여러 개 파든 한 우물을 파든 거기에서는 다양한 지층이 나와야 합니다. 제가 한국 철학에 관심을 갖게 된 것도 결국엔 고건축을 답사하다 보니까 도대체 이 고건축은, 우리 옛날 집은 어떤 철학적 바탕을 가지고 지어졌을까가 궁금해져서입니다. 그래서 건축을 하는 사람이 한국 철학을 공부하게 된 거죠. 옛날 집을 지었던 사람들의 생각과 조선 철학, 한국 철학이 어떻게 만나는가를 주제로 책을 쓰기도 했습니다. 이렇게 뭔가 하나를 파다 보면 계속 옆에서 곁가지가 나오게 되어 있고 또 그 곁가지에 관심을 갖다 보면 자연스럽게 어떤 융복합적 태도를 갖게 되지 않나 하는 생각을 합니다. 오늘은 '한국의 고건축에서 보는 미와 생명'이라는 주제로 여러분과 함께 이야기를 나눠볼까 합니다.

여러분 그리스의 파르테논신전 아시나요? 저는 학교 다닐 때 파르테논신전을 많이 분석했습니다. 신전 각 부분의 프로포션proportion, 비례를 분석해보면 피보나치수열이 적용되어 있습니다. 피보나치수열은 앞의 두 수를 더하면 그 합이 다음 수가 되는 수의 배열이죠. 그리스 사람들은 모든 자연에는 그런 수의 비밀이 있다고 생각했습니다. 고딕양식으로 지어진 프랑스의 라온 성당에도, 레오나르도 다빈치의 인체 비례에도 이런 수학적 원리가 적용되어 있습니다. 이렇게 비례적으로 완벽하면 아름답다는 것이 바로 서구의, 더 정확하게는 서구 근대의 인식입니다. 그런데 정말 그럴까요?

우리가 황금비golden section라고 하는 1:1.618…, 1:1.414…는 무리수, 그러니까 실제로 존재하는 것이 아니라 수학적 개념상으로만 존재하는 수입니다. 원의 정의가 뭐죠? 한 점에서 동일한 거리에 있는 점들을 연결한 것이 원이죠. 그런 완벽한 원이 존재할 수 있을까요? 존재하지 못합니다. 원주율 파이$\pi$가 3.1416… 이렇게 쭉 나가는 무리수이기 때문이에요. 그런 무리수의 존재 때문에 실제로 완벽하게 동그란 건 없다는 거죠. 완벽하게 동그란 원은 수학적으로만 가능합니다. 결국 황금비라는 것도 수학적으로만 가능하지 현실적으로는 가능하지 않다는 거예요.

그러니까 우리는 한국 고건축의 미를 이야기하기에 앞서 이런 질문들을 던져볼 필요가 있을 것 같습니다. 첫째, '아름다움이란 무엇인가?' 우리는 무엇을 아름답게 느끼는가 하는 문제입니다. 둘째, '왜 비례가 아름다움에 대한 타당한 기준인가?' 저 비례가 과연 아름답다, 아름답지 않다를 나눌 수 있는 기준이 되는 것인가 하는 문제입니다. 셋째, '비례라는 것은 과연 실재하는가?' 넷째 '동아시아 미학에서 아름다움은 무엇인가?' 여기서 동아시아는 우리나라, 중국, 일본, 그리고 조금 더 넓게는 베트남까지 포함한 한자 문화권에 있었던 나라들을 말합니다. 그런 동아시아에서 추구한 아름다움은 무엇인가가 넷째 질문입니다. 그리고 이 넷째 질문과의 연장선상에서 다섯째, '서구와 동아시아의 건축의 관점은 같은가?'를 물어야 합니다. 셋째 질문까지는 방금 대략적으로 이야기했고, 지금부터 넷째, 다섯째 질문을 중심으로 이야기를 계속해나가겠습니다.

서양화에서는 대상을 어떻게 잡아내는가가 중요하지만, 동양화에서는 대상에다가 나를 얼마나 잘 표현하는가가 중요해요.

여러분 어렸을 때 학교에서 미술 시간에 다들 크레파스로 그림 그려봤을 겁니다. 어떻게 그리라고 배웠나요? 바탕까지 빈틈없

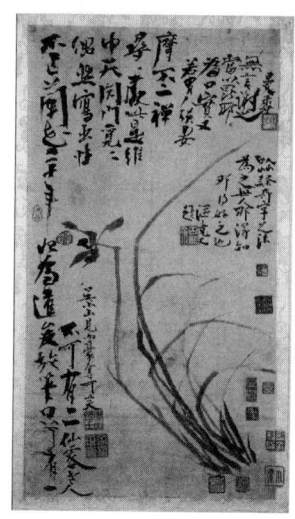

추사 김정희, 〈부작란도〉

이 빡빡 칠해야 한다고 배우지 않았어요? 저 어렸을 때는 선만 그린 채로 두거나 바탕을 칠하지 않으면 성의 없다고 욕먹었어요. 빼곡하게 그려서 빡빡 칠해야 선생님한테 칭찬을 들었죠. 아마 여러분도 마찬가지였을 거예요. 그런데 의문이 들지 않아요? 왜 그렇게 빡빡 칠해야 하는 거죠? 추사 김정희의 〈부작란도〉라는 그림이 있어요. 이 그림에는 획이 몇 개나 되는지 아세요? 열 개로 끝나요. 선 열 개 그리면 끝나버리는 거예요. 나머지는 다 비어 있어요. 우리는 이렇게 배경이 없이 여백을 강조하는 것을 동양화의 특징이라고 배웠죠. 그런데 왜 학교에 가면 선생님들은 동양화처럼 그리라고 가르치지 않고 빡빡 칠하라고 가르치는 걸까요?

여기에서 먼저 우리가 가진 통념을 점검해봐야 하는데, 동양화에서 여백을 강조한다는 통념은 옳은가요? 서양화에는 여백이 없나요? 비록 동양화와 달리 빡빡 칠하긴 하지만 서양화에도 배경이라는 것이 있습니다. 이런 배경을 여백으로 생각하지 않을 수가 없어요. 그리고 보세요. 〈부작란도〉에는 뭐가 없어요? 서양화와 달리, 먼저 배경이 없죠. 두 번째로 중요한 게 뭐냐면 빛이 없어요. 동아시아의 회화에서는 빛이 그렇게 중요하지 않습니다.

서양화에서는 항상, 여러분이 지금까지 봐온 서양화를 모두 떠올려보면, 빛이 어디로 떨어지는지 금방 알 수 있죠. 화가가 그리고자 하는 대상들, 주요 인물들에게 빛이 쫙 떨어져 있고 배경에는 빛이 거의 보이지 않아요. 그러면 그 배경을 여백이라고 할 수 없을까요? 여백이라고 할 수 있습니다. 여백은 동양화나 서양화나 다 있게 마련입니다. 단지 동양화가 여백을 조금 더 적극적으로 사용한다는 거죠.

그렇다면 동양화에서 빛은 어디에 있는 걸까요? 빛이라는 게 뭐죠? 만약에 빛이 없으면 어떻게 되나요? 우리는 볼 수가 없습니다. 우리는 한 물체가 빛을 흡수하는 정도와 반사하는 정도에 따라서 그 대상을 인식하는 겁니다. 빛이 없다면 어떤 대상을 알아볼 수 없습니다. 그러니까 서양화에서 그토록 빛이 중요하게 생각되는 것은 대상에 집중한다는 겁니다. 그럼 동양화에서 그 빛은 어디에 있나요? 동양화에서 빛은 그리는 사람에게 있습니다. 그래서 동양화의 전통에서는 그리는 사람의 정신을 어떻게 표현하는가가 중요해요. 서양화에서는 대상을 어떻게 잡아내는가가 중요하지만, 동양화에서는 대상에다가 나를 얼마나 잘 표현하는가가 중요해요. 〈부작란도〉를 보면 어지럽잖아요. 추사의 심산한 마음이 그대로 드러나는 거죠. 이게 바로 동양화에 있어서의 빛입니다.

그렇다면 동양화에서 구현하고자 하는 세계는 무엇일까요? 서양화에서는 한 세계가 중요시됩니다. 그런데 동양화에서는 한 개인이 중요시돼요. 흔히 개인의 탄생을 서구의 근대라고 얘기하지만 동양에서는 서구 근대가 보기에는 이상한 개인들이 탄생하게 됩니다.

서양화에서 지키고자 했던 세계는 신의 세계입니다. 기독교 문명에서 가장 중요하게 생각하는 것은 신이죠. 신이 이 세계를 창조한 겁니다. 신이 이 세계를 창조했다는 말은 뭐죠? 이 세계에는 신의 의지가 빠짐없이 두루 개입해 있다는 얘기죠. 그렇게 믿는 사람들에게 비어 있다는 것은 크나큰 신학적 하자였어요. 빈 곳이 있으면 안 되는 겁니다. 기독교 신학의 논리에 따르면 빈 곳이 있다는 말은 곧 신의 의지가 개입되지 않은 곳이 있다는 것이고, 신의 의지가 개입되지 않은 곳이 있다는 것은 곧 자신들이 믿는 신에게 하자가 있다는 것입니다. 중세 기독교 철학이 채택한 논리가 아리스토텔레스의 공간론입니다. 아리스토텔레스는 공간에 대해서 이렇게 말합니다. "자연은 텅 비어 있는 것을 싫어한다." 이 얘기를 중세 교부들이 가져다가 '자연이 텅 비어 있는 것을 싫어한다'는 것과, 기독교 신학에서 신의 의지, 신이 창조한 세계라는 것을 결부시킨 겁니다. 그래서 기독교 신학의 제1원리는 '전능하신 신이 창조했다. 그리고 이 세상에 신의 의지가 개입하지 않은 곳은 없다'는 거죠. 서양화에서 배경을 빡빡 칠한 것은 그런 기독교 신학에 따른 것입니다. 서양의 철학이나 미학에서 이 비어 있다는 것은 공포인 거죠.

그렇지만 동아시아의 모든 종교에는 신이 없습니다. 불교에도 신이 없고, 우리가 흔히 종교라고 얘기하는, 저는 동의할 수 없지만, 유교에도 신이 없습니다. 그러면 동아시아에서는 도덕적 기준을 어디에 둘까요? 신이 있으면 신이 곧 도덕적 기준이 됩니다. 내가 믿는 신이 남의 돈을 훔치는 걸 죄악시한다면, 나는 신에게 벌을 받을 것 같으니까 욕심나는 물건이 있어도 훔치지 않게 됩니다. 그럼 신이 없는 동아시아에서는 사람들이 아무거나 막 훔치나요? 그렇지 않죠? 동아시아 사람들에게는 신을 대체하는 게 있어요. 그것은 바로 역사입니다. 동아시아 사람들은 '내가 후세에 어떻게 남을 것인가?'를 끊임없이 생각하면서 자기의 도덕적 기준을 만들어나갑니다. 이것이 동아시아의 도덕규범이죠. 서양의 개인은 근대와 함께 시작되었다고 해도 과언이 아니지만 동아시아에는, 서구 근대의 개인과 같은 의미는 아니지만, 이렇게 이미 개인이라는 것이 있었습니다. 그리고 이 동아시아의 개인은 점차 우리가 일반적으로 알고 있는 개인과는 다른 개인으로, 즉 가문 중심의 '나'로 발전해갑니다. 만약 내가 잘되면 그건 나의 영광이 아니라 가문의 영광인 거죠.

조선 건축에서 가장 중요한 건 '그 집이 어디에 자리하는가'예요.

좀 전에 크레파스 그림 이야기를 한 것처럼 여러분은 여러분이 알든 모르든 간에 기독교인이 아니면서도 기독교 신앙에 따라서 그림을 그리고 있습니다. 우리가 살고 있는 집이라는 것은 다 서양 집입니다. 우리는 흔히 모더니즘 건축이라고 말하는 곳에서 살고 있어요. 우리가 신고 있는 신발, 머리 모양, 복장, 다 서구식입니다. 그리고 앞으로 설명하겠지만 우리는 우리 전통에 대해서도 모릅니다. 전통에 접근이 안 되고 있죠. 한글 전용화가 되면서 한문으로 쓰인 우리 고전에도 접근이 안 됩니다. 만약 한 300년 후에 어떤 고고학자가 지층을 발굴하다가 우리가 살고 있는 21세기와 20세기를 발견한다면 우리의 문화와 생활상에 대해서 어느 정도 파악을 하겠죠. 그런데 그 고고학자가 더 파봤더니 그 지층에서는 20세기의 유물들과는 완전히 다른 것들이 나와요. 갓도 나오고, 짚신도 나오고, 탕건도 나오고, 서까래도 나오는 거예요. 19세기에 40년도 안 되는 사이에 갑작스럽게 사람들이 완전히 바뀌어버린 거예요. 그러면 그 고고학자가 내릴 수 있는 결론이 뭐겠어요? 아마 이민족의 침입이 있어서 원주민을 싹 쓸이해버리고 이민족의 새로운 문화를 영입했다, 이렇게 결론을 내릴 겁니다. 그만큼 우리는 우리의 전통과 단절되어 있다는 겁니다.

사실 우리는 조선의 건축을 가리켜 한국 고건축이라고 하면 안 됩니다. 대한민국이라는 나라는 20세기에 세워진 나라예요. 문화적으로도 그렇고 정신적으로도 그렇고 과거와 완전히 단절된 나라입니다. 우리는 일제강점기에 일본의 지배를 받아서 36년간 우리 언어도 잘 사용하지 못했죠. 그러면서 우리 전통과 완전히 단절이 됐습니다. 그래서 저는 한국 고건축이 아니라 조선집이라고 부릅니다. 우리는 조선집에서 난간을 어떻게 이용해야 되는지도 몰라요. 20세기의 한국인들과는 아무 상관이 없는 그냥 우리 선조들이 살던 집인 거죠. 조선집은 우리에게 수수께끼입니다.

우리는 보통 조선집을 보면 '와, 처마가 아름답다' 이렇게 표현하죠. '무량수전 배흘림기둥이 진짜 아름답다. 비례가 정말 완벽하다.' 이렇게 흔히 얘기를 합니다. 그런데 그렇게 보는 건 사실 이치에 맞지 않는 겁니다. 조선집에서는 그런 게 하나도 중요하지가 않아요. '처마 곡선이 어떻고…' 하는 건 앞에서 말했듯이 대상을 중요시하는 서구 건축 혹은 서구 미학의 관점입니다. 조선의 미학에서는 대상 자체로 아름다움을 파악하지 않아요. 처마선이 아름답다고 표현하는 것은 대상을 인식하는 서구 미학의 방법이에요. 그런데 우리는 고건축 답사를 가면 다 서양 건축을 보듯이 봅니다. 아까 얘기한 파르테논신전이나 고딕성당을 보듯이 대상화해놓고 아름다움을 비례로 따지는 거죠.

그렇다면 조선 건축에서 가장 중요한 것은 뭐냐? 그건 '그 집이 어디에 자리하는가'예요. 로케이션이라는 거죠. 토포스topos라고 해도 돼요. '그 집이 어디에 자리하는가'가 조선 건축의 제1원리입니다. 집 기둥에다가 얼마나 아름다운 장식을 썼느냐는 전혀 문제가 안 돼요. 옛날의 고가古家에 가보면 서재가 있는데 서재에는 항상 산경표山經表라는 게 있어요. 산경표는 백두산을 중심으로 해서 사방으로 뻗어나간 우리나라 전국의 산맥 분포를 나타낸 표입니다. '백두산 뻗어내려 반도 삼천리'라는 말이 있잖아요. 백두산에서부터 산맥이 쭉 뻗어내려 와서 이렇게 가다가 우리 집은 바로 여기에 있다, 이런 자리가 중요시된 겁니다. 여러

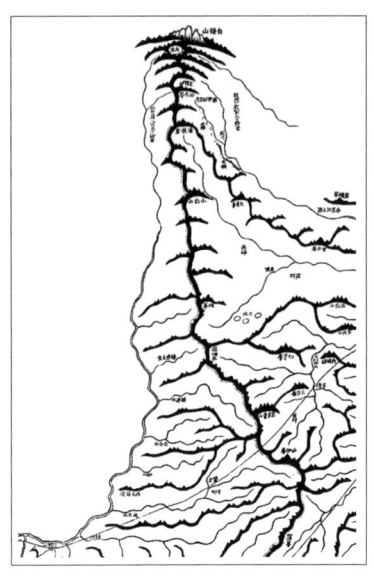

산경표의 일부

분은 그게 왜 그토록 중요할까 생각되시죠?

  서양 사람들은 집을 그릴 때 집의 아름다움을 그립니다. 대상의 아름다움이죠. 그런데 우리 선조들은 이런 맥락들이 중요한 거예요. 그래서 정작 자기네 집은 점 하나 찍고 끝나요. 집에 어떤 장식을 했는지는 전혀 중요하지 않았던 겁니다. 서양 건축에는 양식사가 있잖아요. 말하자면 르네상스 양식, 로마네스크 양식, 그리스 양식, 바로크 양식, 로코코 양식, 이런 다양한 양식이 있습니다. 서양에서는 건물 자체에 신경을 쓰니까요. 그런데 우리나라에는 양식이 없어요. 건물 자체에 신경 쓰지 않으니까요. 흔히 주심포 양식이 전대前代 포고 다포 양식이 후대後代 포라고 얘기하는데 그것도 뒤죽박죽입니다. 아무 때나 막 쓰이고 있어요. 그러니까 한국 건축사는 양식사적 구분이 불가능하다는 거예요.

우리는 옛날 집이 가지고 있는 생활사들을 다 잃어버렸어요.

조선집이 현재 여러분의 삶과 얼마나 무관한지를 보여주기 위해서 대구 달성에 있는 삼가헌이라는 집의 평면도를 준비했습니다. 이 집은 크게 두 공간으로 구분됩니다. 중간쯤에 담장이 쳐져 있는 게 보이시나요? 이 담장은 이 집의 장성한 아들이 결혼해서 며느리가 들어와 살게 되자 며느리가 기거할 별채를 증축하면서 안채와 별채를 구분하기 위해 만든 것입니다. 낯선 환경에 적응해야 하는 며느리를 위해서 시아버지가 며느리가 들어오기 전에 '하엽정'이라는 이름의 이 별채와 연못을 미리 준비해둔 거죠. 며느리는 시댁에 적응할 동안 별채에서 기거하며 시댁 식구들하고 약간 단절된 상태에서 시댁의 문화를 익힙니다. 시댁의 문화를 어느 정도 익힐 때쯤 되면 아이를 낳겠죠. 그러면 그제야 비로소 안채로 들어가게 돼요. 며느리가 안채로 들어가면 이 별채는 아이들의 공부방 내지는 남자들의 놀이 공간이 되는 겁니다.

그리고 여기 사랑채가 있습니다. 사랑채에서는 바깥주인이, 안채에선 안주인이 기거하죠. 여러분 부모님은 한 방에서 주무시죠? 원래 동서양을 통틀어서 부부가 한 방에서 자는 예는 없었습

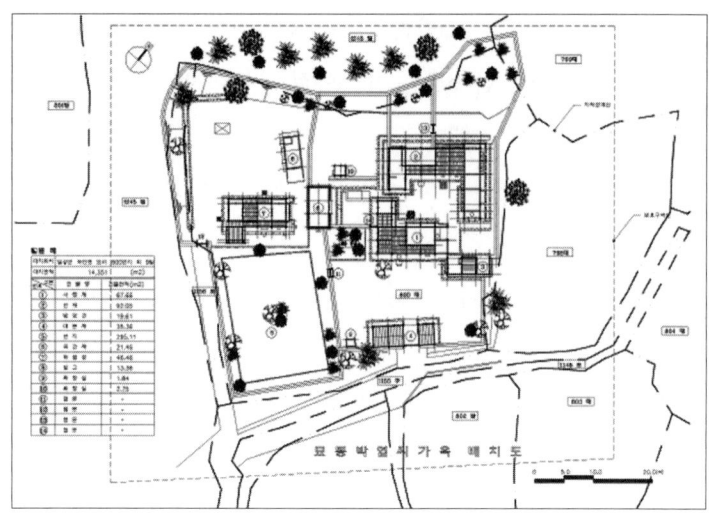

삼가헌 평면도

니다. 유럽 귀족들도 다 각방에서 자고, 부부들은 각방을 쓰게 되어 있었어요. 부부가 한 방을 써야 한다는 것은 제가 추정키로는 미국 문화인 것 같아요. 미국인들이 '러브'라는 것을 되게 중요시하거든요. 그래서 부부가 한 방을 쓰게 된 문화가 전 세계적으로 퍼지게 된 건 미국 때문이지 않나 싶습니다. 조선집에서도 남자들은 사랑채에, 여자들은 안채에 거주하고, 남편이 부인과 같이 자고 싶을 때는 언년이를 불러서 '언년아, 오늘 밤 내 자리는 안방에다 해놔라' 이렇게 말했어요. 그러면 언년이가 마님에게 갑니다. '오늘 여기에 자리를 해놓으시라는대요.' 그때 마님이 '그냥 거기서 자라고 해' 하면 남편은 그냥 사랑채에서 자는 거예요. 바깥주인이라고 하더라도 허락 없이 함부로 안채에 드나들지 못했어요. 그리고 음식거리를 마련하려 장을 볼 때는 꼭 남자가 봤습니다. 하인 하나 데려가서 시장에서 이거 사고 저거 사고 하는 거죠.

다산 선생의 책을 보면 형이 흑산도에서 아프다는 얘기를 듣고 너무 안타까운 마음에 편지를 씁니다. '형님, 흑산도에 돌아다니는 개가 그렇게 많다는데 그 개를 잡아드십시오.' 그러고서 개고기를 요리하는 법에 대해 자세히 씁니다. 깨를 어떻게 넣고, 어떻게 끓여라. 남자가 장을 본다는 건 요리에 대해서 아주 잘 안다는 거예요. 요리에 대해서 무식한 사람이 장을 볼 수 있습니까? 못 봐요. 그러니까 이 당시의 남정네들은 한 요리 합니다. 이 사람들이 쓴 수필이나 글을 보면 요리에 대한 무궁무진한 얘기가 나옵니다. 지금 우리하고 완전히 다르죠. 우리와 완전히 다른 삶입니다. 우리는 이런 옛날 집이 가지고 있는 생활사들을 다 잃어버렸어요. 우리가 전통과 얼마나 단절되었는가를 보여주는 단적인 예죠. 건축 전공한 사람들도 이런 집에 나 있는 조그만 창문의 용도를 알 수가 없습니다. 그렇게 용도를 알 수 없는 것들이 굉장히 많아요.

저는 조선집이야말로 세상에서 제일 화려한 집이라고 생각해요.

조선집은 여름에는 좀 더 시원하게, 겨울에는 좀 더 따뜻하게

삼가헌 하엽정의 처마

하기 위한 정밀한 수학적, 과학적 탐구가 담긴 집입니다. 저는 한글도 위대하다고 생각하지만 이 조선집이야말로 세상에서 제일 화려한 집이라고 생각해요. 한옥의 처마 길이는요, 동지 때와 하지 때의 태양의 남중고도를 계산해서 얻어지는 겁니다. 동지 때의 남중고도는 23.7도, 하지 때의 남중고도는 72.6도가 됩니다. 이 두 남중고도가 딱 마주치는 점, 이 점이 바로 처마 끝이 되는 거예요. 이렇게 처마 길이가 정해지면 여름에는 햇빛이 방 안으로까지 들어오지 않고 겨울에는 햇빛이 방 안쪽으로 깊숙이 들어옵니다. 그리고 여름에는 햇빛을 막아 생긴 그늘로 산바람이 내려와서 차가운 공기 샘이 만들어집니다. 이 공기 샘으로 찬 공기가 흘러 들어와서 빠른 속도로 빠져나갈수록 더 시원해지는

데, 에어컨의 원리와 비슷하죠. 이 차가운 공기가 확 퍼져나갈 수 있도록 처마에 곡선이 만들어진 겁니다.

그리고 전 세계적으로, 18세기 후반까지 굴뚝이 있는 집이 없었습니다. 서유럽에도, 중국에도, 일본에도 집에 굴뚝이 없었어요. 12-13세기 유럽 사람들은 가축들과 한 지붕 밑에서 서로 체온을 보태며 살았고 집 한가운데에 '불자리'를 두고 모닥불을 피웠어요. 하지만 굴뚝이 없어서 연기는 박공의 구멍이나 처마 밑 출입구로 배출했습니다. 그래서 항상 집안엔 연기가 가득했죠. 독일어권, 특히 오스트리아는 이러한 집을 '라우흐하우스Rauchhaus'라고 불렀어요. 직역하면 '연기 집'인 겁니다. 그래서 겨우 만든 것이 깔때기 모양으로 생긴 굴뚝인데 그 크기가 지붕 전체를 차지할 정도로 거대했어요. 그것을 '라우흐슐로트Rauchschlot'라고 합니다. 알프스 산간 지역에서 17-18세기에 유행했어요. 연기는 잘 빠져나갔겠지만 집 안의 열도 같이 빠져나갔겠죠? 16세기에 라블레가 쓴 프랑스 소설 『가르강튀아』와 『팡타그뤼엘』을 보면, 벽난로는 있는데 굴뚝이 없어요. 그럼 그 연기가 어떻게 되겠어요? 방 안에 꽉 차죠. 그래서 방을 덥히기 위해서 지핀 그 열기를 문을 열어서 빼내야 되는 수난에 시달렸어요. 그 소설을 보면 거기서도 부부가 따로 자는데, 남편이 자는 방에 하녀가 아침에 들어와서 불을 때요. 그럼 남편이 일어나요. 그런데 연기가 꽉 차서 안 보이니까 안심하고 이 둘이 서로 막 희롱을 해요. 그런데 자다가 일어난 부인이 남편이 일어났나 보러 와요. 남편하고 하녀가 희롱을 하고 있는데 부인은 연기가 꽉 차서 안 보이니까 남편을 찾는 해프닝 같은 게 벌어지는 거죠.

　조선집처럼 단열에 신경을 쓴 집이 없었어요. 여러분은 한옥이 춥다고 생각하시죠? 그런데 서유럽 집이나 중국 집은 더 추워요. 우리가 너무 편하게 살아서 그래요. 러그라는 게, 서양 사람들은 바닥이 차갑기 때문에 까는 거예요. 아침에 일어나서 침대에서 내려와 바닥을 탁 밟는데 차면 기분 나쁘잖아요? 그걸 방지하기 위해서 러그를 까는 거예요. 그런데 우리나라는 서양 걸 그대로 따라 해서 방이 절절 끓는데도 러그를 깔죠. 사실 안 맞는 겁니다. 우리나라에서 러그는 기능은 없는 그냥 폼이죠.

　조선집의 지붕에는 30cm 이상의 흙이 쌓입니다. 열기를 보존하기 위해서. 무협지 같은 데 보면 중국에서는 자객이 들어와서 지붕의 기왓장을 딱 열면 바로 방 안이 보여요. 그러면 침대에서 자고 있는 사람 입에다 실을 내리죠. 그 실에다 독약을 붓는 거예요. 자다가 독약을 먹고 죽게 하는 거죠. 그런데 조선집에서 그러려고 하면 안 돼요. 기왓장 걷어내면 바로 흙이 30cm나 덮여 있습니다. 그걸 파내야 돼요. 그걸 파내는 사이 해가 밝겠죠. 그래서 우리나라 조선집이라는 것은 굉장히 화려한 집입니다. 여러분은 춥다고 하지만 사실 그건 복에 겨워서 하는 얘기예요. 중국에서는 아직도 불을 안 땝니다. 그래서 제가 중국 사람들한테 '너네 이렇게 추운데 왜 불을 안 때니?' 물으니까 그 사람들이 하는 얘기가 3개월만 견디면 된대요. 중국 추운 데서 지내다 보니까 저도 안 씻게 되더라고요. 아침에 추워서 일어나면 정말 몸에 물 묻히기 싫어요. 그냥 다니는 거죠. 서유럽 사람들도 마찬가지예요. 잘 안 씻으니까 향수 뿌리고 다니잖아요. 추운데 어떻게 씻어요. 그런데 우리나라 사람들은 정말 잘 씻는 거죠. 따뜻한 집에 살아서.

우리가 발전을 하려면 모든 이질적인 것을 서로 녹여내는 힘이 있어야 해요.

앞에서 조선 건축에서 제일 중요한 것, 즉 제1원리는 '그 집이 어디에 자리하는가'라고 말씀드렸습니다. 그렇다면 조선 건축의 제2원리는 뭘까요? 바로 '은유와 상징'입니다. 여러분 민속촌에 가보셨나요? 민속촌에 가면 집집마다 다 당호가 걸려 있어요. 우리가 흔히 서백당, 향단, 이런 식으로 부르는 것은 사랑방의 이름입니다. 사랑방의 이름이 그 집의 당호가 되는 거죠. 그 당호에는 굉장한 상징들이 담겨 있어요. 서백당書百堂은 '백 번을 쓰는 집'이라는 뜻인데, 무엇을 백 번을 쓰느냐면 '참을 인忍' 자를 백 번 쓴다는 의미거든요. 그렇게 자신의 수양의 방법을 현판으로 써서 당호로 삼는 거죠. 또 아주 복잡한 이름도 있어요. 진주 산청에 있는 남명 조식이 지은 산천재山天齋는 『주역周易』 대축괘大畜卦에서 따온 것인데요, 대축괘는 상간하건上艮下乾으로 이루어져 있습니다. 여기서 간艮은 산山이고, 건乾은 천天의 뜻이에요. 산천재는 바로 간건艮乾의 형명形名인 것입니다. 이제까지 배운 지식과 인격을 실제로 행하며, 더욱 그 덕德을 축적해서 일생 동안 마무리 지으리라는 남명의 마음이 당호에 잘 드러나 있고, 그것이 그대로 건축의 주요한 개념을 이루고 있는 것입니다. 또 계단에다가는 구름무늬 같은 것을 넣죠. 그런 구름무늬는 그 집이 다른 세상으로 들려 있는 집이라는 의미입니다.

이성계의 일화도 유명하죠. 이성계가 왕이 되려고 전국 명산을 돌아다니면서 제사를 지냈는데 딱 한 산의 산신령만 반대를 했다고 합니다. 그래서 이성계가 그 산신령하고 협상을 했대요. '내가 왕이 되면 네가 원하는 것은 다 해주겠다.' 그러니까 그 산신령이 하는 얘기가 '좋다. 네가 왕이 되면 내 몸을 다 비단으로 둘러달라.' 이렇게 주문했답니다. 급한 김에 이성계가 '그러마' 하고 왕이 된 다음에 걱정이 된 거죠. 어떻게 그 산을 다 비단으로 두르겠습니까. 그러니까 한 신하가 꾀를 냈대요. 산 이름을 비단 '금' 자를 써서 '금산'으로 하자고. 그래서 그 이름을 붙여줬더니 산신령이 만족하더라는 겁니다. 집뿐만이 아니라 우리나라의 전 문화는 그런 은유와 상징들로 가득 차 있었습니다.

제가 앞에서 부정적인 얘기를 많이 했죠. 우리는 한국 사람이면서도 전혀 조선이라는 나라와, 우리 전통과는 맥이 다 끊어져 있고 우리 고전에도 접근이 안 된다고. 또 근대 이후로는 외국에 유학을 갔다가 들어온 지식 오퍼상들이 우리나라 실정과는 전혀 안 맞는 개념을 가지고 들어와서 팔아먹는 거예요. 그런 일들이 벌어지면서, 전혀 우리 현실과는 상관없는 많은 개념어들이 들어와 있습니다. 아주 잡탕인 거죠. 그런데 제가 드리고 싶은 말씀은 오히려 이런 것들을 기회로 만들 수 있다는 겁니다.

여러분 타지마할 잘 아시죠? 인도의 샤자한이라는 왕이 사랑하는 왕비 뭄타즈를 위해서 만든 무덤입니다. 세계에서 가장 화려한 건물로 꼽히죠. 샤자한은 타지마할을 만들었던 장인들의 손목을 전부 다 잘랐다고 해요. 장인들을 살려냈다가는 이런 아름다움이 또 생길까 봐. 그런데 이 이야기는 사실이 아니라고 하죠. 인도의 한 시인이 너무 아름다운 이 건물을 보고, 그 앞을 흐르는 야무나 강가에서 잠들었다가 꾼 꿈이라고 합니다. 어쨌든 타지마할은 인도 내에서뿐만 아니라 전 세계적으로도 최고인, 세계 7대 불가사의에 들 정도로 위대한 건축물입니다. 그런데 인도에 있고, 샤자한이라는 인도 사람이 기획해서 주문한 이 건축물은 18세기 당대의 전 세계 하이테크가 총집결된 집결체입니다. 샤자한은 이걸 만들기 위해서 대리석 기술자들은 페르시아에서 불러오고, 벽돌 쌓는 사람들은 중국에서 불러오고, 금속 장인들은 독일에서 불러왔어요. 관용의 정신으로 충만해져 있던 당시의 이슬람이 모든 사람을 받아들이고, 모든 다양성을 흡수하고, 모든 이질적인 문화와 같이 교배하는 와중에 이런 위대한 건물을 만들어낸 겁니다. 그런데 이런 다양성, 관용의 정신은 샤자한의 대에서 끝나버립니다. 샤자한의 셋째 아들인 아우랑제브가 샤자한을 유폐시키고 무굴제국의 제6대 황제로 즉위해서 이슬람의 관용의 정신을 끊어버리고 이슬람 원리주의로 돌아가요. 그러면서 무굴제국의 황혼이 시작되는 거예요. 관용의 정신을 버리면서 한 문명은 시들어간 겁니다.

제가 여러분에게 마지막으로 타지마할에 대해서 이야기한 이유는 지금 우리에게도 이런 관용의 정신, 융합의 정신이 필요하다고 생각해서입니다. 우리 사회에는 전에 없이 '다문화 가정'이 많아졌습니다. 서로 피부색이 다른 사람들과 쉽게 만나게 되었고, 또 우리말은 한자어, 일본식 번역어, 서유럽의 철학 개념어들이 온통 짬뽕이 되어 있습니다. 그리고 인터넷 웹상에서 실시간으로 신조어들이 마구 만들어지고 있고요. 더구나 우리는 남북이 분단되어 있어요. 그 분단으로 인해서 여러 고질적인 병들이 쏟아져 나오고 있습니다. 말하자면 지금 한반도의 상황이라는 것은 거의 오구잡탕인 거예요. 이 오구잡탕 속에서 우리가 관용의 정신을 갖지 못한다면 우린 십중팔구 망할 겁니다. 하지만 인도에서 당대 전 세계의 하이테크를 동원해서 타지마할을 만들었듯이 우리도 관용의 정신을 발휘해서 이런 다양성을 잘 녹여낸다면 새로운 도약을 이뤄낼 수 있겠죠.

우리에게 제일 문제가 되는 것, 우리가 이런 건축물을 만든다거나, 어떤 문화를 만들 때 제일 걸림돌이 되는 게 뭐냐면 '우리 거'라는 인식이에요. 우리는 무슨 건물 하나를 만들 때도 처음부터 끝까지 우리 손으로 해야 합니다. 그래야 우리 기술, 우리가 만들어낸 것, 이렇게 얘기하죠. 하지만 제 생각은 그럴 필요가 있을까라는 거예요. 우리가 발전을 하려면 모든 이질적인 것을 서로 녹여내는 힘이 있어야 해요. 과연 우리에게 그런 힘이 있을까요? 이것은 하나의 수수께끼로 남겨놓겠습니다.

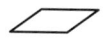
## 질문과 대답

서양식 건축에 지붕만 한옥처럼 기와를 올리는 경우도 있는데 그런 건축에 대해서 어떻게 생각하시는지 궁금하고, 만약 비판적으로 생각하신다면 저희가 전통적 건축을 잘 융합하기 위해서 어떻게 해야 하는지 궁금합니다.

저는 그런 짬뽕에 대해서 적극적으로 지지합니다. 제가 한옥 탈레반이라고 부르는 사람들이 있어요. 못 하나 안 쓰고 구조를 맞추는 게 진정한 한옥이라고 생각하는 사람들이 있습니다. 그런데 우리나라 조선집이 못을 안 쓴 이유는 딱 한 가지예요. 기와 때문입니다. 아까 단열에 대해 말씀드렸죠. 흙이 30cm가 쌓이면 무게가 몇 톤이나 될까요? 그 위에 다시 조선 먹기와가 깔리게 됩니다. 그런데 조선 먹기와는요, 비가 오면 원래 자기의 무게보다 10배의 무게가 더 나가요. 그러면 지붕의 하중이 어마어마하게 됩니다. 그래서 이질재가 들어가면, 만약에 못을 쓴다고 하면 그 지붕의 하중을 견디지 못하고 부러집니다. 못이 튕겨져 나가서 집이 무너져버려요. 그래서 그것을 방지하기 위해서 탄성계수가 같은, 서로 같은 재료들끼리 묶어주는 거거든요. 비가 오면, 무게가 나가면 한옥은 울어요. '끼끼끼끼' 하고 웁니다. 우리가 그걸 집 울음이라고 하는데, 그 집 울음을 울고 있어요. 집을 구성하는 재료들이 무게를 견디면서 서로 맞추는 거죠. 그런데 요즘은 기와가 그렇게 물을 많이 먹지 않습니다. 그리고 흙을 반드시 올릴 필요가 없어요. 요즘은 단열재가 너무 잘 나오거든요. 지붕이 아주 가벼워질 수 있습니다.

그런데도 한옥에는 못을 안 쓰고 구조를 다 맞춰야 한다는 것은 말이 안 되는 거죠. 시대가 변하고 재료도 변했는데 계속 옛날 방식을 고집할 필요가 없는 겁니다. 왜 못을 안 쓰고 결구結構 방식으로 집을 지었는지 그 이유를 찾아야 하는데, 이유는 찾지 않고 그냥 그런가 보다 생각하고 무작정 똑같이 하는 건 문제가 있습니다. 저는 지금 우리가 어떤 결과를 내는 시대가 아니라 실험을 계속해야 되는 시대에 있다고 봅니다. 그래서 콘크리트 건물 위에 기와지붕만 올리는 것도 훌륭한 실험이라고 봐요. 제가 한옥 탈레반이라고 부르는 사람들은 건물 기초를 콘크리트로 하면 굉장히 화를 내죠. '이건 한옥이 아니야' 하면서. 한옥이 아니면 어때요. 그리고 21세기에는 21세기의 집이 필요한 거거든요. 만약에 한옥이라 하더라도 21세기의 한옥이 필요한 것이지 과거의 한옥을 고집할 필요는 없다고 봅니다.

말이 나온 김에 조금 더 얘기하면 복원이라는 것은요, 서구의 개념입니다. 우리나라에는 복원이라는 개념이 없었어요. 『조선왕조실록』을 보면 증수를 했다, 개수를 했다, 부서져서 다시 고쳤다, 이런 기사들이 많이 나옵니다. 그런데 고려 시대부터 있었던 절이 무너져서 고려 시대 방법으로 복원했다, 이렇게는 안 나와요. 이건 서양 고고학이 만든 허구예요. 유령입니다. 과거 시대의 완벽한 복원이라는 것은 있을 수가 없어요. 항상 증수를 하고 개수를 한 지점을 보면, 만약 7세기의 건물이다, 그게 무너져서 8세기에 보수를 했다, 그러면 8세기의 기술이 거기에 있는 겁니다. 보수를 했다고 하면 보수한 시대의 기술이 거기 있는 거예요.

그런데 우리나라 사람들에게 어떤 교조주의가 있습니다. 정통 이태리 음식, 정통 방식 이런 거 좋아하잖아요. 순혈주의에 대한 강박관념이 계속 서구 고고학의 환상과 맞물려서 옛날 방식으로 제대로 복원이 됐네, 안 됐네, 이런 논의가 있는 겁니다. 왜 당대의 기술로 복원을 하면 안 되나요? 한 건물에 여러 세기의 기술 양식이 보일 수도 있는 거 아니겠어요? 저는 우리에게 있는 순혈주의가 다양성과 이질적인 문화를 녹여내는 데 가장 큰 정서적 방해가 된다고 생각합니다.

우리가 전통과 단절되어 살아간다고 말씀하셨는데, 저는 전통 건축의 기법이나 외관, 정서를 옮기는 것도 전통의 맥락을 잇는 하나의 방법이라고 생각하는데 선생님 생각은 어떠신지 궁금합니다.

개인적으로 저도 건축 설계 작업을 하고 있으니까 전통을 어떻게 현대 건축에 살릴까를 많이 고민합니다. 그런데 제가 전통을 현대 건축에 살린다는 것은 전혀 외형적인 것과는 상관이 없고요, 제가 살리고 싶어 하는 것은 조선집의 정서입니다. 제가 어렸을 때 조선집에서 살았는데, 항상 조선집 뒤에는 산이 있고 거기에는 대숲이 있습니다. 한여름이 지나고 가을이 되면 대나무가 바짝 마르죠. 대나무는 겨울에도 잎사귀를 잘 떨어뜨리지 않습니다. 바짝 마른 대나무 잎사귀에 겨울이 되면 싸락눈이 내립니다. 그러면 싸락눈이 대숲에 떨어지는 소리가 방에서 들려요. 창호지 문을 통해 아주 고요하게. 또 풍경을 처마 네 귀퉁이에 달아놓는데 그 풍경들의 추 무게가 다 달라서 방 안에서 듣고 있으면 지금 바람이 어느 정도인지 알 수 있습니다. 만약 북쪽에 있는 풍경까지 울린다면 바람이 엄청 센 거예요. 제가 추구하는 조선집의 전통이라는 것은 그런 겁니다. 우리 전통 건축이 가지고 있는 사운드, 마당이 가지고 있는 환한 느낌 같은 눈에 보이지 않는 것, 눈에 보이지는 않지만 분명히 존재하는 우리의 정서를 현대 건축의 어휘로 담아내려고 하는 것들이 제 작업입니다.

사실 우리나라 조선 건축은 알기가 참 힘듭니다. 다 똑같이 생겼어요. 건물을 대상으로서 보지 않기 때문에 다 똑같이 생겼습니다. 한 칸이냐, 두 칸이냐, 다섯 칸이냐, 여섯 칸이냐가 다를 뿐이에요. 외국 건축가들이 와서 조선 건축을 보면 심심합니다. 다 똑같이 생겼으니까요. 경주에 가도 똑같고, 강원도에 가도 똑같고, 그 똑같은 것이 지루하다고 생각하면서 갑니다. 당연하죠. 한국 건축은 자리가 중요한데 그 자리는 아무나 보는 게 아닙니다. 제가 오늘 여러분한테 '조선집은 자리가 중요하다' 이렇게 말했어요. 그래서 여러분이 알아듣고 조선 건축을 보러 가요. 그럼 여러분이 자리를 느낄 수 있을까요? 못 느껴요. 그건 공부를 해야 돼요. '자리가 중요하다는데 이 자리는 뭘까?' 이런 생각을 갖는 것부터가 공부죠. 그 자리에 가서 '이 자리가 뭔가 좋구나'라고 느낀다면 그건 성공한 거죠. 조선이 성리학이라는 어마어마한 학문을 600년 동안 헛되이 닦은 것 같지는 않아요. 그러니까 어떤 엘리트주의, 엘리트 문화를 완고하리만큼 완벽하게 구축한 거죠. 그런 원리에 의해서 지은 집이라서 조선집은 사실 아무나 접근하기가 쉽지 않습니다.

여러분, 옛날 사대부들이 집을 지을 때 어느 정도까지 했냐면, 산의 이름까지 바꿨습니다. 집을 짓고 집 안에서 보이는 산의 이름을 자기 나름대로 바꿔버리는 거예요. 그래서 그 집이 그 일대를 포함하는 하나의 소우주를 형성하는 거죠. 그건 대단히 중요한 상징이에요. 아까 말씀드린 산천재에 가보면 지리산 전체가 그 집 마당으로 들어와 있어요. 남명 조식 선생이 그 집을 짓고 후학을 양성하면서 지내셨는데, 남명 선생은 지리산을 보면서 지리산의 마음을 배우려고 했겠죠? 그리고 사대부들이 정원에 항상 심어놓는 나무가 배롱나무입니다. 배롱나무는 껍질이 없어서 껍질이 없는 순수함, 그런 것들을 사랑한 거죠. 그래서 조선집에는 조경 하나에도 엄청난 상징이 있습니다. 제가 짧은 시간에 그런 얘기를 다 드리지 못해서 굉장히 아쉬운데 우리 문화는 그런 상징과 은유로 가득 차 있습니다.

조선집은 자리가 중요하다고 하셨는데, 현대의 발전한 기술력이 그런 자리의 기운 같은 것들을 초월할 수 있지 않을까 하는 생각이 듭니다. 선생님께서는 어떻게 생각하시나요?

현대 건축에서는 GPS가 유용하게 적용됩니다. 옛날 사람들은 내가 지을 집의 자리의 맥, 산의 맥이 어떻게 형성되어 있는지를 산경표를 따라서 봤는데 지금은 그것을 GPS 시스템으로 한눈에 볼 수 있어요. 그래도 여전히 산경표가 필요합니다. 왜냐하면 GPS로 보면 복잡한 데이터들이 너무 많아서 곁가지를 덜어놔야 하거든요. 산경표를 겹쳐보면 훨씬 쉽죠.

그리고 우리가 늘 다 좋은 땅에 집을 지을 순 없잖아요. 나쁜 땅에도 집을 짓는데, 그럴 때 현대 기술이 십분 발휘됩니다. 말하자면 서풍이 강하게 부는 지역에 집을 짓는다면 담을 쌓든지 나무를 심어서 서풍을 막아줘야 되고, 어느 자리가 조금 꺼졌다면 그 부분을 복원하기 위해서 포크레인을 동원해서 복토를 해야 돼요. 돈이 많이 들죠.

비보裨補 사상이라는 게 있습니다. 통일신라 말기의 승려로 우리나라 풍수의 시조이자 대가인 도선 국사가 지은 절은 거의 다 터만 남은 폐사지예요. 도선 국사의 비보 사상은 자연도 완벽하지 않다고 보는 거예요. 자연이 완벽하지 않기 때문에 허한 부분이 있어요. 그 허한 부분을 인간의 건축이 채워주는 거죠. 채워주면 어떻게 되겠어요? 그 허한 부분은 강해지지 않습니다. 단지 뭔가를 막을 수 있어요. 도선 국사는 항상 산사태가 일어날 곳에 절을 세웠어요. 산사태가 일어날 조짐이 보이면 중들이 낌새를 알아차리고 삽을 들고 나와서 산사태를 막아보려고 애쓰죠. 그러다가 도저히 안 되면 절을 버리고 도망갑니다. 결국 산사태가 일어나서 절을 치면 절이 산사태가 아랫마을로 쓸려 내려가는 속도를 약화시키는 겁니다.

이게 풍수예요. 복을 빌기 위한 게 아니라 자연의 허함을 보완하고 재난을 막기 위한 비보적 의미가 있는 거죠. 이미 자연이 완벽하지 않다는 전제, 자연은 '인'하지 않다는 '천지불인天地不仁' 사상이 있는 겁니다.

선생님 책 중에 『건축의 스트레스』라는 책이 있던데 선생님께서는 요즘에 무슨 고민을 많이 하시고 무엇 때문에 스트레스를 많이 받으시는지 궁금합니다.

사실 『건축의 스트레스』는 '인문학 부재의 스트레스'입니다. 건축과는 학제가 잘못돼서 이과생들이 들어오게 되어 있습니다. 그러면서도 가장 기본적인 그림이 안 되는 사람들이 많이 들어와요. 그리고 인문학에 대한 기본 지식이나 관심이 없는 사람들이 많습니다. 쉽게 말해서 건축가들이 무식해요. 제가 건축 비평도 하는데, 칭찬을 해줬는데도 욕했다고 뭐라고 하더라고요. 문맹은 아니지만 의미맹입니다. 의미를 모릅니다. 제가 비평을 하면 그 비평이 상대방에게 전달이 돼야 하고, 그런 소통을 통해서 제가 다시 고양되어야 하는데 그런 기회가 없습니다. 의미맹들이 너무 많습니다. 그리고 건축가들이 자기 작업을 발표하고 글을 쓰는데 '인문 병신체', '보그 병신체'가 있는 것처럼 '건축 병신체'가 나오더라고요. 이 사람들은 글쓰기 훈련이 전혀 안 되어 있고, 그리고 어떤 개념, 말하자면 그 학문에서 인정받는, 두루 통용되는 보편적 개념을 모릅니다. 그러니까 엉뚱한 이야기들로 점철이 됩니다. 건축을 하면서 받는 스트레스 중 상당 부분이 동료들에게서 받는 것입니다.

그리고 이런 스트레스도 있습니다. 건축 설계를 할 때 모든 것이 수치로 정해지는데 설계 도면은 항상 완벽한데도 실제로 지어질 때는 오차가 나게 되어 있어요. 그 오차를 견디기 힘들죠. 저는 제가 직접 설계하고 지은 집에서 사는데, 매일 아침에 눈을 뜰 때마다 하자를 발견해요. '저건 벽지를 저렇게 바르면 안 됐는데.' '왜 원목 마루를 이렇게 했지?' '벽에 콘센트가 비뚤어졌네?' 제가 지금 7년째 살고 있거든요. 그런데 7년 동안 매일 이래야 합니다. 괴로워 죽겠어요. 조각가들은 조각품을 만들어놓고 거기서 살진 않잖아요? 그런데 건축가들은 저같이 집을 만들어놓고 자기가 살 수도 있어요. 살다 보면 자기 작업의 하자들을 계속 봐야 하는 그런 괴로움이 있는 거죠. 그것도 굉장한 스트레스입니다.

그리고 또 하나는 건축주와의 관계인데, 어느 건축주가 찾아와서 '어떤 집을 좋아하세요?' 하고 물으니까 '나는 모던한 집을 좋아합니다' 그래요. 그래서 '모던, 모더니즘, 옳지' 하면서 그렇게 설계를 했어요. 그런데 설계한 걸 보여줬더니 집이 모던하지 않다는 거예요. '그래, 그럼 더 날려야겠구나' 해서 더 날렸는데 그래도 모던하지 않대요. 그래서 이분하고 계속 얘기를 했어요. '이상하다, 이 정도면 모던하다고 해야 하는데…' 하면서 쭉 얘기를 했더니 이분이 모던하다고 했던 것은 바로크였습니다. 그분에게 모던은 그냥 세련된 거예요. 건축사적인 맥락에서의 모더니즘이 아니라 자기가 보기에 좋은 것, 세련된 것을 모던하다고 생각한 거죠. 그분이 세련됐다고 생각한 것이 바로크였습니다.

어떤 사람을 만나면 제가 알고 있는 지식으로 그 사람의 말을 해석하는 것이 아니라 그 사람의 사전을 다시 만들어야 돼요. A

라는 건축주의 사전에는 '바로크=모더니즘' 이렇게 되어 있는 거죠. 제가 그 사람을 교육시킬 수는 없잖아요. '이보쇼, 모더니즘이란 말이요…' 이렇게 가르칠 수는 없습니다. 제가 그 사람 말을 알아듣는 게 중요해요. 그래서 그 사람의 사전을 항상 만들어놓고 다녀야 합니다. 이것은 굉장히 유용해요. 처음에는 힘들었는데 이걸 하고 나면 다른 사람과 소통하기가 좋습니다. 사전을 만들자고 생각하면 먼저 말하지 않고 일단 그 사람 얘기를 듣게 돼요. 듣다 보면 이 사람은 이런 건 이런 의미로 사용하는구나 하고 알게 되는 거죠.

# 근대 세계의
# 과거와 미래

**문명화와 야만화**

주경철

**주경철**

서울대학교 사회과학대학 경제학과와 같은 대학원 서양사학과를 졸업한 후 파리 사회과학고등연구원에서 역사학 박사 학위를 받았다. 현재 서울대학교 서양사학과 교수로 재직 중이며, 서울대학교 역사연구소 소장, 중세르네상스연구소 소장, 도시사학회 회장을 역임하며 주로 근대 세계가 어떻게 형성되었는가에 관심을 두고 저작 활동과 번역 작업에 힘쓰고 있다. 주요 저서로 『대항해 시대』, 『문명과 바다』, 『문화로 읽는 ···』, 『네덜란드』, 『콜롬버스』, 『마녀』 등이 있고, 역서로 『물질문명 ···의』(전 6권), 『제국의 몰락』, 『물의 세계사』 등이 있다.

세상이 갈수록 더 폭력적인 쪽으로 가는 것 같나요, 아니면 조금씩 더 평화로워지는 쪽으로 나아가는 것 같나요?

오늘 여러분과 이야기할 주제는 문명화와 야만화입니다. 저는 이것이 정말 중요한 문제라고 생각합니다. 핵심 질문은 이것입니다. 여러분은 우리가 살아가는 이 세계가 옛날부터 지금까지 시간이 지날수록 조금씩 문명화되어왔다고 생각하세요, 아니면 야만화되어왔다고 생각하세요? 조금 질문을 바꾸자면, 세상이 갈수록 더 폭력적인 쪽으로 가는 것 같나요, 아니면 조금씩 더 평화로워지는 쪽으로 나아가는 것 같나요? 우리가 살아가는 이 시대가 폭력이 난무하는 지옥이냐, 아니면 평화와 번영을 누리는 낙원이냐고 묻는다면, 물론 둘 다 아니겠죠. 지금 누가 여기가 지옥이라고 하겠어요. 아니면 여기가 낙원이라고 하겠어요. 중간 어디쯤 될 텐데, 굳이 그렇게 묻는 이유는 이 세상이 갈수록 낙원

쪽으로 다가가는 것 같으냐, 지옥 쪽으로 다가가는 것 같으냐 하는 방향성을 생각해보고자 하기 때문입니다.

그럼 한번 손을 들어볼까요? 세상이 가면 갈수록 평화로워지는 것 같다 하면 1번, 가면 갈수록 더욱 폭력적이 되는 것 같다, 지옥 쪽으로 다가가는 것 같다 하면 2번. 1번 한번 손들어보세요. 지금은 아무리 뭐래도 평화로워지는 것 같다. 아, 우리 학생들은 굉장히 부정적으로 생각하시는 것 같네요. 그럼 2번 손들어보세요. 세상이 가면 갈수록 더 폭력적이 되는 것 같다. 2번이 압도적으로 많네요. 사실 정답은 잘 모르죠. 제가 한번 이런저런 이야기들을 소개해볼게요. 그리고 이 시간이 끝날 때쯤 다시 조사해보겠습니다. 그때 가서 다시 보도록 합시다.

제가 쓴 책 중에 『대항해 시대』라는 책이 있습니다. 제가 그 책에서 주장했던 핵심이 뭐냐면, 굉장히 오랜 기간 동안 인류 문명이 대륙별로 발전하다가 바닷길이 열리면서 중국이나 아메리카, 혹은 유럽이 본격적으로 만났다는 거예요. 그런데 문제는 그 문명들이 서로 만나는 방식이 굉장히 폭력적이었다는 거죠. 일단 인류 문명은 만나면 대개 전쟁부터 하게 마련입니다. 내가 힘이 세냐 네가 힘이 세냐 하면서. 먼저 군사적인 충돌을 하는 협의의 폭력이 일어나고 그다음에는 문명의 여러 요소가 광범위하게 폭력적으로 만납니다. 예컨대 이런 식이에요. 유럽인들이 아메리카에서 소위 '인디언'들을 만났을 때 먼저 힘으로 지배하고 나서 보니까 이들이 이상한 종교를 믿고 있어요. 그래서 그런 거 믿지 말고 기독교를 믿으라고 하죠. 이쪽 종교와 저쪽 종교가 만났을 때 한쪽이 다른 쪽을 폭력적으로 없애버리고 자기의 종교를 믿게 하는, 종교 차원에서의 폭력이 일어난 거죠. 그리고 인디언들에게 몇천 개의 언어가 있었는데 결과적으로 그 언어를 모두 쓰지 못하게 했습니다. 지금 아메리카 대륙에서 널리 쓰이는 언어는 영어, 스페인어, 불어, 포르투갈어, 이렇게 네 개의 언어로 정리가 됐죠. 이것은 언어 차원에서의 폭력입니다. 이런 식으로 서로 다른 문명이 만나면서 일어난 일은 불행히도 군사적 충돌과 어느 한쪽의 다른 쪽에 대한 폭력적 지배였습니다.

우리가 살아가는 근현대 세계를 설명하는 요소로 과거보다도 폭력이라고 하는 측면, 더 구체적으로 군사 문제가 상당히 많이 거론됩니다. 아마 여러분은 '왜 서구 문명이 세계의 패권을 차지했을까'라는 질문을 많이 들어봤을 거예요. 이런 질문에 흔히 하는 답이 있죠. 예컨대 '서구 문명은 합리적이다. 서구 문명이 합리적이기 때문에 힘이 강하다'라든지 아니면 '현대의 가장 큰 힘은 과학기술에서 나오는데 17세기에 유럽에서 과학혁명이 있어 났기 때문에 결국 그것이 서구 문명이 패권을 차지하게 된 가장 중요한 요소다'라든지 혹은 '기독교다, 정신적인 측면에서 이기고 들어간 거다' 같은 여러 가지 설명을 제시해왔어요.

그런데 이런 이야기들을 자세히 들여다보면 뭔가 잘 안 맞습니다. 유럽의 과학혁명 이야기를 하는데 사실은 그 이전에 아랍 쪽에서 훨씬 더 일찍 과학이 발전했죠. 그런데 왜 아랍이 전 세계의 패권을 차지하지 못했을까요? 그러니까 과학혁명이라는 둥, 이성이라는 둥, 기독교라는 둥, 이런 것들이 안 중요하다는 것이 아니라, 이런 요소들이 작용하기 이전에 먼저 작동하는 선행 요소가 있었다는 것입니다. 유럽이 다른 문명권으로 제일 먼저 뚫고 들어갈 수 있었고 우위를 점할 수 있었던 요인은 다른 게 아니라 '주먹'이더라는 겁니다. 주먹이 세니까 먼저 폭력을 휘두르고 들어가서 우위를 차지했다는 거죠. 그래서 요즘에는 흔히 군사력이라는 요소를 많이 강조하고 있습니다.

고대 중국의 군사혁명은 제국을 낳았고 근대 유럽의 군사혁명은 제국주의를 낳았습니다.

먼저 군사혁명 이야기를 해보겠습니다. 군사 발전이 아니라 군사혁명이라고 했죠. 군사혁명이라는 용어를 쓸 때는 단순히 군사력이 조금 발전한 정도가 아니라 질적인 도약, 이전과는 비교할 수 없을 정도의 어마어마한 발전이 있었다는 것입니다. 제프리 파커Geoffrey Parker라는 군사사軍事史military history의 대가는 이런 군사혁명이 인류 역사상 두 번이 있었다고 설명합니다.

첫 번째는 고대 중국에서입니다. 중국사를 아시는 분은 알겠지만, 중국의 패권을 놓고 진, 초, 연, 제, 한, 위, 조, 일곱 개의 국가가 계속 치열하게 싸우다 진나라로 통일이 되죠. 전국시대 말기에 그 일곱 개의 국가는 부국강병에 힘을 쏟습니다. 사실 이때 부국강병은 '강병을 위한 부국'입니다. 일단 나라의 부를 키운 다음에 그것을 최대한도로 동원해서 군사력을 키워 옆 나라랑 전쟁을 해서 이기면 먹고 지면 망하는 식인 거죠. 이 마지막 단계에 이르면 한 국가의 군사력의 규모가 어느 정도 됐을 것 같아요? 몇만 명 정도의 군사력을 가지고 서로 전쟁을 했을까요? 흔히 중국의 군사력을 일컬어 백만 대군이라고 하죠. 100만 명의 군사력이라는 게 어떤 의미일까요? 당나라가 우리나라에 쳐들어왔을 때 백만 대군이 쳐들어왔다고 얘기를 하죠. 그거 맞을까요? 기록에 의하면 중국에서 진군해온 군대의 선두가 한반도에 들어왔을 때 제일 후진이 출발했다는 기록이 있고 이런 것을 봤을 때 100만 명이 들어온 게 맞다고 국사학 하시는 교수께서 설명하시더군요. 그게 과연 어느 정도 정확한지는 조금 더 자세한 연구를 기다리도록 합시다. 걸핏하면 백만 대군, 백만 대군, 하는데 많은 경우 과장일 수 있지만, 전국 시대 말기에는 실제로 백만 대군이 맞습니다. 백만 대군이 서로 싸운 거예요.

여러분 한번 생각해보세요. 백만 대군을 유지한다는 것이 무슨 의미일까요? 군대 운영에서 가장 중요한 문제는 사실 보급이에요. 여러분 아침 안 먹고 점심 거르고 저녁 안 나온다고 생각해보세요. 좀 짜증나죠. 그런데 이튿날, 다시 다음 날, 그렇게 사흘을 굶었다고 생각해보세요. 그런데 그 인원이 100만 명이에요. 손에 무기를 들고 있어요. 사흘 굶은 군대는 이 세상에서 가장 무서워요. 이들은 바로 약탈에 들어갈 겁니다. 그러니 100만 명이라는 군대를 유지한다는 것은 보통 일이 아니에요. 이 100만 명을 매일 먹여야 해요. 당시 관례로는 하루에 두 번 보급이 나옵니다. 100만 명을 하루에 두 번씩 계속 먹이기 위해서 식량을 평소에 어떤 식으로 모아놓고 어떤 식으로 운반하고 어떤 식으로 조리할 것인가는 결코 쉬운 문제가 아니에요. 또 그 100만 명을 입히고, 잘 통제해서 전략 전술에 따라서 움직이게 하고⋯. 그래서 100만 명의 대군을 움직인다는 것은 단순히 군사적인 문제가 아니라 그 100만 명을 통제하고 관할할 수 있는 정치력, 행정력, 경제력의 발전을 의미해요. 그래서 고대 중국에서 백만 대군을 움직였다는 것은 결국 그 정도의 어마어마한 힘을 유지할 수 있는 어떤 정치 질서, 다시 말해서 제국 질서가 형성되었다는 것을 의미해요.

그러니까 표면적으로는 군사혁명인데, 그 군사혁명 이면에 있는 실제 더 중요한 것은 제국 질서가 만들어졌다는 거죠. 진나라 때 만들어진 그 제국 질서가 이후 중국의 오늘날까지도 쭉 유지되는 가장 중요한 현상인 것 같아요. 오늘날 중국이 제국은 아니지만 면면히 이어져 내려오는 그 제국적인 사고를 통해 오늘날의 중국을 더 잘 이해할 수 있지 않나 싶어요. 하여튼 중요한 것은 고대 중국의 군사혁명이 제국 질서를 낳았다는 것, 이게 첫 번째입니다.

두 번째로 이와 유사한 정도의 군사혁명이 근대 유럽에 있었습니다. 진, 초, 연, 제, 한, 위, 조와 비슷하게 프랑스, 이탈리아, 잉글랜드, 스웨덴 이런 나라들이 군사력을 키우죠. 10만, 15만, 이렇게 커가더니 루이 14세 때가 되면 40만, 나폴레옹 때가 되면 60만, 이 정도로 군사력을 키웁니다. 그리고 유럽의 패권을 놓고 치열하게 싸워요. 더구나 이때가 되면 총, 포가 나오죠. 칼이나 창과는 질적으로 다른 수준입니다.

유럽이 고대 중국과 다른 점이 뭐냐 하면, 고대 중국에서는 그렇게 치열하게 싸우다가 한 세력이 결국 최종적인 승리를 거둬서 중국 전체를 하나의 제국 질서로 엮었는데 유럽에서는 그렇지 않았다는 것입니다. 치열하게 100년, 200년 싸웠는데 결국 아무도 못 이겼다는 거예요. 계속 싸우지만 결국은 하나의 세력이 유럽의 패권을 차지하지 못하죠. 사실 유럽 통합의 시도는 늘 있었어요. 로마제국 이후에 샤를마뉴라든지 나폴레옹이라든지, 최근에 히틀러라든지, 이렇게 유럽 전체를 하나의 자기 세력으로 만들려는 시도는 늘 있었지만 결국은 실패하고 여러 개의 국가로 나뉜 거죠.

많은 학자가 유럽 문명과 중국 문명의 가장 본질적인 차이는 중국의 통일, 유럽의 분열이라고 말합니다. 통일된 것이 힘이 강할까요, 분열된 것이 힘이 강할까요? 우리는 흔히 통일된 것이 힘이 더 강하겠지라고 상식적으로 생각하지만, 그 상식은 실제 역사에서는 맞지 않아요. 근대 유럽이 분열된 결과 국민국가로 나누어지고, 그 국가들끼리 부국강병의 경쟁을 200-300년 동안 치열하게 한 것이 근대 유럽이 강력해진 가장 기본적인 배경이라고 이야기하는 게 정설이에요. 다만 이렇게 경제력도 커지고 그걸 이용해서 군사력도 커졌는데 그것이 유럽 전체의 하나의 통일, 제국으로 나아가지 못하니까 그 각각의 국가들이 바깥으로 나아가서 각자 자기 나름의 식민 제국을 건설한 거다, 라는 게 파커의 결론입니다. 그래서 정리를 하자면, 고대 중국의 군사혁명은 제국을 낳았고 근대 유럽의 군사혁명은 제국주의를 낳았다는 것입니다.

군사라고 하는 하나의 키워드를 가지고 세계사를 이렇게 명쾌하게, 이렇게 멋있게 설명하는 건 쉽지 않아요.

이건 사실 굉장히 흥미로운 주장이에요. 군사라고 하는 하나의 키워드를 가지고 세계사를 이렇게 명쾌하게, 이렇게 멋있게 설명하는 건 쉽지 않아요. 세계사는 이런 것이다 하고 크게 틀을 지어 설명하되, 디테일 역시 정확하고 구체적입니다. 이런 것은 보통 수준의 학자가 할 수 있는 일이 아닙니다.

이것과 연관해서 흥미롭게 볼 만한 것이 일본의 사례입니다. 일본이 총을 발전시키죠. 총과 화약이 최초로 발명된 것은 중국입니다. 그것이 유럽에 전해져서 유럽에서 1차 총기가 개발되고, 포르투갈 상인이 그 총을 들고 일본에 들어갔다가 일본에 전해준 거예요. 말하자면 유럽식의 총을 선물하면서 시범을 한번 보이려고 쐈는데 날아가는 새가 맞아 떨어져서, 날아가는 새도 떨어뜨리는 무기라고 해서 조총이라고 불렀다는 이야기가 있죠.

일본은 이 무기를 받아들인 다음에 굉장히 빠른 속도로 복제합니다. 일본은 똑같이 만들어내는 능력이 뛰어나잖아요. 숫자에 관해서는 여러 가지 이설이 있을 수 있겠지만 조만간 일본열도에 30만 정의 총이 전파되었다고 하거든요. 그리고 이 총을 실전에 사용합니다. 그런데 초기의 총에는 조금 문제가 있었어요. 요즘 총처럼 그렇게 강력하고 장전도 쉽고 연속 발사되는 게 아니라, 한 발 장전하고 심지에다 불붙여서 뻥 쏘는 식이라 시간이 너무 오래 걸렸어요. 총 한 발 쏘는 데 5분 이상 걸린다고 생각해보세요. 겨우 불붙여서 뻥 한 발을 쐈는데 상대방이 피해 있다가 칼 빼들고 우르르 달려들면 총 때문에 이기는 게 아니라 총 때문에 지는 거죠. 그래서 총이 가지고 있는 이런 제약, 기술적인 한계를 연습을 통해 이겨내게 되는데, 그게 연속 발사 방식이라는 거예요. 원리는 아주 간단해요. 쭉 줄을 서서 장전하고 있다가 자기 차례가 되면 쏘고 빠지고, 뒷줄이 또 장전하고 있다가 자기 차례가 되면 나와서 쏘고 들어가고, 또 다음 줄이 나와서 쏘는 거예요.

이 방식이 유럽에서는 1590년대에 나오고 그나마 1620-30년대 가서야 본격적으로 활용이 되죠. 그런데 일본이 유럽으로부터 들어온 총을 복제했을 뿐만 아니라 연속 발사 방식을 더 먼저 개발해서 1570년대가 되면 실전에서 엄청난 위력을 발휘합니다. 굉장히 유명한 1575년의 나가시노 전투에서 3만 8,000명 중에 1만 명이 총을 소지하고 20초당 1,000발을 발사했다고 해요. 이게 어느 정도의 화력이라고 생각하세요? 요즘 같으면 아무것도 아니죠. 그런데 일본의 역사가가 이것을 전 세계의 군사력과 비교했어요. 유럽의 전투, 러시아의 전투, 일본의 전투를 비교했더니, 놀랍게도 일본의 화력이 당대 세계 최고였습니다. 이렇게 총을 쏠 수 있는 부대가 이 세상에 없었어요. 16세기에 일본이 세계 최강의 화력을 가졌던 거예요.

그로부터 얼마 뒤에 임진왜란이 일어나죠. 왜군이 들어오자마자 얼마 안 있다가 조선이 한양을 내줬는데, 어떻게 생각해보면 당연한 거예요. 세계 최강의 화력을 가진 부대가 밀고 들어온 거니까요. 당시 16만 명이 조선에 쳐들어왔다고 하는데 그중에 4분의 1이 총을 소지했다고 해요. 여러분 이 16만이라는 숫자가 만만한 숫자가 아니에요. 이 시기에 스페인 펠리페 2세가 잉글랜드를 정벌하겠다고 편성한 무적함대가 3만이었으니까요. 임진왜란이 당대 세계 최대 규모의 전쟁이었던 거죠. 그러니 왜군을 물리치는 게 보통 일이 아니었던 겁니다. 물론 명나라에서 원군을 보내줬죠. 명도 그냥 의리 때문에 원군을 보내준 게 아니에요. 한반도가 뚫려서 왜군이 들어오면 명나라도 승리를 장담 못하니까 원군을 보내줄 수밖에 없었던 거예요. 왜가 그렇게 얘기하죠. '명을 정벌하러 갈 테니까 조선이 길을 빌려달라.' 만약에 진짜 명하고 왜하고 본격적으로 한판 붙었다면 결과가 어땠을까요? '명이 규모가 훨씬 크니까 명이 이겼겠지'라고 생각하기 쉽지만 전 장담을 못한다고 봐요.

결국 일본이 자기네 생각대로 전쟁을 하지 못했던 건 이순신 장군 때문이라고 할 수 있겠지요. 일본이 섬나라이면서도 육군은 강한데 해군이 약해요. 일본 해군은 단지 전력을 실어서 보내는 데 불과했던 거죠. 일본의 원래 계획은 전라도로 들어와서 전라도를 정복하고 거기에 있는 식량을 약탈해서 서해안을 따라 올라가서 보급을 하는 것이었는데 이순신이 이것을 막은 거예요. 이러저러한 이유로 결국은 일본을 격퇴한 겁니다.

현대 세계는 갈수록 군사력이 커지고 충돌하면서 전쟁과 살인, 폭력이 점점 더 만연하다고 생각하기 쉽지만 지금부터 이야기하는 것은 그렇지 않다는 것입니다.

지금 본 것이 세계 최강의 해양 세력이 한반도를 거쳐서 대륙으로 들어가려다가 좌절된 사례라면, 반대로 대륙 세력이 해양을 지배하러 들어가다가 한반도에서 좌절된 사례가 몽골이에요. 몽골의 군사력은 강력하기로 유명하죠. 몽골이 러시아, 폴란드까지 들어갔는데, 러시아를 정벌했을 때 이야기를 들어보면 잔혹하기 이를 데 없어요. 항복하지 않고 저항하다가 정복당한 사람들을 한쪽으로 모아놓고 눕게 해요. 그리고 그 위에 판자를 깔아요. 그 판자 위에서 몽골 군대가 술을 마시고 놀아요. 판자를 중심으로 판자 밑에는 패자, 위에는 승자가 있는 거예요. 아침에 판자를 걷어보면 밑에 사람들은 압사당해 있어요. 그런 다음에 불을 질러서 그야말로 모든 것을 없애고 나서 다시 전진합니다.

이런 정도의 막강한 몽골군이 고려를 정벌하고 나서 일본까지 정벌하겠다고 해군을 만들어서 간 거죠. 그런데 실패했어요. 실패한 이유는 태풍이 불어서라고 그러지요? 역사 교과서에도 다 그렇게 되어 있어요. 그런데 이상하지 않나요? 그런 세계사적인 사건을 두고 태풍 때문이라고 설명하는 게. 태풍 때문에 그랬다면 몇 년 쉬었다가 다시 해군을 만들어서 태풍 안 부는 5월에 떠나면 될 거 아니에요. 그런데 결국 그렇게 못했죠. 그렇게 못한 이유는 고려 때문이었다고 해요. 고려가 비록 졌지만 몽골에 맞서서 30년을 저항했어요. 몽골에 30년 동안 저항한 세력은 고려 밖에 없는 것 같아요. 천하의 몽골이라고 해도 동아시아에서는 기력이 소진된 거예요. 마지막으로 힘을 모아서 일본 정벌을 한 두 번 시도했지만 그다음에는 못한 거죠. 그래서 결국 일본 학자들 말에 의하면 일본을 구한 건 한반도였다고 해요.

이 두 사례를 함께 생각해보면 해양 세력이 대륙으로 진출할 때, 대륙 세력이 해양으로 진출할 때 모두 한반도가 일종의 필터 역할을 한 거죠. 이 비슷한 사건이 한 번 더 있었는데 바로 6.25 때예요. 여러분 혹시 헨리 키신저Henry Kissinger라고 알아요? 요즘 학생들은 키신저를 모르던데 우리 세대는 키신저를 우리 눈앞에서 세계사를 바꾼 인물로 기억하고 있거든요. 중국과 미국이 철천지원수로 있을 때 비밀외교를 통해서 두 나라가 외교 관계를 맺는 데 중요한 역할을 한 것이 키신저예요. 키신저가 지금 나이가 90이 넘었는데 최근에 『세계 질서World Order』라는 책을 썼어요. 세계의 외교를 자기 나름대로 정리한 책인데 거기에 6.25에 관한 얘기가 나와요. 미군이 북으로 진군해 올라갈 때 평양, 원산까지 올라간 다음에 더 진군해서는 안 됐다, 거기서 멈췄어야 했다고 이야기를 해요. 왜 그럴 거 같아요? 여러분 잠깐 생각해보세요. 이 세계적인 대전략가가 6.25를 회고하면서 왜 그런 식으로 이야길 했을까요?

당시 중국이 정권이 들어선 지 얼마 되지 않았는데 미군이 그 주변에 군사를 배치해놓고 있어서 굉장히 불안해했어요. 그런데 한반도에서 전쟁이 일어나서 미군이 한반도를 따라서 올라오는 거예요. 그때 마오쩌둥하고 저우언라이는 이렇게 생각합니다. 강력한 세력이 한반도를 지나 우리 뒤통수를 노릴 가능성이 있다. 그래서 거의 공개적으로 언질을 준 셈이지요. 압록강까지 오지 마라. 압록강까지 오면 우리는 반드시 공격할 수밖에 없다. 그러니까 키신저 말은, '그런 것을 뻔히 알면서 왜 올라갔냐, 원산까지 올라가면 한반도의 80% 정도를 지배한 거고 나머지 북한은 20%로 아주 작은 세력밖에 안 되니까 결국 흡수됐을 것이다, 그런 식으로 해결을 했어야 하는데 왜 압록강까지 밀고 들어가서 급기야 중공군의 반격을 끌어냈냐'는 거예요. 물론 전쟁 다 끝나고 수십 년 지나 하는 이야기지만, 한번 곱씹어볼 만한 이야기라고 생각합니다.

자, 지금까지 군사사軍事史 얘기를 했는데, 이런 식으로 근대에 들어와서 군사력이 발전하고 충돌하는 일들이 갈수록 강화됩니다. 급기야 20세기에 어떤 일이 일어났는지 보세요. 제1차 세계대전과 제2차 세계대전이 일어났죠. 제2차 세계대전 때 몇 명 정도가 죽은 것 같아요? 5,500만 명이 죽었어요. 여러분 상상이 돼요? 5,500만 명이 죽은 거예요. 이런 것을 보면 현대 세계는 갈수록 군사력이 커지고 충돌하면서 전쟁과 살인, 폭력이 점점 더 만연하다고 생각하기 쉬워요. 그런데 지금부터 이야기하는 것은 그렇지 않다는 거예요. 그렇게 보이는 것은 표면적인 것이고 사실은 그렇지 않다고 주장하는 학자의 주장을 소개할게요.

결국 국가가 폭력을 독점하면서 일반 사회에서의 폭력성이라는 것은 이렇게 질서를 잡아가고 있었다는 것입니다.

스티븐 핑커Steven Pinker는 요즘 가장 핫한 학자 중 한 사람이에요. 신경과학자인데, 인문학의 여러 분야에 걸쳐서 굉장히 탁월한 책을 쓰는 학자예요. 이 사람 주장이 이거예요. '실제로는 현대가 훨씬 더 안전하다. 국가가 맨날 전쟁하는 것 같지만 사실은 그 이전에 폭력을 억제하고 완화하는 역할을 한다.' 왜 이렇게 주장하는지, 과연 근대국가가 전쟁을 해서 폭력을 더 일으키는 기구인지 아니면 폭력을 완화하는 기구인지는 근거를 가지고 봐야겠죠.

핑커는 이전의 모든 연구의 자료를 가지고, 수치를 가지고 이야기합니다. 굉장히 중요한 자세지요. 핑커가 제일 먼저 제시하는 것은 이겁니다. 근대국가가 들어선 사회가 있고, 그렇지 않은 사회, 예를 들면 부족사회가 있을 거 아니에요. 어느 쪽에서 더 많은 사람이 다쳤을까요? 핑커는 1840년대 캘리포니아나 1860년대 피지의 인디언 부족사회와 같이 국가가 성립되기 이전의 사회에서 1년에 10만 명당 몇 명이 전사했는지의 사례들을 쭉 열거하고, 다음에 근대국가가 들어선 이후, 예컨대 20세기의 전 세계 평균, 20세기 일본의 평균, 2005년 미국의 평균, 이런 식으로 근대국가에서 1년에 10만 명당 몇 명이 전사했는지의 사례들을 제시합니다. 우리나라에서는 1년에 몇 명 정도 전사하나요? 거의 0에 가깝겠죠. 지금 우리는 공식적으로 전쟁을 하지 않으니까요.

남북한 교전으로 인한 전사자가 1년에 10만 명당 몇 명인지 환산해보면 0.00001 정도 되지 않을까요? 그러니까 이 사례들을 비교해보면 실제로는 국가가 들어서기 이전 사회에서 사람들이 훨씬 더 많이 전쟁으로 죽더라는 겁니다. 전사자가 가장 많은 1840년대 캘리포니아 인디언 부족사회의 경우 매년 10만 명당 1,500명이 전사합니다. 이런 사회에서는 늙어 죽을 걱정은 안 해도 되요. 늙어 죽기 전에 남자들은 다 전쟁터에서 죽을 테니까요. 이렇게 실제 수치로 평균을 내보면 근대국가가 훨씬 더 안전합니다.

살인율과 살인 사건으로 희생되는 사람의 수에 관해서도 역대 굉장히 많은 연구가 있는데, 핑커가 그 연구 자료들을 다 모아서 정리를 해놨어요. 1200년대부터 2000년대까지 영국을 비롯한 서유럽에서 1년에 인구 10만 명당 몇 건의 살인이 발생했는지를 보면 1300년대에는 심지어 100건의 살인이 발생했어요. 그런데 시간이 갈수록 드라마틱하게 살인 사건이 감소해서, 2000년대로 오면 인구 10만 명당 1건 이하가 됩니다. 지금 살인 사건이 무지 많이 일어나는 것처럼 보일지 모르지만 실제 자료를 놓고 보면 과거로 거슬러 올라갈수록 훨씬 더 살인 사건이 많았고 지금은 굉장히 안전해진 거라는 게 핑커의 논리입니다.

왜 그럴까요? 왜 갈수록 살인 사건과 전쟁이 줄어들고 이렇게 평화로워진 것일까요? 이걸 설명하는 여러 이론이 있는데 핑커가 굉장히 중요한 근거로 드는 것 중 하나가 노르베르트 엘리아스Norbert Elias라는 학자의 연구입니다. 엘리아스는 우리가 에티켓이라고 말하는 각 시대의 예절에 관한 책들을 분석했어요. 에티켓이라는 게 뭐죠? '집에서 뛰지 마라.' '밥 먹을 때 아무렇게나 집어 먹지 말고 얌전하게 먹어라.' 이런 종류의 것들이죠. 그럼 에티켓의 본질은 뭔가요? 자기 몸의 통제예요. 다시 말해서 에티켓이라는 것은 자기 몸, 육체성, 조금 더 나아가 공격성을 어떤 식으로 통제하느냐지요.

내용을 보면 이런 식이에요. '식탁보에 코 풀지 마라.' '나이프로 이 쑤시지 마라.' 여러분 요즘 이런 사람 보기 힘들지 않아요? 식당에서 '고기 꼈네' 하면서 나이프로 이 쑤시는 사람들. 요즘에는 혹시 예절서가 있다고 하더라도 '나이프로 이 쑤시지 마라' 이런 건 안 가르쳐죠. 왜 안 가르치죠? 이 정도는 이미 집에서 다 가르쳤기 때문에 굳이 책에 써서 가르칠 필요가 없는 거죠. 반대로 얘기하면 예절서에 나이프로 이를 쑤시지 말라는 내용이 나온다는 것은 과거 그 시대 사람들이 걸핏하면 밥 먹다가 나이프로 이를 쑤셨다는 거예요. 그러다가 1560년대에 나온 예절서를 보면 이래요. '고기는 오른손으로 먹되 빵과 고기는 점잖게 세 손가락으로 먹어라.' 그러면 16세기에 사람들이 밥 먹을 때 고기를 손으로 집어 먹었다는 건가요? 포크 없이? 이런 게 우리 눈에 띄죠. 포크라는 건 상당히 뒤 시대에 나와요. 1714년의 예절서를 보면, '오른손으로 포크나 나이프를 잡고 왼손으로 접시를 내밀어야 한다'고 나와요. 이때가 되면 포크 사용법이 일반화되는 겁니다. 이런 식으로 그 시대의 사람들이 어떤 식으로 행동했는가를 역으로 읽어내는 거죠.

또 '소변이나 대변 보는 사람에게 인사하지 마라(1530년)', '악취

나는 물건을 남에게 내밀며 냄새 맡아보라고 하는 것은 무례한 짓이다(1558년)', '식사 중에 손으로 코를 풀지 마라(13세기)', '식탁에다 침 뱉지 마라(중세)', 이런 종류의 것들이 있습니다. 심지어 '다른 사람과 침대를 같이 쓸 때에는 얌전히 있어라, 갑자기 몸을 움직여 상대의 알몸이 드러나게 해서는 안 된다(1555년)'는 것도 있어요. 이게 무슨 상황인지 얼핏 보면 이해가 안 되죠? 이 당시에는 여행자들이 여관 같은 곳에 들렀을 때 지금처럼 각자의 방, 각자의 침대에서 자는 게 아니라 처음 보는 낯선 여행자들끼리 큰 방에서 같이 자고 이불도 같이 썼어요. 그러니까 이럴 때 얌전하게 자라는 거죠. 심지어는 '다른 사람 가랑이에 다리를 넣지 마라(1729년)'는 것도 있어요. 이게 무려 1729년이에요.

이런 것을 통해 엘리아스가 내리는 결론은 이런 식입니다. 과거로 갈수록 자기 몸에 대한 통제가 느슨하고, 그래서 자유롭고 어떻게 보면 천진난만해요. 거꾸로 현대로 올수록 몸을 내면에서 스스로 통제하는 기제가 작동한다는 거죠. 육체성, 폭력성이 줄어들고 있다, 이런 의미의 문명화가 진행 중이다, 라고 이야기하고 있어요. 그러니까 유럽 문명은 모든 개인이 주먹을 마음껏 휘두르지 못하도록, 점차 내면에서 스스로를 통제하도록 가르치면서 폭력성을 점차 죽이는 방향으로 점진적으로 나아갔다는 것입니다. 대신 인간이 가지고 있는 폭력성은 국가가 독점했어요. 일반인들은 사사로운 폭력, 예를 들어 결투 같은 걸 하지 못하게 막으면서 질서를 장악하는 대신에 국가만이 폭력을 독점했다는 거죠. 결국 국가가 폭력을 독점하면서 일반 사회에서의 폭력성이라는 것은 이렇게 질서를 잡아가고 있었다는 거예요.

 현대는 전쟁이 갈수록 줄어드는 시대고 전사자의 절대 수가 늘었다고 해도 비율로는 감소하는데 왜 우리는 이 세상에 전쟁과 살인이 많다고 느낄까요?

 폭력성을 완화시킨 또 하나의 중요한 요소는 경제 발전이에요. 사람은 왜 싸우죠? 많은 경우에 무언가를 얻기 위해 싸우겠죠. 그런데 시장경제가 발전하면서 싸우는 대신에 자기 것을 일부 주고 남의 것을 일부 받는 평화로운 교환을 하게 된 거죠. 그러니까 경제가 발전한 것 자체도 서구 사회의 폭력성을 완화시킨 하나의 요인이 된 것입니다.

 독서도 폭력성의 완화에 적지 않은 영향을 미쳤습니다. 계몽주의의 영향으로 사람들이 독서를 하고 소설을 읽었습니다. 문학을 읽는 것과 안 읽는 것 사이의 큰 차이가 무엇일까요? 남에 대한 이해예요. 자기 혼자 생각하는 게 아니라 다른 사람의 생각을 차분히 읽으면서 '아, 인간이란 이런 존재구나'라고 느끼는 것, 『젊은 베르테르의 슬픔』을 읽으면서 '사랑 문제로 이 사람의 영혼이, 인간이 이렇게 고통을 받는구나' 하고 공감할 수 있는 것, 이런 것도 사회의 안정화와 폭력성의 완화에 굉장히 중요합니다. 나중에 결론적으로 다시 이야기하겠지만, 그래서 사람들이 글을 아는 것이 먼저입니다. 문자 해독률이 갈수록 높아져서, 17세기 중반 잉글랜드에서 글을 읽을 수 있는 남자가 30% 정도, 여자는 10%가 안 됐는데, 20세기가 되면 남자든 여자든 거의 100%에 접근해가죠. 이런 것들이 다 모여서 문명화 과정이 진행되고 있었다는 것입니다.

아까 하던 이야기로 다시 돌아가서, 살인율과 살인 사건으로 희생되는 사람의 수가 역사적으로 쭉 감소하고 있다고 했는데, 한 가지 눈에 띄는 점이 있습니다. 살인율이 장기적으로 감소하다가 1960년대에 살인율이 급증해서, 1957년에 10만 명당 1년에 4명이 죽었는데, 1980년에 10.2명으로 두 배 이상 증가했습니다. 1960-70년대 서구 일반에서 폭력이 증가하고 범죄에 탐닉하는, 일종의 역전 현상이 나타난 것입니다.

지금까지 살펴본 문명화의 과정, 에티켓을 익혀 자기 스스로를 더 세련하고 독서를 하고 폭력을 완화하는 이런 과정은 사람들이 엘리트를 쫓아하는, 위에서부터 밑으로 전해지는 방식이었는데 이게 1960년대에 역전됐습니다. 우리는 이게 뭔지 알고 있죠. 바로 반문화 현상입니다. 선생님 말씀 잘 듣고 부모님께 순종하는 '범생이'들에 대한 멸시 같은 것 말이에요. 오히려 한번 저질러보는 게 멋져 보이잖아요. 이런 반항과 저항이 1960-70년대 청년 문화로서 굉장히 중요했어요. 1960년대 이후로 그래피티가 범람하고, 진짜 맑시스트가 아닌 그냥 멋 부리는 맑시스트가 늘어나고, 체게바라가 유행처럼 소비되죠. 진짜 체게바라처럼 혁명에 나서서 폭탄 던지고 한다기보다 낭만적인 혁명을 노래하는 거예요. 당시 엄청난 인기를 누렸던 롤링스톤스의 노래 가사들

중 많은 부분이 굉장히 폭력적이었는데 젊은이들이 이런 가사를 듣고 실제로 그대로 따라 했어요. 나가서 돌 던지고, 싸우고. 그런데 이런 현상이 1990년대 들어와서 다시 역전이 돼요.

미국 사회 같은 경우 살인율이 다시 떨어지고 범죄율도 동반 하락해요. 왜 그랬을까요? 국가가 더 강력하고 똑똑해진 거예요. 클린턴 정부가 당시 경찰을 10만 명 늘려서 범죄에 대비했어요. 학생들은 학생들대로 약아져서 '저항해라, 너무 얌전하게 살지 마라, 멋있게 살아라. 기존 질서에 합류하지 마라'는 식으로 노래하는 힙합 가사를 들어도 60-70년대처럼 그대로 따라하는 게 아니라 그 노래 듣고 집에 가서 시험 공부를 했어요. 90년대 들어와서 역전됐던 것이 재역전돼서 다시 원래의 문명화 과정으로 돌아온 거예요. 60-70년대 현상은 일종의 예외인데 오히려 규칙을 확인시켜주는 예라는 것이 핑커가 이야기하는 문명화론입니다.

그럼 현대는 전쟁이 갈수록 줄어드는 시대고 전사자의 절대 수가 늘었다고 해도 비율로는 감소하는데 왜 우리는 이 세상에 전쟁과 살인이 많다고 느낄까요? 착시라는 거예요. 단적으로 말해서 텔레비전 때문이라는 거죠. 텔레비전 켜보세요. 뉴스 보면 사방에서 전쟁 났다, 파리에서 폭탄 터져서 몇 명이 죽었다고 하잖아요. 사실 숫자로 보면 옛날에 비해 오히려 감소한 것인데 텔레비전만 켰다 하면 전쟁과 테러와 살인 사건 소식을 접하니까 이 세상이 점점 더 폭력적으로 되어가는 것처럼 느껴진다는 거예요.

옛날부터 사람들이 엄청나게 많이 죽은 사례들을 1위부터

21위까지 정리한 걸 보면 1위가 제2차 세계대전이에요. 5,500만 명이 죽었어요. 2위가 마오쩌둥 집권기의 기근으로 이때 죽은 사람이 4,000만 명이에요. 21위는 16세기 프랑스 종교전쟁으로, 사망자가 300만 명이에요. 그런데 그 수치를 그대로 놓고 보면 20세기가 훨씬 더 폭력적인 것처럼 보이지만 그 수치를 그대로 받아들이면 안 된다는 게 핑커의 주장입니다. 세계 인구가 지금의 10분의 1밖에 안 될 때 500만 명이 죽은 것과 지금 500만 명이 죽은 것이 같은지 비율로 환산을 해봐야 한다는 거죠. 그렇게 환산을 해보면 안녹산의 난 당시 사망자 수 3,600만 명은 20세기, 21세기의 인구로 4억 3,000만 명이 됩니다. 사망자의 절대적 수치로 3위인 13세기 몽골 정복 당시 사망자 4,000만 명은 지금의 인구로 환산했을 때 2억 8,000만 명이 됩니다. 이런 식으로 환산하면 순위가 당연히 바뀌겠죠. 그래서 그렇게 조정된 순위를 보면 10위권 안에 드는 20세기 이후의 사례는 제2차 세계대전밖에 없습니다. 비율로 보면 과거로 갈수록 더 많이 죽었다는 겁니다. 이런 여러 가지 증거를 봤을 때 과거로 갈수록 더 폭력적이었다는 것이 핑커의 주장입니다.

단기적으로는 지금과 같은 고통스러운 폭력 현상이 계속되겠지만, 100년 지나서, 우리가 죽은 다음 세상은 훨씬 더 나아지지 않을까, 혹은 더 나아져야 하지 않을까, 하는 게 제 생각입니다.

여러분 이 논리에 설득이 되나요? 과거로 갈수록 더 폭력적이고 현대로 오면 오히려 더 문명화되고 평화적이 된다는 주장에 여러분이 찬성할지 반대할지 모르겠습니다. 당연히 반론이 있겠죠. '서구 사회와 국제사회 일반은 문명화된 것이 아니라 갈수록 야만화되었다. 5,500만 명이 죽은 건 5,500만 명이 죽은 거지 억지로 숫자를 비율로 환산할 수 있는 사안이 아니다. 5,500만 명이 죽었다는 것은 그 자체로 엄청난 일이다. 그리고 그때 5,000만 명을 죽게 만든 것은 호전적 민족주의, 애국주의가 강화됨에 따라 제노사이드genocide가 발생하고 전쟁 문화가 보편화되었기 때문이다. 한 민족 전체, 또는 민족 내부에서 갈라져서 이쪽 이데올로기를 가진 사람이 저쪽 이데올로기를 가진 사람을 몰살시키는 것이 현대사회다. 문명화가 아니다.' 이런 반론이죠. 니얼 퍼거슨Niall Ferguson 같은 경우는 20세기를 '증오의 세기'라고 했습니다. 조지 모스George Mosse 같은 학자들도 제1차 세계대전의 경험이 유럽, 특히 독일 정치를 야만화했다고 합니다. 남성성을 강조하고 살인에 관대하고 적을 비인간화하는, 그래서 우리 민족은 선 그 자체고 저쪽 놈들은 악 그 자체고, 죽여도 전혀 무방하다는 식의 사고가 팽배했다는 거죠. 이런 것들이 20세기의 문화였고,

그래서 이것은 결코 문명화가 아니라는 것입니다.

자, 여러분 어떠세요? 두 가지 상반된 얘기를 했잖아요. '이 세상이 갈수록 평화로워지고 있다'고 주장하는 일군의 학자들이 있고, '아니다, 세상은 야만화되고 있다'고 말하는 학자들이 있어요. 여러분 생각은 어느 쪽인가요? 이쯤에서 우리 다시 한번 손을 들어볼까요? '이 세상은 그래도 평화로워지는 것 같다'가 1번이고, '아니다, 갈수록 더 지옥으로 가고 있다. 사람들을 더 많이 죽이고 있다'가 2번. 1번 손들어보세요. 그럼 2번. 제가 일일이 세어보진 않았지만 1번이 약간 늘어난 것 같아요. 이건 정답이 있는 게 아니기 때문에 여러분이 한번 생각해보세요. 평화가 진짜 가능할까? 세상은 나아지는 걸까?

제 생각을 이야기한다면 저는 그나마 나아지고 있다고 생각해요. 그렇게 생각하는 근거를 대보라면, 저도 두 종류의 숫자를 제시하고 싶은데 하나는 이거에요. 출산율. 지금 세계의 여성들이 아이를 어느 정도 낳는 걸까요? 1981년과 2001년을 비교한 통계를 보면 일부 예외를 제외하고 전 세계 모든 여성의 출산율이 20년 동안 떨어졌어요. 중국 2.3에서 1.8, 케냐 8.1에서 4.3, 이런 식으로. 가장 보수적이라고 하는 이슬람 국가만 해도 튀니지 5.0에서 2.3, 수단 7.0에서 4.2, 이란 6.0에서 4.9로 떨어졌어요. 이 세상 모든 국가에서 이런 현상을 보인다는 것은 특별한 의미가 있는 거예요. 다시 말해서 이 세상의 거의 대부분의 여성이 피임을 하고 있다는 얘기죠. 피임을 한다는 것은 무슨 뜻일까요? 더 과거로 거슬러 올라가면 피임이라는 게 없었죠. 여성들이 쉽게 말해서 계획 없이 그냥 살았어요. 아이가 생기면 그냥 낳고. 이게 실질적으로 굉장히 중요한 일이에요. 여성들이 내 삶을 아무렇게나 사는 게 아니라 내 삶을 디자인한다는 뜻이니까요. 내가 아이는 이렇게 낳고, 이렇게 살아가겠다고 하는 경향을 뚜렷하게 보이는 거죠. 이게 2001년 통계니까 현재는 더 변화했을 거예요.

두 번째 근거는 문자 해독률이에요. 우리나라의 문자 해독률은 거의 100퍼센트에 이르고 있어요. 그런데 후진국으로 가면 문자 해독률이 굉장히 낮은 데가 많아요. 문자를 모른다고 생각해보세요. 깜깜하죠. 이 세상이 어떻게 돌아가는지 몰라요. 아무리 똑똑한 사람도 어릴 때 교육을 안 시켜봐요. 이 세상에 대한 정보가 전혀 없는 상태에서 그냥 하루하루 살아갈 수밖에 없어요. 그런데 이 문자 해독률이 드라마틱하게 개선이 돼서, 앞으로 20-30년 정도 지나면 그때는 전 세계 젊은이들의 문자 해독률이 100퍼센트가 될 거라고 예측하고 있습니다. 문자가 만들어진 게 지금으로부터 5000년 전인데 5000년 만에 지구상의 모든 사람이 문자를 알고 정보와 지식에 접근하고 있는 거예요.

지금 이 두 가지, 출산율의 저하와 문자 해독률의 증가가 근대 유럽 사회의 사실은 가장 핵심적인 요소예요. 이게 17-18세기에 일어난 일입니다. 그러니까 가장 앞서 나가고 있는 서구 문명에서 나타난 그 현상을, 시차를 두고 세계에서 따라가고 있다고 해석할 수 있을 것 같아요. 이렇게 본다면 구체적인 발전의 길은 다를 수 있겠지만 어쨌든 뭔가 진보된 방향으로 나아간다는 건 분명하겠죠. 제 생각에 단기적으로는 지금과 같은 고통스러운 폭력 현상이 계속되겠지만, 100년 지나서, 우리가 죽은 다음 세상은 훨씬 더 나아지지 않을까, 혹은 더 나아져야 하지 않을까, 하는 게 제 생각입니다.

### 질문과 대답

문명화에 따라 사고 수준이나 에티켓 같은 것들이 많이 발전했다고 하셨는데 최근에 문제가 되고 있는 온라인상에서의 폭력성이나, 악성 비방 댓글, 익명성에 기댄 언어폭력 같은 것에 대해서 어떻게 생각하시는지 궁금합니다.

저는 인간이 본성적으로 평화로운 존재 같지는 않아요. 그것도 물론 두 가지로 얘기할 수 있겠죠. 선한 측면도 가지고 있고 악한 측면도 가지고 있는데, 문제는 이 악한 측면이 아무리 교육을 해도 완전히 없어지지 않는다는 거겠죠. 저는 우리 내면에 있는 무의식적인 폭력성 같은 것은 완전히 없앨 수 없다고 봐요. 이걸 표출하는 방식이 예컨대 격투기를 보면서 소리를 박박 지른다든가 하는 거죠. 온라인에서의 폭력성도 그런 현상 중 하나인 것 같아요. 온라인에서는 익명성 때문에 공적인 영역에서의 자기 억제가 별로 필요하지 않으니까 그런 폭력성이 더 드러나는 거죠. 억눌리고 뭉친 걸 온라인에서 슬금슬금 표출하면서 남을 욕하는 귀여운 반항일 수도 있는데 다만 우리 사회에서는 그 자체가 조금 과도해지지 않았나 하는 생각을 한 적이 있어요.

약간 돌아가는 답이긴 하지만 읽은 논문 중에 이런 게 있어요. 유럽의 축제를 연구하는 역사학자들에 의하면 이 축제라는 것이 굉장히 폭력적이에요. 그런데 딱 정해진 틀 내에서의 폭력이에요. 그래서 이 학자들이 어떻게 해석하냐면, 축제는 자기 주인과 계급적인 문제에 대한 폭력성을 1년에 딱 한 번 정해진 축제 기간 내에 터뜨려서 해소하게 하는 거고, 그럴 때 폭력성이라는 것은 사회질서를 유지하는 데 순기능을 하는 거라고 해요. 정해진 기간, 정해진 범위 안에서만 돌 던지고 싸우면서 놀게 하고 그 기간이 지나면 다시 원래대로 얌전히 살게 하는 기능을 한다는 거죠. 정반대로 해석하는 학자도 있어요. 축제 기간에 폭력을 연습하는 것이고, 바로 그 직후에 민중 봉기가 일어나고 혁명이 일어나면 축제 기간에 경험하고 연습한 것을 실제 상황에서 실행한다는 거예요.

온라인에서 남을 욕하고 언어폭력을 행사하는 것도 저는 그 두 가지 요소를 다 갖는다고 봐요. 억압을 완화시키는 측면이 있고 동시에 그것을 통해서 적개심이나 폭력성을 모으고 가다듬고 배우는 측면도 함께 있지 않나 생각합니다. 그래서 온라인에서의 폭력성에 대해서 국가가 나서서 단속하고 처벌하고 그럴 게 아니라 넓은 의미에서의 교육과 배려 같은 것이 필요한 게 아닌가 하는 생각이 들어요.

저는 1990년대 이전 사회와 비교했을 때는 지금 사회가 덜 야만적인 것 같고, 미디어 매체가 발달하기 이전의 70년대보다는 지금 미디어가 더 폭력적이라고 느끼는데 어떻게 생각하시나요?

먼저 사회의 폭력성이 상대적으로 많이 완화된 것 같다는 데 대해서는 저도 동의해요. 제가 어렸을 때인 60년대를 생각해보면 말도 못하게 폭력적이었어요. 우리가 60년대, 70년대, 80년대를 거치면서 경제적으로 세계에 유례없는 성장을 하거든요. 그런데 이렇게 경제가 엄청나게 성장을 하는 과정은 사실 험악했어요. 부가 막 늘어나는데 그 늘어난 부를 누릴 수 있는 사람은 많지 않잖아요. 거기서 소외된 사람들이 불만이 크겠지요.

이 세상에 돈이 돌아가는 게 보이는데 왜 우리 집은 가난하지? 이런 생각을 할 때 할 수 있는 게 뭐가 있겠어요. 첫째는 강도예요. 그런데 강도, 여러분은 할 수 있겠어요? 남의 돈을 폭력으로 뺏는 게 쉬운 일이 아니에요. 그래서 정말 많았던 것이 뭐냐면 사기예요. 60년대에 우리나라 사기범의 비율은 놀라울 정도로 높아요. 돈이 막 돌아가는 게 보이는데 내가 정상적인 방법으로 부를 획득할 수는 없고 그렇다고 강도를 할 수도 없고, 그런데 내가 머리는 좀 돌아가면 남을 속여서 돈을 얻으려고 하는 거예요. 그것도 결국은 폭력이죠. 이런 부정적인 현상들은 우리나라도 그렇고 17세기의 네덜란드도 그렇고, 부가 급격하게 팽창하는 사회에서 공통적으로 나타나는 현상이에요.

그리고 미디어의 폭력성이 늘어난 것 같다고 했는데, 팩트를 확인해봐야겠지만 저는 그건 잘 모르겠어요. 좀 전의 질문자가 말한 온라인에서 나타나는 폭력성에는 동의하지만 텔레비전이나 드라마의 폭력성은 잘 모르겠어요. 우리나라의 매스미디어가 유독 폭력적인가요? 미국 텔레비전 같은 경우 폭력이 빈번하게 노출되는 데에 비해 성 문제, 섹스 문제는 굉장히 억압하려고 하고, 유럽 국가에서는 폭력성은 억누르려고 하는 데 반해 성 문제에서는 굉장히 개방되어 있어서 어느 쪽이나 제가 보기에는 놀라운데, 우리나라는 그 양쪽 다 억압하고 있는 것 같아요. 성 문제가 그렇게 노골적으로 드라마에 직접 나오는 것도 아니고, 총 쏘고 피 튀기는 게 적나라하게 나오는 것도 아니고…. 우리는 그런 점에서 매스미디어도 과도할 정도로 억눌려 있지 않나 싶고, 그게 오히려 문제가 아닌가 싶어요.

저는 20세기 들어와서 실망스러운 부분도 있고, 가면 갈수록 더 실망스러운 부분도 생기겠지만, 결국 대량 살상 무기를 사용했다 해도 그것에 대한 반성도 있어서 결국 인류는 더 나은 방향으로 나아간다고 생각합니다. 제 질문은 주제랑 다른 문제인데, 일본 나가시노 전투를 예로 들어 설명하시면서 나가시노 전투에서 철포를 많이 사용한 것이 승리의 요인이 되었다고 말씀하셨는데, 사학과 학생인 제가 배우기로는 철포의 사용은 그렇게 큰 요인이 아니었고, 지금 기억으로는 소설에 나온 왜곡된 정보라고 들은 것 같습니다. 제가 놓치고 있는 부분이 있거나 아니면 잘못 알고 있는 부분이 있다면 수정해주시면 좋겠습니다.

아주 좋은 지적이에요. 이게 논란이 많아요. 지금 이야기한 것처럼 직접적인 증거가 부족한데, 소설에서 이것을 굉장히 강하게 얘기해서 일본 학계에서도 완벽한 픽션이다, 그런 거 없었다고 하는 주장도 있는 모양이에요. 제가 일본사 연구하는 동료한테 도대체 정설이 뭐냐고 물었더니, 굉장히 근본적인 어떤 총기의 발전이 있었던 건 분명한 것 같다고 하는데, 다만 그 숫자 자체가 완벽하지는 않아요. 일단 정설 차원에서 얘기를 하자면 그런 전투가 있었고, 당시 일본에서 총기가 굉장히 발전한 것으로 학계에서 이야기를 해요. 혹시 다른 결정적인 증거가 나오면 뒤집어질 수도 있는, 그런 수준의 팩트입니다.

# 한글의
# 새로운 세계

한글
문자학

정병규

**정병규**

고려대학교에서 불문학을, 에콜에스티엔느에서 디자인을 공부했다. 월간 『소설문예』 편집부장, 민음사 편집부장을 지냈으며, 홍성사를 설립하여 주간을 지내는 등 출판과 편집 일을 거쳐 70년대 중반부터 북디자인을 독립 디자인 영역으로 주장하였다. 1979년에 이윤기와 편집디자인회사 '여러가지문제연구소'를 설립했고, 1985년에 '정병규디자인'을 설립하여 지금까지 디자이너로 현장에서 활동하고 있다. 86아시안게임, 88서울올림픽 전문위원을 지냈으며, 한국영상문화학회 회장, 한국시각정보디자인협회 회장을 역임했고, 중앙일보 아트디렉터로서 신문디자인에 종사했으며, 교보북디자인대상(1989), 한국출판문화상백상특별상(2010), 대한민국문화예술상(2013) 등을 수상하였다. 현재 '정병규디자인'과 '정병규학교' 대표로 있다.

『훈민정음』은 600여 년 전에 작성된 문헌이지만 지금도 우리 문자 생활을 떠받치고 있는 헌법 같은 역할을 하고 있습니다.

한국에서 문화를 생산하는 사람들, 특히 디자인 관련 일을 하면서 문자를 다루는 일, 활자를 만들고 사용하는 일을 하는 사람들은 운명적으로 한국에서 태어났기 때문에 『훈민정음』을 피해 갈 수 없습니다. 우리가 한글을 사용하는 한 『훈민정음』이 기준이 되기에 그렇습니다. 그러나 『훈민정음』에 막상 다가가려면 쉽지가 않기 때문에 외면하기가 일쑤입니다. 일반인들은 이러나저러나 괜찮겠지만 디자이너들이나 디자인 교육과 관련된 대학에서조차 『훈민정음』에 무관심한 것은 큰 문제라고 생각합니다. 특히 디자인계에서는 매일 타이포그래피 행위를 통해 한글을 다루고 있으면서도 '『훈민정음』 제대로 살펴보기'에는 무관심한 실정입니다.

『훈민정음』은 600여 년 전에 작성된 문헌이지만 지금도 우리 문자 생활을 떠받치고 있는 헌법 같은 역할을 하고 있습니다. 『훈민정음』은 우리 문자 생활이 펼쳐지고 있는 바탕, 운동장이라고 할 수 있습니다. 그동안 운동장 위에 있는 사람들이나 경기의 방식 등은 얼마간 변했을지 몰라도 장field, 운동장 자체는 변하지 않았습니다. 한글을 사용하는 우리들은 이 운동장을 근거로 하지 않고서는 한글 문자 생활을 할 수 없는 것이 사실인데도 일상적 차원에서는 그것을 깨닫지 못하고 잊어버리고 있는 것입니다.

우리가 살다 보면 분명 우리 눈에 보이는 것임에도 불구하고 보이지 않게 되는 현상, '맹목화 현상'이 일어납니다. TV를 볼 때에는 TV라는 기계 자체, 프레임 자체의 사물성은 잊어버리기 마련입니다. 왜냐하면 인간은 살아남기 위해서 외부로부터의 자극들을 다 받아들이지 않고 선택적으로 추려서 자신에게 필요한 것만 수용하는 지각 작용을 하도록 되어 있기 때문입니다.

여기 영어의 1인칭 대명사, 목적격 'me'를 각기 다른 세 가지 활자로 표현한 이미지가 있습니다. 글자꼴과 크기, 기울기가 다릅니다. 이렇게 분명히 시각적으로 차별화되는 'me'임에도 불구하고 의미 파악만을 목적으로 하는 일반적 독서의 경우에는 이 시각적 차별성이 맹목화됩니다. 'me'는 의미 차원에서 동일화됩니다. 즉 '언어적 의미Verbal Meaning'의 차원에서 이 차별성은 일반적으로 무시됩니다. 그러나 문자나 활자를 시각적으로 다룰 때는 이 각각의 차별성이 무엇보다 중요하게 됩니다. 시각디자

출처: Cal Swann, *Language & Typography*

인에서는, 구체적으로는 타이포그래피 행위를 통하여 활자의 글꼴을 선택하고, 크기를 지정하고, 활자들의 짜임새를 만들어가는 것이 그 본질이니까요. 타이포그래피의 차원에서는 언어적 의미의 차원에서 무시되었던 활자의 시각적, 조형적 측면이 오히려 주가 됩니다. 언어적 의미와는 다른 차원의 이러한 의미를 '시각적 의미Visual Meaning'라고 부릅니다.

같음의 입장을 전제로 한 문자 연구를 '국어학적 문자학'이라고 한다면, 저는 다름의 인정을 전제로 하는 문자학을 '한글 문자학'이라고 부르고 싶습니다.

언어적 의미와 시각적 의미의 구분을 통해 우리는 문자를 보는 다른 태도가 확실히 있음을 알 수 있습니다. 그리고 어떤 의미의 장에서 문자를 이해하느냐에 따라 문자의 정의도 확연히 달라집니다. 그것은 일반적으로 언어학에서 문자를 바라보는 태도와 시각 표현의 장에서 문자를 바라보는 태도의 차이입니다. 언어학에서는 문자의 시각적 의미를 철저하게 배제시킵니다. 일상생활에서 지각 작용으로서 진행되는 무의식적 맹목화에 비해 이를 '의도적 맹목화'라 부를 수 있을 것입니다.

한마디로 말해서 시각적 의미를 무시하지 않으면 언어학이라는 과학은 성립이 불가능합니다. 소쉬르가 『일반언어학강의』에서 말한 유명한 구절이 있습니다. "문자를 흰색으로 쓰건 검은색으로 쓰건, 음각으로 하건 양각으로 하건, 펜으로 쓰건 끌로 파건 그 의미에는 아무 상관이 없다"는 말입니다. 그런데 이렇게 문자를 정의하고 보면 시각디자이너들은 아무 할 일이 없어집니다. 아니, 시각디자인과 타이포그래피 영역 자체가 사라지고 말 것입니다. 그러니까 문자의 정의는 크게 두 가지, 언어적 문자학 차원의 정의와 시각적 의미 차원의 정의로 나뉘어져 있다고 말해야 합니다. 흔히 우리가 보아온 문자 정의는 언어학적 문자 정의입니다. 언어적 의미를 전제로 한 장場, 운동장에서만 살펴지고 통용되는 문자 정의이지요. 한마디로 이 문자 정의는 이렇게 요약됩니다. "문자는 음성을 기록한 것이다."

지금까지 국어학계에서는 『훈민정음』, 한글의 창제, 제자 원리를 중심으로 엄청난 양의 연구를 수행해왔고 높은 성과를 이뤄냈습니다. 이에 비해 문자의 시각적 의미에 대한 연구는 미미해서 저는 문자의 시각적 의미를 다루는 입장에서 아쉽기도 하고 부끄럽기도 합니다. 그럼 국어학적 문자관에서 시각적 의미가 무시되는 예를 보기로 하지요.

# ㅈㅈㅈ

낱자 ㅈ(지읒)의 세 가지 꼴

한글 낱자 ㅈ(지읒)의 문자적 표현 가능 형태에는 크게 세 가지가 있습니다. 이것을 '같음'으로 보는 사람과 '다름'으로 보는 사람이 있습니다. '같음'으로 보는 사람은 국어학자입니다. 국어학자는 ㅈ을 소리의 차원, 음소, 음운의 차원에서 다루기 때문에 세 가지 ㅈ의 모양에는 관심이 없습니다. 그 다름을 인정하면 국어학은 학문 자체가 성립되지 않는다고도 할 수 있습니다. 그러나 문자를 시각적 언어로 다루는 입장에서는 이 세 가지의 다름이 출발점입니다. 같음의 입장을 전제로 한 문자 연구를 '국어학적 문자학'이라고 한다면, 저는 다름의 인정을 전제로 하는 문자학을 '한글 문자학'이라고 부르고 싶습니다. 한글 문자학은 국어학과 국어학적 문자 연구의 성과를 바탕으로 삼고, 그 위에서 시각적 의미 차원을 탐구하는 문자학이라고 할 수 있습니다. 한글 문자학은 국어학적 문자학을 '감싼다embrasser'고 할 수 있습니다.

책자 『훈민정음』은 한글 타이포그래피의 시작이고, 원형이며, 한글 문자학의 출발입니다.

한글 문자학 입장에서 훈민정음, 즉 한글을 살펴보면 새롭게 보이는 한글의 세계에 대해서 몇 가지만 말씀드리겠습니다.

우선 책자로서 『훈민정음』을 한글 문자학 입장에서 새롭게 볼 수 있는 가능성에 대한 것입니다. 책자 『훈민정음』은 한글 타이포그래피의 시작이고, 원형이며, 한글 문자학의 출발입니다. 한글은 문자 창제와 새 활자 짓기가 동시에 이루어졌고, 같이 발표된 문자입니다. 이것은 세계 타이포그래피 사상 유례가 없는 사건이자 인류 문화사에 있어서 최초의 일입니다. 『훈민정음』은 세종대왕이 실천한 한글 타이포그래피 최초의 결과이자, 규범 그 자체입니다. 그렇기 때문에 신新문자 창제와 함께 발표된 타이포그래피적 성과에 대한 한글 문자학의 연구는 『훈민정음』으로부터 출발해야 합니다. 그리고 많은 부분 국어학이 이룩한 『훈민정음』 연구의 높은 성과를 바탕으로 하여야 함은 물론입니다. 이 점이 다른 문자학, 특히 중국의 한자 문자학에는 없는 한글 문자학만의 특성이며 자랑입니다.

다음으로, '활자-인쇄-책의 형식'으로 발표된 『훈민정음』은 '읽기로서의 문자'라는 텍스트의 차원을 넘어 그것을 감싸면서, '보기로서의 문자'라는 활자의 차원을 도입, 제시합니다. 『훈민정음』에는 읽는 대상으로서의 활자, 즉 언어적 의미 차원만이 아닌 보는 대상으로서의 활자, 즉 시각적 의미 차원이 새롭게 등장

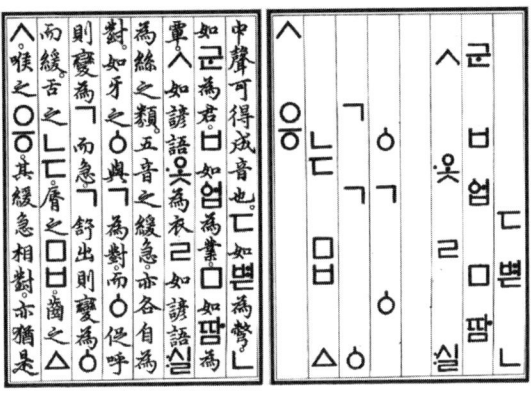

『훈민정음』과 새로운 문자 한글

합니다. 『훈민정음』을 구성하고 있는 문자, 활자는 한자와 창제된 문자인 정음, 즉 한글 두 가지입니다. 한자로 된 부분은 창제된 신문자인 정음을 설명하는 기능을 하고 있습니다. 한자는 당시 읽을 수 있는 문자입니다. 그러나 새로운 모습의 활자인 정음은 아직 읽을 수 없는 부분이 있습니다. 신문자를 예시하는 것으로서의 '정음-문자-활자'인 것입니다. 그것은 보는 층위에 있습니다. 새로운 문자의 제자 원리, 그 음운론적 특성과 철학적 성질을 설명하기 위한 제시로서 정음-문자-활자는 읽기의 대상이 아닙니다. 그것은 언어적 의미를 추구하는 일반적 읽기 대상으로서의 활자가 아니라는 것입니다. 정음-문자-활자에는 극단적으로 말해 아직 의미가 없습니다. 그것은 미처 의미의 장에 진입하지 못한 순수한 시각적 대상입니다. 텅 빈 기호, 순수 기표의 차원입니다. 그것은 신문자를 설명하기 위한 제시, 보기용입니다.

순수 활자라고도 할 수 있습니다. 정음-문자-활자는 『훈민정음』 이라는 책자의 발간, 최초의 한글 타이포그래피의 실천을 통한 '보여주기'라는 활자의 새로운 사용법, 새로운 기능을 제시합니다. 『훈민정음』이 실천한 보여주기를 구체적으로 살핌으로써 우리는 일반적으로 말하는 문자의 독립성, 문자의 형상성과 『훈민정음』에 등장하는 신문자 한글과의 관계 그리고 국어학의 숙제인, 왜 『훈민정음』에는 낱자 ㄱ, ㄴ, ㄷ…을 부르는 이름이 처음에 없었는지를 밝혀볼 수 있는 단서를 발견할 수도 있다고 생각합니다.

모아쓰기는 한글의 가장 중요한 문자 표기적 특징으로, 바로 한글 타이포그래피의 독창적 특징이기도 합니다.

"훈민정음은 우리가 대단하다, 독창적이다, 과학적이라고 하는 것보다 훨씬 더 위대하다"라는 이기문 선생의 말에 충격을 받았던 일이 새롭습니다. 저는 훈민정음이 어떻게 위대한지를 이기문 선생이 좀 더 소상하고 선명하게 밝혀주지 않은 것에 대해 늘 안타깝게 생각하며 언젠가 그렇게 해주기를 기대하고 있습니다. 그런데 다행히 훈민정음이 위대하다는 것을 좀 더 구체적으로 표명한 분이 있습니다. 국립국어원 원장을 지낸 이익섭 교수가 바로 그분입니다. 이익섭 교수는, "오늘날까지 우리의 문자생활이 제대로 영위되어온 것은 오로지, 우리가 문화생활 할 수 있고 존재할 수 있는 것은 오로지, 그 '모아쓰기'의 위대함 때문이었다"라고 말했습니다. 모아쓰기, 이 모아쓰기가 한글의 위대함이라는 사실을 알고 '그게 왜 위대하지?'라고 궁금해하며 마음먹고 한 발 한 발 다가가고 있는 사람이 얼마나 있습니까? 특히 우리 디자이너들 중에서 말입니다. 이익섭 교수는 이어서 이렇게 말하고 있습니다. "한마디로 모아쓰기는 위대했으나 우리 맞춤법 규정집은 허술하기 이를 데 없다"고 말입니다. 왜냐, 한글맞춤법 규정에 모아쓰기에 대한 언급이 전혀 없다고 합니다. 한글의 표기법이 모아쓰기라는 것은 너무나 당연하다고 생각하기 때문일까요? 인간은 숨을 쉬지 않으면 죽기 때문에 인간에게 공기는 너무나 중요한 것이지만 평상시에는 공기의 중요성을 못 느끼고 당연하게 숨을 쉬고 있는 것과 비슷한 것이 아닌가 싶습니다. 이 분이 아쉬워하는 것은 한글맞춤법은 굉장히 잘되어 있는데 왜 거기에, 표기법의 규정인 한글맞춤법에 문자 한글의 위대함의 실체인 '모아쓰기'에 대해 한마디도 적어놓지 않았는가 하는 것입니다. 이런 맞춤법 규정에 "다음과 같은 모든 규정은 이것을 가능케 하는 모아쓰기를 전제로 한다"는 말을 왜 한마디도 쓰지 않았느냐는 것이죠. 눈이 번쩍 뜨이는 이야기입니다.

이 언급은 한글을 '네모꼴 속에 모아쓰는 것은 잘못됐다'고 하면서 풀어쓰기를 주장하는 사람들의 논의가 터무니없음을 한마디로 정리해주는 것이기도 합니다. 모아쓰기와 풀어쓰기의 문제에 대해서도 『훈민정음』에 분명히 "합이성자合而成字", 즉 한글을 쓸 때는 낱자들을 모아쓴다고 분명하게 나와 있습니다. 그럼에도 여러 가지 주장을 곁들여 풀어쓰기를 주장하는 사람들이 있습니다. 예를 들면 우리가 모아쓸 때는 '꺾고'라고 쓰지만 이를 풀어쓰면 'ㄲㅕㄱㄱㅗ'로 적어야 합니다. 그럼 어디서 끊어 읽어야 할지 난감하지요. 물론 풀어쓰기를 주장하는 사람들은 풀어쓰기의 폐단을 짐작하고 새롭게 문자를 만들거나 변개하기를 제안하기도 했습니다.

모아쓰기는 한글의 가장 중요한 문자 표기적 특징으로, 바로 한글 타이포그래피의 독창적 특징이기도 합니다. 모아쓰기는 알파벳이 음소적이라면 한글은 음절적이라는 특성을 말하지요. 한글은 초성, 중성, 종성이 모아져야 소리가 됩니다. 우리말의 소리 단위인 음절, 음절화(합이성음 合而成音)는 곧 모아쓰기(합이성자)와 같은 차원입니다. 동전의 앞뒷면이지요. 모아쓰기를 통해 우리는 한글의 큰 특징 중 하나인 음성적 차원과 시각적 차원의 밀접한 상관성을 알 수 있습니다. 모아쓰기로 이루어진 한 음절 단위의 낱글자에는 초성, 중성, 종성의 소리가 시각화되어 보입니다. 한글은 다른 표음문자와는 다른 차원의 표음문자, 즉 자질문자입니다. 한글 글자에서는 소리가 들립니다. 한글이라는 문자로부터 우리는 시각적 차원의 정보와 함께 청각적 차원의 정보도 얻을 수 있으며, 이들이 어우러져 한글만의 특유한 공감각 현상을 만들어내고 있습니다. 이 공감각 현상은 자음을 만들 때 사용한 발음기관의 상형 원리와도 무관하지 않을 것입니다. 모아쓰기를 벗어나면 이러한 한글만의 문자적 특성은 사라지고 말 것입니다.

모아쓰기는 한글 문자학의 바탕입니다. 모아쓰기가 시각적으로 가능하려면 먼저 초성, 중성, 종성이 어우러질 바탕이 필요합니다. 초성자, 중성자, 종성자의 낱자가 낱글자가 되려면, 즉 모아지려면 바탕이 필요한 것은 당연합니다. 이 바탕은 사각형이며 이는 동양적 문자의 원형이기도 하다고 저는 생각합니다. 이 사각형을 바탕으로 해서 초성, 중성, 종성이 하나씩 쌓이면서 어우러지고 그래서 한글이 읽히게 되는 것이지요.

낱자(문자 단위)인 초성, 중성, 종성이 쌓여서 하나의 낱글자(표기 단위)가 된다고 말씀드렸는데, 세종은 28자의 낱자들을 따로 창조했기 때문에 사실 이 낱자들 자체가 이미 시각적으로 바탕과 모양의 형식을 갖추고 있습니다. 그러니까 한글의 한 낱글자는 우선 일차적으로 낱자인 초성, 중성, 종성이 각 낱자의 차원에서 시각화되고, 이 낱자들이 모여 한 낱글자를 이루기 위해서 다시 사각형 위에 쌓인다고 볼 수 있을 것입니다. 한글 모아쓰기 문자 공간의 바탕과 형태의 구조는 이중적으로 되어 있습니다. 모아쓰기, 이것은 건축적입니다. 한글의 이러한 문자 형상적 특성을 '한글의 건축성'이라고 부르기로 하지요. 한글의 건축적 배열은 알파벳의 수학적 선형성과는 다릅니다. 알파벳의 선형적 공간에는 양방향의 시각적 힘이 작용한다면 한글의 모아쓰기 공간, 건축성의 공간은 다방향 힘의 공간, 한글만의 역동적 공간입니다. 한글의 사용은, 한글 타이포그래피는 이 역동적 건축성 위에서 구축된다고도 할 수 있을 것입니다.

한글의 건축성을 염두에 둔다면 우리는 쉽게 표음문자인 한글이 한자적 상형성을 지니고 있음을 알 수가 있습니다. 그러나 한글의 건축성, 한글의 상형성은 한자와는 다르지요. 한글은 그 건축적 층수가 초성, 중성, 종성의 3층으로 제한되어 있습니다. 한글이 음절 3분법의 음운적 구조에 바탕을 두고 창조되었기 때문입니다. 이 점에서 한자의 상형성이 사물적이라면 '한글의 상형성'은 상대적으로 음성적 특성이 강하다고 할 수가 있습니다.

한글 문자학은 한글의 위대함의 실체를 시각언어 차원에서 밝혀보고자 하는 열린 문자학입니다.

지금까지 몇 가지 한글 문자학의 입장에서 새롭게 훈민정음, 한글을 살펴볼 수 있는 예들을 시론적으로 말해보았는데요, 한글의 독창성, 우수성, 과학성을 한마디로 요약한 것이 있습니다. 충북대학교의 강창석 교수가 한 말입니다. "한글만 아니라면, 모든 문자는 하나의 같은 기원과 역사를 가질 수 있다. 그러나 한글이라는 문자의 존재와 『훈민정음』의 발견 이후에는 그럴 수 없게 되었다." 이 말은 세계 문자 역사는 이제 다시 쓰일 수밖에 없다는 말이기도 합니다. 이에 덧붙여 한글 문자학의 입장에서는 세계 타이포그래피의 역사도 다시 쓰여야 한다고 말해야 합니다. 한글은 이런 문자입니다. 그래서 선학들께서 한글의 위대함을 말했다고 생각합니다.

한글 문자학은 열린 문자학입니다. 지금까지의 국어학의 『훈민정음』 연구 성과에 기대어, 심증은 있되 확증이 아직은 미비한 한글의 위대함의 실체를 시각언어 차원에서 밝혀보고자 하는 열린 문자학입니다.

## 질문과 대답

요새 구어가 아니라 문자로서의 언어들이 많이 멸종하고 있고, 세계 공용 언어를 채택해서 하나의 문자만 사용하자는 의견도 제시되고 있습니다. 언어는 권력과 밀접한 관계를 맺고 있으니 한글도 이런 흐름과 무관하지 않다고 생각합니다. 이런 부분에 대해서 어떻게 생각하시는지 궁금합니다.

이 질문은 강연에서 제가 말씀드린 내용보다 훨씬 더 무게 나가는 질문이라고 생각됩니다. 특히 질문의 배경이 그렇습니다. 몇 가지 평소 생각해오던 것을 요약해보지요. 20세기 후반부터 지금까지, 그리고 당분간 지속될 것입니다만, 이 시기는 문자언어가 쇠퇴하고 있다는 일방적인 편견의 시대입니다. 책의 종말론은 그 극단입니다. 물론 책의 독재 시대는 끝나야 합니다. 하지만 인간은 문자적 동물이라는 것이 재발견되고 있습니다. 오히려 문자의 장점과 새로운 가능성이 디지털 혁명 때문에 드러나고 있습니다. 인간은 원래 아날로그와 디지털의 복합체라는 것이 뇌 과학의 눈부신 성과로 밝혀지고 있지 않습니까?

저는 문자 없는 이미지, 이미지 없는 문자의 세계는 반쪽의 세계일 뿐이라고 생각합니다. 어느 한쪽이 죽어야만 한다는 생각은 인간의 삶을 인과적 법칙, 나아가서 시장의 법칙에 종속시킬 뿐입니다. 그리고 그것은 내공이 부족한 뉴미디어 매체론자들의 단견임이 밝혀졌습니다. 이들과 이인삼각 행보를 한, 시장 점유율에만 관심이 있는 디지털 상업주의들에게 속은 것이 지난 사반세기입니다.

TV 화면을 봅시다. 문자를 동반하지 않는 화면은 이제 상상할 수 없는 것이 현실입니다. 이상하고 놀랍습니다. 이런 일이 벌어지리라고 어느 누구도, 특히 맥루언은 꿈에도 상상할 수 없었을 것입니다. 무엇보다도 스마트폰 환경은 새로운 문자 시대, 제3의 문자 시대가 도래했음을 단적으로 보여주고 있습니다. 스마트폰을 통하여 우리는 말과 문자의 장단점과 그 차별성을 실감하고 있습니다. 새로운 문명 현상의 한 예이지요. 저는 이것이 디지털 시대가 몰고 온 가장 큰 문명 변혁 중 하나라고 생각합니다.

지금 그리고 내일이 새로운 제3의 문자 시대임을 자각하는 것이 무엇보다 중요합니다. 기존의 문자 관념은 해체되었습니다. 플라톤이 문자를 반대한 사건을 생각해봅시다. 지금 보니 얼마나 우스운 이야기입니까. 저는 제3의 문자 시대를 21세기의 '문자적 전환'의 혁명이라고 생각하고, 이것이 새로운 인문학의 서막을 열고 있다고 생각합니다. 이러한 사실들은 디자인 작업을 해보면 금방 피부에 와 닿습니다.

이런 관점에서 보자면 우리의 많은 인문주의자들과 영상 제일주의자들은 아직도 코끼리 한쪽 다리만 만지고 있다고 여겨집니다. 새로운 문자 시대는 새로운 영상 시대와 같은 말이기 때문입니다. 저는 '시각 인문학'이라고 할 수 있는 영역이 곧 우리 앞에 펼쳐지리라 예상하고 있습니다. 융합 인문학의 새로운 한 모습으로 말입니다.

그리고 저는 세계 공용어는 불가능하다고 생각합니다. 인간은 자기가 스스로 태어날 곳과 시기를 선택할 수 없는 존재이기 때문입니다. 그러고 보니 이 비슷한 이야기를 『훈민정음』 후서에서 정인지가 이미 했습니다. "풍토가 다르면 문자가 다르다"고 말입니다. 하지만 세계 공용어라는 환상은 끊임없이 시도되겠지요. 꿈이니까요. 아마 그것은 문자가 아닌 다른 부호의 차원에서 시도되지 않을까요? 오히려 새로운 알파고가 나와 만능 번역기 같은 역할을 할 수 있다면 얼마나 좋겠어요.

참, 한글과 관련하여 하신 질문이 한글의 세계화에 대한 것이었다면 저는 말도 안 되는 소리라고 짧게 결론을 내겠습니다. 세종대왕이 가장 못마땅해하고 역정을 낼 짓이니까요. 『훈민정음』에 적혀 있습니다. 그런 짓 말라고요. 불가능하다고요.

『훈민정음』 해례본이 지금 한 사람 손에 들어가 있잖아요. 그 사람의 주장에 따르면 문화재청에서 밝힌 평가액인 1조 원의 10%인 1,000억 원을 받고 돌려주겠다고 하는데, 이걸 1,000억 원을 내고 사야 할 것인지 아니면 보류하고 다른 방법을 찾아야 하는지에 대해 어떻게 생각하시는지 궁금합니다.

저는 사실 1,000억 원에 대한 감이 없는 사람입니다. 아마 그런 사람들이 대부분이겠죠. 상주본의 등장으로 인해 『훈민정음』에 대한 새로운 사실이 밝혀진다면 한글 연구에 또 어떤 새로운 일이 벌어질지, 솔직하게 말하면 저는 상상이 안 돼요. 이에 대해 경북대학교 이상규 교수께서 이미 상주본이 가지는 특별한 의의를 몇 가지 지적했습니다. 저도 상주본이 공개되어 새로운 한글의 세계가 넓어지고 깊어지기를 기대하고 있습니다. 그러나 쉽게 공개되기는 어렵겠죠. 당사자가 이미 상주본의 값어치와 그 교환가치를 알고 있는 장사꾼이니까요. 문화재청에서 직접 구매하기는 좀 어려울 것 같고, 대기업이 한 100억 정도로 깎아서 산 다음에 정부에 기증을 하는 형식으로 해결하면 좋겠다는 얘기를 한 적이 있습니다. 그런 눈치 있고 속 깊은 장사꾼이 나서길 기대해봅니다.

# 분류 사고와 창의성

과학과 인문,
앎의 원리로서 분류와
분류의 한계

이용주

**이용주**

광주과학기술원 기초교육학부 교수. 주요 저서로 『주희의 문화이데올로기』, 『생명과 불사 — 포박자 갈홍의 도교사상』, 『동아시아 근대사상론』, 『죽음의 정치학 — 유교의 죽음 이해』 등이 있으며, 역서로 『세계종교사상사 1』, 『중세사상사』 등이 있다.

분류라는 것은 인간이 세상을 이해하는 가장 기본적인 방식입니다.

오늘 저는 여러분과 '분류'라는 문제를 중심으로 이해와 창의성에 대해 이야기하고자 합니다. 여러분, '분류' 하면 뭔가 특별한 것 같아 보이죠? 사실 분류라는 것은 인간이 세상을 이해하는 가장 기본적인 방식입니다. 모든 것은 분류입니다. 그리고 모든 학문은 분류에 기본을 두고 있습니다. 그래서 우리가 학문을 한다, 공부를 한다고 하는 것은 알고 보면 분류를 하는 일련의 과정을 반복하는 것이지요.

밤하늘을 보면 뭔가 반짝반짝하는 것하고 둥그렇고 노란 게 하나 보이죠. 그 반짝반짝하는 것을 우리가 뭐라고 부르나요? 별이라고 불러요. 둥그렇고 노란 것은 달이라고 합니다. 그래서 하늘에 떠 있는 것에는 별과 달, 두 종류가 있습니다. 별을 달이라고 부르면 안 되고 달을 별이라고 부르면 안 됩니다. 그래서 하늘을 보는 순간, 별과 달을 구별할 수 있을 때, 우리는 '아, 하늘을 제대로 이해하는구나' 이렇게 이야기합니다.

제가 여러분을 이렇게 바라보고 있습니다. 여러분 앞에 있는 책상을 보세요. 책상에 번호가 붙어 있죠. 그런데 이 번호를 붙인 것, 이 자체가 바로 분류예요. 번호 붙이기라는 분류 작업을 통해서 일목요연하게 출석 상황을 체크하는 것이지요. 이 분류가 체계적으로 이루어져 있을 때, 논리 정연한 이해가 이루어졌다고 말합니다.

여기 보면 두 종류의 사람이 있습니다. 남자같이 생긴 사람, 여자같이 생긴 사람, 그래서 남자와 여자로 구분합니다. 가장 일반적으로 사용하는 분류는 이러한 양성 분류입니다. 그런데 만약 우리가 기준을 다르게 한다면, 남성, 여성이라는 성이 아닌 다른 기준을 가지고 사람을 분류할 수 있을 겁니다. 예를 들어 예쁘다, 못생겼다라는 기준을 가지고 분류할 수도 있습니다. 그 기준도 충분히 설정할 수 있죠. 그러나 양성 분류가 우리에게 훨씬 더 익숙하고 훨씬 더 받아들이기 쉽습니다. 잘생겼다, 못생겼다, 예쁘다, 안 예쁘다는 굳이 분류하려면 할 순 있지만 그것에 대한 명확한 기준을 설정하기가 쉽지 않아요. 기준을 설정하기 어려운 분류를 사람들은 선택하지 않습니다. 대부분의 지식 체계는 어느 정도 객관적으로 사람들이 수용할 수 있는 일정한 분류 기준을 제시하고 그 기준에 따라 사물을 구분 지어나갑니다. 그래서 남녀라는 대칭적인 원리, 혹은 상중하라는 세 범주 원리, 혹은 1등

급에서 10등급이라는 방식 등으로 우리는 등급을 짓고 범주를 지어서 사물을 끊임없이 분석하고 구분하면서 살아가고 있습니다. 그래서 이 분류라는 것은 특정한 학문이나 어떤 학문의 장에만 있는 것이 아니라, 사람이 삶을 살아가는 아주 기본적인 방식인 것입니다.

   분류를 조금 더 조직적으로, 조금 더 체계적으로, 조금 더 논리적으로 해나가는 것이 바로 학문입니다. 우리가 초등학교, 중학교, 고등학교, 대학교에서 그 수준은 다르지만 기본적으로 학문을 하면서 배우는 것이 결국은 분류 체계인 것입니다. 공부를 잘하느냐 못하느냐 하는 것은 그 학문이 대상으로 삼고 있는 지식 대상을 분류해나간 그 분류 원리를 얼마나 정확하게 빨리 이해하느냐에 달려 있습니다. 그래서 공부가 잘 안 된다, 공부를 잘 못한다는 것은 학문적인 분류 원리를 빨리 파악하지 못하는 거예요. 보통 우리가 분류 원리를 빨리 파악하지 못하는 사람을 보고 둔하다고 말하죠. 그러나 발육이 아주 느리거나 특수한 경우를 제외하고, 모든 면에서 둔한 사람은 없습니다. 누구든 어떤 면에선가는 결코 둔하지 않죠. 예를 들어 소리에 민감한 사람들은 다양한 소리가 흘러 다닐 때 그 다양한 소리를 음계라는 원리에 의해서 명확하게 구분하는 귀를 가지고 있습니다. 그런 귀를 가진 사람은 음악을 잘할 수밖에 없겠죠. 그런데 귀가 좋은 사람이 반드시 수학적인 분류 체계를 명확하게 이해하는 것은 아니에요. 수학적인 분류 체계를 빨리 이해하는 감이 좋은 사람은 숫자가 나열되어 있으면 재빨리 파악합니다. 그런 사람들은 수학을 잘하겠죠. 결국 학문을 한다, 뭔가를 배운다는 것은 배우는 분야에서 통용되는 분류의 원리와 분류의 체계를 배우는 것이고, 자기가 알고자 하는 것이 그 분류 체계 내의 어디에 위치하는지를 명확하게 이해하는 능력을 가지는 것입니다.

세상이 조직화된 방식, 즉 세상의 분류 원리를 정확하게 이해한 바탕 위에서만 독창성이라는 것이 떠오릅니다.

저도 어릴 때부터 지금까지 계속 공부를 하고 있는데 한번 이런 생각을 한 적이 있어요. 어떤 부분에서는 제가 굉장히 잘 배우고 빨리 이해해요. 그런데 어떤 부분에서는 제가 잘 이해를 못하고 그러니 배워도 재미가 없고 잘 못해요. 그래서 왜 그럴까 가만히 생각해보니 제가 잘하는 부분은 누가 시키지 않아도, 이게 어떻게 구조화되어 있고 어떻게 구성되어 있으리라고 저 스스로 추측을 해요. 그리고 실제로 들여다보면 제가 추측한 방식대로 사실들이 체계화되어 있어요. 저의 추측과 지식의 체계 및 논리가 잘 맞아떨어질 때 저는 그것을 굉장히 잘 배우고 빨리 이해하더라는 거죠. 그런데 어떤 부분에서는 그게 잘 안 돼요. 그 이유를 가만히 생각해보니까, 제 머리가 나빠서이기도 하지만, 경험 부족을 비롯해 다른 여러 가지 이유에서 제가 그 주제가 다루고 있는 분류 원리를 제대로 파악하지 못하는 거예요. 그래서 이게 단순히 머리의 문제가 아니라는 사실을 알게 된 거죠. 물론 그런 것을 잘하는 것을 머리가 좋다고 말하지만, 제가 배우려고 하는 영역에서 통용되는 분류 원리를 빠르게 파악할 때 그것을 잘 배우고 재미있어 한다는 것을 알게 되었습니다.

그래서 제가 다음에 공부 전략을 바꿨습니다. 제가 모르는 분야를 만나면 구체적인 내용들을 하나하나 공부하기 전에, 내용을 구성하는 방식, 즉 분류의 체계를 먼저 이해하려고 노력하는 거죠. 책을 읽을 때는 먼저 목차를 훑어본다든지, 아니면 뒤에 붙어 있는 인덱스를 먼저 살펴본다든지 해서 그 책이 다루고 있는 내용이 어떤 원리에 입각하여 구조화되어 있는지, 제가 공부하려고 하는 지식 내용의 전체 그림을 보려고 하는 거예요. 예를 들어 우리가 프랑스의 수도, 예술의 도시 파리를 여행한다고 했을 때, 내비게이션을 보면서 운전한다면 결과적으로 내가 원하는 곳에 도달할 수는 있을 겁니다. 그런데 내비게이션의 화면만 보고 따라가다 보면, 목적지에는 도달하겠지만, 이 도시의 모습이 전체적으로 어떻고, 나는 지금 이 도시의 어느 지점에서 어느 방향을 향해서 이동하는지 전체 그림을 모르는 상태로 그냥 가게 되잖아요. 그래서 내비게이션만 보고 다니는 사람은 그 도시에 대한 이해력이 떨어지게 되죠. 하지만 지도를 보면서 이 도시는 전체적으로 어떤 식으로 구성되어 있고, 나는 현재 어디에 있고, 내가 가고자 하는 방향은 대강 어디쯤이며, 어떤 경로를 통해서 거기로 간다는 식으로, 전체적인 그림을 가지고 가면 한 번 여행을 해도 그 도시를 잘 알고 돌아오게 되겠죠.

그래서 우리가 공부를 할 때도 그런 방식의 공부, 전체 그림을 먼저 그리고 내가 알고자 하는 지식이, 또는 지식 영역이 어떤 구조를 가지고, 다시 말해 어떤 분류 원리를 가지고 조직화되어 있는지 파악하는 것이 필요하다는 겁니다. 이것은 한편으로는 공부하는 방법에 대한 얘기이기도 한데요. 우리 인간이 이 세상에 던져져서 무한정 많은 사람과 무한정 큰 자연과 무한정 많은 사물을 만나면서 살아가고 있는데, 그 안에서 일정하게 자기 방식대로 대상 세계를 조직해나가지 못한다면 그 삶이 굉장히 힘들어지지 않겠어요? 우리가 공부를 잘하고 정확한 지식을 얻는다는 것은 삶을 살아가는 데 뛰어난 전략이 될 수 있는 것이고, 그런 전략을 구사해나가는 과정에서 기본적으로 다른 사람이 해나가는 방식을 이해하고 그럼으로써 다른 사람과는 다른 방식으로 나아가는, 자기만의 개성을 살려서 독자적인 삶을 살아가는 능력이 필요하다는 것입니다. 다른 사람의 삶의 방식을 이해할 때만 자기만의 독자적인 삶이 가능해지는 것 아닐까요? 다른 사람의 방식을 알고, 그럼에도 나는 이런 방식을 선택하겠다, 이것을 우리는 진정한 창의성 내지 독창성이라고 말하죠. 그냥 제멋대로 세상 어떻게 돌아가는지도 모른 채 마구 살아가는 게 독창은 아니라는 거죠. 그런데 이 독창성이라는 것도 그냥 갑자기 하늘에서 뚝 떨어지는 것이 아니라 세상이 조직화된 방식, 즉 세상의 분류 원리를 정확하게 이해한 바탕 위에서만 독창성이라는 것이 떠오른다는 거죠.

뭔가를 정의 내린다는 것은 어려운 일이고, 정의의 기준, 분류의 기준은 원래 자연 속에 있는 것이 아니라 인간이 만든 것일 뿐입니다.

여기서 질문을 하나 해보겠습니다. 우리나라에서 제일 '높은' 산이 어디죠? 지리산? 한라산? 백두산? 다 좋습니다. 제가 질문을 던지는 순간 여러분이 떠올린 것은 뭔가요? '학교에서 배운 게 뭐지?' '남한에서 제일 높은 산인가? 북한까지 포함하나?' 뭐 이런 고민을 하셨을 거예요. 제 질문을 받고 '산이란 뭐지?'라고 생각한 분은 한 분도 없어요. 그렇죠? '산이란 뭐지?'라는 생각은 안 합니다. 이 질문에 대답하기 위해서는 먼저 산이 뭔지 알아야 하지만 별로 생각하지 않아도 충분히 대답할 수 있습니다.

그렇다면 두 번째 질문을 드리겠습니다. 우리나라에서 가장 '낮은' 산은 어디일까요? 이 질문은 좀 당황스러우시죠? 우리는 초, 중, 고등학교에서 가장 '높은' 산에 대해서는 누차 배웠지만 단 한 번도 가장 '낮은' 산에 대해서는 배워본 적이 없습니다. 우리는 이런 질문을 받자마자 머릿속으로 '어, 저게 뭐지?' '산은 뭐지?' 하는 질문을 던지게 되는 것이죠. 가장 높은 산이 무엇인지는 답할 수 있지만 가장 낮은 산이 무엇인지는 답할 수 없습니다. 왜냐하면 산이라는 게, 너무도 당연한 것 같지만, 사실은 대단히 모호한 범주이기 때문이에요. 이처럼 우리는 매일매일 끊임없이 세상을 분류하며 분절하면서 살고 있지만 그 분류 기준, 분절의 기준이라는 것이 항상 굉장히 모호하다는 것이죠. 가장 높은 산이 무엇이냐고 물었을 때는 산이라는 범주가 당연하게 여겨졌지만, 가장 낮은 산에 대해 묻는 순간, 아차, 그 산이라는 범주가 모호한 것이었구나, 하고 갑자기 자각하게 되는 것이죠.

공부를 잘하는 사람은 어떤 지식을 배워야 한다고 하면 자기가 배우는 지식 대상을 대충, 대강만 이해하고 넘어갑니다. 우리는 '대충 공부하지 마라, 대강만 알면 위험하다' 그런 말을 많이 들었는데, 이상하죠. 그런데 공부를 못하는, 공부가 잘 안 되는 사람일수록 내가 배우고자 하는 지식의 아주 사소한 것이면 사소한 것일수록 다 알아야 하는 줄 알고 그 사소한 것에 목을 맵니다. 그런 사람은 공부를 처음 시작할 때 책방에 가서 많은 책을 사옵니다. 많은 돈을 들여서. 그리고 그걸 처음부터 끝까지 완벽하게 이해하려고, 토씨까지 다 이해하려고 하다 보니까 하루 이틀 지나면 금방 힘이 듭니다. 재미도 없고, 전체 그림도 안 보이고, 방향도 안 보이고, 내가 왜 이걸 해야 하는지도 모르게 되죠. 그래서 결국은 힘이 들어서 공부를 포기합니다. 그런데 공부를 잘하는 사람은 그렇지 않죠. 아무 책이나 한 권을 사서 그 책이 전체적으로 어떻게 구성되어 있는지, 뭘 다루고 있는지를 대충 훑어봅니다. 사실 우리가 뭔가를 안다고 하는 것은 알고 보면 대충보다는 조금 더 나은 수준의 앎이거든요. 과학이라고 하면 굉장히 대단한 지식을 다룰 것 같지만 과학이 다루는 것은 그야말로 대충보다 조금 나은 수준의 지식입니다.

가장 낮은 산이 무엇이냐는 질문을 받으면 우리는 막힙니다. 산을 정의 내린다는 것이 사실은 쉬운 일이 아니라는 것을 알게 되기 때문입니다. 여기 있는 우리는 다 사람이죠. 그런데 사람을 정의 내릴 수 있는 사람이 있나요? 사람은 정의 내릴 수 없는 범주입니다. 사람이긴 하지만 사람이 아닌 사람도 가끔 있잖아요. 그래서 우리는 일상적으로 사람을 놓고 개라고 부르기도 하잖아요? 사람과 개가 생물학적으로 분명히 다른 존재라고 우리는 알고 있지만, 또 다른 범주 기준을 설정해서 보면, 인격이라는 기준으로 보면 사람과 개가 같은 범주로 묶일 수 있습니다. 이처럼 분류라는 것은 기준에 따라서 끊임없이 움직이는 체계인 것입니다. 우리가 흔히 생각하는 개념이라든지 분류라든지 혹은 범주라는 것은 사실상 비슷한 말이지만, 그 자체가 상당히 모호한 개념이라는 사실을 우리는 매일매일 경험하며 살고 있습니다.

그래서 뭔가를 정의 내린다는 것은 어려운 일이고, 정의의 기준, 분류의 기준은 원래 자연 속에 있는 것이 아니라 인간이 만든 것일 뿐입니다. 그 기준을 제멋대로 만들면 학문이라고 말하지 않지만, 비교적 엄밀한 체계에 입각해서 그것을 만들면 학문이라고 이름 붙이는 거죠. 누군가를 가리켜 개라고 했을 때 자연 체계 속에서 그 사람과 개 사이에는 연속성이 있을 수 없죠. 그것은 오로지 내가, 인간이 만든 인위적인 체계입니다. 그렇다면 우리는 공부하는 입장에서 좀 더 자신감을 가져도 되지 않을까요? '내 멋대로 하면 되지' 하는 자신감, 저는 그 '내 멋대로 하면 되지'라는 자신감이 굉장히 중요하다고 생각합니다. 일단 내 멋대로 한 다음에 다른 사람이 이해할 수 있도록 설명해주고, 그 다른 사람의 납득을 얻어냈을 때 나의 '내 멋대로'는 하나의 작은 체계를 얻게 되고, 그것이 더 넓은 인정을 얻게 되면 새로운 이론이 됩니다. 그러나 누구도 납득하지 않으면 그냥 내 멋대로의 주장으로 그치게 되겠죠. 개성적 자유와 조직적 질서가 불러일으키는 긴장 속에서 우리 인간이 살아가고 있다는 사실을 아는 것이 굉장히 중요합니다.

인생을 살다 보면 우리가 기존에 알고 있던 질서, 기존의 분류 원리에 의해서 만들어진 질서가 적용되지 않는 그런 모호한 중간 영역이 반드시 나타납니다.

이제 세 번째 질문을 해볼게요. '여러분이 다니는 대학에서 제일 예쁜 여학생은?' 대답하기 어렵습니다. 대충 떠올립니다. 만약 TV에 나오는 김태희가 여기 있다면 '아, 김태희' 하고 떠올릴 겁니다. 그렇지만 어떤 사람은 '김태희가 뭐가 예뻐?'라고 말할 수도 있어요. 여기서 '여러분이 다니는 대학'이 하나의 분류이고, 그다음에 '제일'은 다른 것과 비교할 수 없는 가장 높은 것을 말하는 분류입니다. '예쁘다' 이것도 분류예요. '여학생'이라는 것도 하나의 분류죠. 이게 다 분류입니다. 언어라는 것 자체가 분류의 덩어리, 분류의 총체입니다. 여기서 핵심은 '예쁘다'일 텐데 문제는 '예쁘다'는 말을 정의 내릴 수 없다는 겁니다. 정의를 내린다 하더라도 그것은 굉장히 자의적일 수밖에 없습니다. 이런 질문이 어리석게 느껴지는 이유는 이 질문 자체가 틀린 것이 아니라 '예쁘다'라는 말에 대해서 누구나 동의할 수 있는 정의를 내릴 수 없기 때문입니다. 대상을 일정한 기준에 따라서 분류하는 것이 우리의 인식 활동인데 거기에는 명확한 기준이 있을 수 없다는 얘기예요.

우리는 오리나 참새, 비둘기처럼 날개를 가진 생명체를 새 또는 조류라고 부릅니다. 많은 종류의 날개를 가진 생명체가 있는데 이것들을 하나하나 다 부르기에는 너무 많고 복잡하기 때문에 새(조류)라는 더 높은 차원의 개념을 가지고 이것들을 묶어준 거죠. 이것을 보편 개념이라고 부릅니다. 그럼 너구리는 뭐죠? 새하고 같은 수준으로 분류한다면 포유류겠죠. 이 구분은 굉장히 분명한 듯이 보입니다. 과학이라는 것은 자연의 대상을 일정한 기준으로 구분해서 많은 사람이 동의하고 수용하는 앎의 체계를 만들어서 이 세계를 유지해나가려는 노력입니다. 그리고 우리는 그 과학을 배움으로써 우리보다 앞선 세대 사람들이 만들어놓은 기존의 앎의 시스템 안에서 세상을 편안하게 살아갑니다. 과학을 배운다는 것은 발명가가 되거나 과학자가 되기 이전에 세상을 편안하게 살아가는 방법으로 아주 중요한 것입니다. 인문과학도 과학이고, 사회과학도 과학이고, 자연과학도 과학이죠. 그리고 그런 학문들 자체가 전부 분류의 집합체입니다.

그런데 분류는 때로는 굉장히 명확해 보이지만 또 굉장히 모호하기도 하다는 것을 앞에서 말씀드렸습니다. 그 예로 오리너구리라는 생명체를 들 수 있는데요, 혹시 본 적 있으신가요? 오리너구리는 주로 오스트레일리아 동부 지역에 살고 있는 아주 특별한 생명체입니다. 주둥이가 오리같이 생겼고 알을 낳아요. 그럼 오리너구리는 뭐예요? 조류입니까, 포유류입니까? 포유류의 기준은 뭐죠? 새끼에게 젖을 먹이는 거죠? 새끼가 태생胎生을 하고 어미의 젖을 먹어요. 조류의 기준은 날개가 있고 난생卵生을 하고 젖을 먹지 않아요. 그런데 오리너구리는 분명히 생긴 것은 포유류 같은데 알을 낳고 또 부화한 새끼는 젖으로 길러요. 그래서 아주 모호합니다.

인생을 살다 보면 우리가 기존에 알고 있던 질서, 기존의 분류 원리에 의해서 만들어진 질서가 적용되지 않는 그런 모호한 중간 영역이 반드시 나타납니다. 왜냐하면 인간의 언어라는 것은, 인간의 분류 체계라는 것은 자연의 복잡함을 담기에는 부족하기 때문입니다. 그래서 오리너구리는 일단은 우리가 알고 있는 체계에 넣어야 하기 때문에 포유류로 분류하지만 거기에 대해서 우리는 얼마든지 이의를 제기할 수 있습니다. 이런 사태를 만나다 보면 우리가 지금까지 수동적으로 배워왔던 것이 반드시 옳지 않을 수 있겠다는 생각, 그렇다면 내가 독자적으로 뭔가를 만들 수 있겠다는 생각이 들게 되는 거죠. 창의성, 독창성이라는 것은 기존의 분류 체계를 철저하게 이해하는 데서 출발합니다. 기존의 분류 체계를 충분하게 이해하고, 받아들이고 있다가 이런 명확하지 않은 사태를 만났을 때 의문을 제기하고 그때부터 능동적인 자세로 나만의 관점을 가지고 새로운 분류 체계, 새로운 논의 방식, 정리 방식을 제시해보자 하는 용기를 가지면 그 순간 창조가 일어납니다.

대한민국 교육의 목표가 창의성을 가진 사람을 기르는 거예요. 그래서 모든 초, 중, 고, 대학교에서 창의적 인재라는 말을 하고 있습니다. 그런데 창의적 인재를 기른다는 말은 누구나 하지만 도대체 창의성을 어떻게 기를 것인가, 그 창의성이란 무엇인가에 대해서 이야기하는 곳이 별로 없습니다. 그래서 제가 말하고 싶었던 것은 창의성이라는 것은 세상을 분류하는 기존의 방식을 철저하게 이해하는 데서 출발해서 그 분류 방식이 벽에 부딪치는 지점까지 나아가, 거기에서 '아, 나는 모르겠어. 적당히 어딘가에 들어가겠지' 하고 포기하는 것이 아니라 내 나름의 방식대로 기존의 분류 체계를 다시 점검하고, 거기에서부터 나만의 분류 체계, 설명 방식을 제시하는 용기를 갖는 데서 나온다는 것입니다.

기본적으로 우리가 '안다'라고 하는 것은 본질을 아는 것이 아니라 분류 범주를 안다는 겁니다.

우리는 평소에 '너 종교 믿어?' 이런 질문을 많이 합니다. 사실 이건 틀린 질문인데요, 종교는 반드시 믿어야 하는 것만이 아니거든요. 그리고 종교가 뭔지 대답할 수 있는 사람은 아무도 없어요. 다만 우리 주변에 몇 가지 종교가 있을 뿐이죠. 아마 여러분이 경험한 것은 열 가지 내외일 거예요. 그런데 이 지구상에는 수를 셀 수 없이 많은 종교가 있습니다. 종교라는 말이 가능하기 위해서는 그 많은 종교를 다 늘어놓고 거기에서 공통점을 찾아내야 하는데, 그걸 찾아내기가 쉽지 않거든요. 그렇지만 우리는 '대강' 기독교 비슷한 거, 불교 비슷한 거, 혹은 이슬람교 비슷한 거, 이런 것들을 놓고 종교라고 부르면서 대화를 얼마든지 해나갈 수 있습니다.

  그런데 과학자들은 그것보다 조금 더 엄격하게 학문을 하죠. 과학자들이 던지는 질문은 이런 겁니다. '물질을 구성하는 가장 작은 요소는?' 우리 눈에 보이는 모든 것이 물질이지만 눈에 보이지 않는 물질도 있습니다. 예를 들어 공기도 물질의 덩어리입니다. 공기를 구성하는 입자가 너무 작아서 눈에 보이지 않는 것일 뿐이죠. 과학적으로 말하면 절대적인 진공은 존재하지 않습니다. 항상 뭔가가 있기 때문이죠. 어쨌든 모두가 물질입니다. 그 물질을 구성하는 가장 작은 단위의 입자를 통틀어 소립자라고 부릅니다. 작을 '소小' 자를 쓰지 않고 바탕 '소素' 자를 씁니다. 분자, 원자, 쿼크, 그리고 그것보다 더 작은 뉴트리노⋯ 이런 식으로 이야기합니다. 대개 10의 마이너스 33승 미터 단위까지 내려가는 소립자가 있는데요, 그것보다 더 작은 소립자도 당연히 있을 거예요. 그리고 그 가장 작은 물질의 단위보다 더 작은 물질이 과연 있는 것인가, 없는 것인가 이런 질문도 나올 수 있잖아요?

  물질은 있는 것이니까 '유'예요. 그런데 이것을 끊임없이 쪼개 나가다 보면 어느 순간에 우리는 없는 단계에 도달합니다. 그래서 우리가 흔히 알고 있는 '있음'이라는 것은 사실 '없음'으로 구성돼 있습니다. 그 없음이 축적돼서 '있음'이 되는 거죠. 그리고 그 '있음'이 존재하다가 또 어느 순간 다시 해체되어나가서 '없음'의 단계로 돌아갑니다. 그래서 '있음'과 '없음'이라는 것도 세상을 설명하는 중요한 분류 중 하나예요. '있음'과 '없음'은 어느 순간에 가면 서로 상통합니다. 그래서 옛날 중국 철학자들은 '유무상통有無相通'이라는 말을 합니다. '있음과 없음은 서로 통한다.' 이 말은 말이 안 된다고 보통 많은 사람이 생각해왔는데요, 말이 안 되는 말이 아니라 유를 최소 단위로 쪼개나가면 거기에는 어느덧 무가 등장합니다. 또 무라고 바라보고 있으면 그 무에서 다시 유가 등장해요. 그래서 무와 유는 서로 끊임없이 주고받는 관계입니다.

그래서 과학에서 가장 중요한 질문 중 하나인 이 물질이라는 것도 사실은 명확한 개념이 아니라는 거예요. 과학도 이렇게 모호한 대상을 놓고 모호한 이야기를 하고 있다는 겁니다. 10의 마이너스 33승 미터. 도대체 감을 잡을 수 없는 숫자잖아요. 우주의 크기는 10의 플러스 33승 미터라고 합니다. 이것도 도저히 감을 잡을 수가 없죠. 있음과 없음이라는 범주도 모호한 거라는 겁니다. 알고 모르고도 사실 그래요. 교수들이 좀 안다고 하지만 알아봐야 뭘 압니까? 우주의 크기가 10의 33승 미터인데. 그 안에 존재하는 사물의 수에 비해서, 그 안에 존재하는 별의 숫자 혹은 공기의 입자의 개수에 비해서 사람이 알 수 있는 게 도대체 뭐냐는 거죠. 여러분이 가끔 모른다고 실망하는 경우가 있는데, 수학에서 무한대 분의 n은 제로입니다. 무한대 분의 n은 제로이기 때문에 사실 안다고 해서 아는 게 아니고 모른다고 해서 모르는 것도 아니에요. 단지 어떤 상황에서 필요한 걸 잘 모를 때 곤란한 일들이 가끔 일어나는 거죠.

우리는 알기 위해서는 분류해야 합니다. 안다는 것은 분류한다는 겁니다. 예를 들어 과일 중에서 '사과를 안다'는 것은 많은 과일 무리 중에서 사과를 분류할 수 있다는 것입니다. 그렇지만 우리는 사과의 본질은 알 수가 없어요. 사과는 어디서 왔고, 왜 이 세상에 존재하며, 무엇을 위해 살아가는지 우리는 몰라요. 어디서 왔고 왜 있으며 무엇을 위해 존재하는지, 이런 것들을 우리가 본질이라고 부르는데, 우리는 본질을 알 수가 없죠. 우리 인간도 그렇잖아요. 인간은 어디서 왔는지, 인간이 왜 사는지, 무엇을 목표로 무엇을 위해 나아가고 있는지 우리는 몰라요. 인간의 본질은 알기 어려운 거죠. 그래서 우리가 무언가를 안다는 것은 분류 체계를 안다는 거예요. 과일이라는 무리 안에서 이렇게 생긴 것들은 대개 사과, 저렇게 생긴 것들은 감, 이렇게 생긴 것들은 오렌지, 귤, 이런 것만 아는 겁니다. 같은 사과라도 범주를 나누면 이런 사과도 있고 저런 사과도 있어요. 장사하는 사람이나 농사짓는 사람들은 이런 것까지 알아야겠죠. 그러나 우리같이 단순히 사과를 먹고 즐기는 사람들은 이런 것은 몰라도 됩니다. 우리는 사과의 본질도 모릅니다. 몰라도 상관없는 거죠. 기본적으로 우리가 '안다'라고 하는 것은 본질을 아는 것이 아니라 분류 범주를 안다는 겁니다. 그러니까 앎에 대해서 겁먹을 필요가 없다는 얘기입니다.

인간의 관점이 달라질 때 분류 체계가 달라짐으로써 그 이전의 분류 체계에서는 보지 못했던 사실을 볼 수 있게 되고 설명할 수 있게 됩니다.

18세기에 린네Carl von Linné는 생명체를 딱 두 가지로만 분류했어요. 식물과 동물. 그때는 이 단순한 분류만으로도 충분히 자연과 만나고 자연을 이용하는 데 아무런 문제가 없었어요. 그러다가 사람들이 공부를 좀 더 자세히 해보고 현미경도 생기고 하면서 관측 기술이 발달하니까 이 두 가지만으로는 설명할 수 없는 어떤 것들이 나타나기 시작했어요. 새롭게 나타난 모호한 어떤 것을 분류하기 위해서 또다시 사람들은 분류 체계를 만듭니다. 그래서 세 가지로 분류하는 체계가 19세기에 등장합니다. 식물도 아니고 동물도 아닌 이상한 뭔가를 원생생물이라고 부르기 시작한 거죠.

19세기 사람들은 이 분류 체계를 가지고 자연을 이해했다고 생각했습니다. 왜냐하면 이해한다는 것은 분류한다는 거니까 분류가 되면 이해하는 거예요. 우리가 어떤 사람을 만났을 때, 저 사람이 어디서 온 사람이고, 뭘 하는 사람이고, 직업이 뭐고, 이런 걸 알면 그 사람에 대해서 이해했다고 생각하고, 안심하잖아요. 우리가 밤길에 사람을 만났는데 그 사람이 어느 동네에 살고, 어느 아파트에 살고, 직업이 뭐고, 이런 사실을 알면 그 사람에 대해서 안심해요. 그런데 밤길에 전혀 모르는 사람이 나타나면 우리는 불안합니다. 인간은 끊임없이 세상을 만나면서 안심하기 위해서 뭔가에 이름을 붙이고, 그것에 대해 알았다고 생각했어요. 그래서 자연을 세 가지로 나누고 알았다고 생각합니다. 그런데 과학기술이 발전하고 현미경이 발달하고 전자현미경도 나오면서 이 3계 분류 체계 가지고는 부족하게 되는 거예요. 예전에는 버섯 같은 것들을 식물이라고 생각했는데 조금 더 연구를 해보니까 식물과 다른 특성을 가진 뭔가가 있더라는 거죠. 그래서 그런 것들을 균으로 분류했어요. 그리고 원생생물은 세포가 있는데 세포가 없는 아주 조그만 생명체가 발견된 거죠. 이걸 뭐라고 부를까 하다 원핵생물이라고 또다시 분류했어요. 이렇게 20세기 중반에 5계 분류 체계가 등장하는 겁니다. 자연 세계를 식물계, 동물계, 균계, 원생생물계, 원핵생물계, 이 다섯 가지로 분류하고 우리가 충분히 알았다고 안심하는 거죠. 안심하고 난 다음에 그 대상을 이용할 수 있는 거예요.

그런데 또 과학이 발전했어요. 관측 기술이 발전하고 사고 수준이 높아지고 정밀해졌어요. 그래서 이 다섯 가지로는 안 되겠다고 생각했습니다. 이번에는 3역 6계로, 분류 방식 자체가 달라집니다. 앞의 분류 방식은 식물과 동물을 기본으로 해서 그 옆에 균을 동급으로 놓고 그 아래에 원생생물과 원핵생물을 뒀어요. 식물과 동물은 고도의 진화 단계를 거친 수준이 높은 생명체고 원핵생물은 진화 단계를 거치지 않은 수준이 낮은 생명체라고 생각한 거죠. 그런데 연구를 조금 더 해보니까 그렇지 않은 거예요. 세균이나 고세균 같은 것들도 식물, 동물 못지않게 독자적인 가치를 가지고 있더라는 거죠. 앞으로도 과학과 관측 기술이 발전하고 사고 수준이 높아지면 또 다른 분류 체계가 만들어질 거예요. 자연은 옛날이나 지금이나, 18세기나 19세기나, 20세기나 21세기나 똑같은데 자연을 바라보는 인간의 관점이 계속 달라지는 거죠. 그리고 인간의 관점이 달라질 때 분류 체계가 달라짐으로써 그 이전의 분류 체계에서는 보지 못했던 사실을 볼 수 있게 되고 설명할 수 있게 됩니다.

분류 기준은 항상 인위적이고 자의적이기 때문에 분류 대상을 왜곡할 수 있고, 그렇기 때문에 분류에는 한계가 있다는 사실을 자각하고 그 한계를 실마리로 새로운 차원으로 나아갈 때 여기서 창의성이 생깁니다.

분류를 하는 첫 번째 이유는 아까 말씀드렸죠. 두려움을 없애기 위한 거예요. 두 번째, 이용하기 위한 거예요. 세 번째, 인식의 경제성을 위한 거예요. 세상에는 알아야 할 게 굉장히 많은데 체계적인 분류를 통해 세상에 대한 지식을 쉽게, 빨리, 많이 습득할 수 있습니다. 기억력이 나쁘다고 말하는 사람 많죠? '나는 기억을 잘 못해.' '나는 암기를 싫어해.' 암기를 싫어하는 사람은 암기를 못하는 게 아니라 이해력이 떨어지는 것입니다. 암기를 싫어한다고 말하는 건 자기변명일 뿐이죠. 이해하면 암기할 필요가 없어요. 그리고 거꾸로 많은 것을 체계적으로 암기하다 보면 거기에서 더 큰 이해력이 생깁니다.

이해력이 높다는 것은 분류 원리를 재빨리 파악한다는 거예요. 그래서 여러분은 앞으로 무언가를 할 때 분류 원리를 빨리 파악하도록 노력해야 합니다. 이 체계에서 작동하고 있는 원리가 뭔지, 이 사람에게는 어떤 원리가 작동하고 있는지를 먼저 알아야 합니다. 많은 지식을 알고 있다고 해서 이해력이 높아지는 것은 절대 아닙니다. 분류 원리를 파악해야만 이해력이 높아집니다.

우리는 고도로 체계화된 분류 원리를 과학이라고 부릅니다. 과학이 별게 아니고요, 체계화된 분류 원리를 사용하는 지식, 이게 바로 과학입니다. 그래서 과학을 할 때, 즉 체계화된 분류를 하려고 할 때는 동일성을 발견해야 합니다. 우리가 여러 가지 식물을 놓고 그것들을 과일이라고 부를 때, 그 과일에는 동일성이 있습니다. 나무에서 자라고 일정한 시기가 되면 씨앗을 중심으로 해서 과육이 생기고 그 과육을 둘러싸고 있는 껍질이 있습니다. 이런 것들을 우리가 과일이라고 불러요. 형태가 다 달라도 동일성이 있기 때문에 그것들을 과일이라고 부를 수 있는 거죠. 그렇게 동일성을 찾아가는 것이 바로 과학이에요. 그래서 사실 알고 보면 과학은 굉장히 쉬운 학문입니다.

우리는 동일성 찾기의 원리를 다른 말로는 추상抽象이라고 부릅니다. 오렌지, 사과, 배, 감은 구체적으로 다 다르잖아요. 그 구체적인 다름에 집중하다 보면 과일이라는 동일성에 도달하지 못하죠. 그래서 구체적인 것을 과감하게 버리는, 사소한 것을 과감하게 버리는 용기와 능력이 필요합니다. 그것을 우리는 '추상한다'고 합니다. 이 추상이 바로 과학적 사유의 출발점이고 철학적 사유의 출발점이기도 합니다. 고도의 공부를 하기 위해선 이 추상의 능력이 있어야 합니다.

그리고 우리는 기존의 분류 체계를 빨리 습득해야 하기도 하지만 그 분류 체계에는 반드시 한계가 있고 허점이 있다는 것을 알아야 합니다. 그 허점을 찾아내서 그 허점을 토대로 해서 자기만의 분류 원리를 찾아내야 합니다. 먼저 다른 사람의 것을 충분하게 익히는 학습의 과정에서 단순히 수동적으로 받아들이기만 할 것이 아니라 능동적으로 참여해야 합니다. '나 같으면 이렇게 분류할 텐데, 나 같으면 이렇게 설명할 텐데, 나 같으면 여기에다 넣지 않을 텐데.' 이런 식의 능동적인 학습을 통해서 대상을 자기 것으로 장악할 수 있습니다. 그리고 이런 능동적인 학습을 위해선 항상 이미지화하는 능력이 필요합니다. 자기 나름대로 자꾸 그림을 그리는 거죠. '여기는 들어가고 여기는 안 들어가, 이거 잘못된 그림이네' 하는 식으로 끊임없이 이미지화를 해야 합니다.

정리하자면, 분류 기준은 항상 인위적이고 자의적이기 때문에 분류 대상을 왜곡할 수 있고, 그렇기 때문에 분류에는 한계가 있다는 사실을 자각하고, 그 한계를 실마리로 새로운 차원으로 나아갈 때 여기서 창의성이 생깁니다. 또한 내가 제시하는 원리, 그 자체에도 한계가 있다는 것을 자각해야 합니다. '나는 맞아. 내 말을 무조건 받아들여. 내 분류 체계가 맞아'라는 식의 태도는 폭력일 뿐입니다. 과거 서양이 동양 사회를 식민지화할 때 이런 사고를 가지고 있었죠. '우리가 세상을 설명하는 방식은 옳아. 너희가 따를 때까지 우리가 너희를 조지겠어.' 이런 태도가 바로 제국주의의 태도였어요.

분류라는 것에는 항상 분류 불가능한 부분이 있습니다. 좋은 분류란 완전하지 않다는 것을 받아들이는 분류입니다. 모든 것을 빠짐없이 설명하는 분류를 추구해야 하지만, 그런 것은 가능하지 않습니다. 그러자면 모르는 것은 모르는 채로 남겨두는 것이죠. 그냥 모르는 사람과, 모르는 것을 모르는 채로 남겨두는 사람 사이에는 굉장히 큰 차이가 있어요. 공부를 잘하는 친구들은 시험을 보고 나오는 순간 자신이 몇 점인 줄 알아요. 왜냐하면 자기가 아는 것과 모르는 것의 차이를 명확하게 알고 있기 때문이죠. 그런데 공부를 못하는 친구들은 자기가 받을 점수보다 높게 평가하거나 아니면 전혀 감을 못 잡아요. 분류에 필요한 이해 불가능한 부분, 이해 한계를 명확하게 인식하는 것, 이 자체가 하나의 중요한 분류 체계라는 겁니다.

여러분은 기성세대가 만들어놓은 세상을 단순히 이어서 살아가는 것이 아니라 근본적으로 판을 다시 짜야 합니다.

현대는 점점 더 복잡해지면서 과거의 인식 체계로는 이해하기 어려운 새로운 분류 불가능한 영역이 증가하고 있습니다. 낡은 체계로 이해할 수 없는 부분이 자꾸 늘어나기 때문에 우리는 창의성이 중요한 시대에 살고 있습니다. 앞에서 말씀드렸다시피 창의성이란 낡은 체계가 분류하지 못한, 불가능으로 남겨놓은 것을 자신의 방식으로 다시 분류하는 것입니다. 제가 대학을 다니고 젊은 시절을 보냈던 시대와 지금은 전혀 다른 세계가 됐어요. 지금 젊은 세대에게는 학교에서 배우는 것뿐만 아니라 그 외의 것들을 스스로 찾아가는, 그걸 통해서 세상의 판을 다시 짜는 그런 능력이 필요합니다. 수동적 공부만으로는 안 됩니다. 새로운 지식의 판짜기 능력이 바로 창의성이고 이것은 미래를 살아가는 데 중요한 도구가 될 것입니다.

제가 분류에 관심을 가지게 된 것은 융합이란 말이 무엇인지 고민하면서부터였어요. 과학계에서도 융합이 화두입니다. 그 이유는 방금 이야기한 것처럼 세상이 복잡해져서 기존의 분류 체계로는 더 이상 세상을 살아갈 수 없기 때문입니다. 자동차만 두고 보더라도 예전에 우리는 자동차를 손으로 운전하는 것만으로 충분하다고 생각했어요. 하지만 인공지능이 발달하면서 10년 이상 지나면 더 이상 운전을 배울 필요가 없는 시대가 옵니다. 길게 보더라도 15년이겠죠. 자동차 한 대를 만들더라도 단순히 엔진 만들고 핸들 만들어서 끝나는 게 아니라, 센서라든지 소재, 에너지 등 여러 가지를 연구해야 합니다. 에너지를 적게 쓰지 않는 차는 더 이상 팔지 못하잖아요. 에너지를 적게 쓰려면 소재가 가벼워야 돼요. 소재가 가벼워지려면 더 이상 쇠로는 안 되는 거죠. 그래서 아주 가벼운 탄소 소재 같은 신소재들이 나옵니다. 그리고 이제 노령화 사회가 다가옵니다. 노령화 사회에서는 노인들이 타기 쉽고 운전하기 쉬운 차를 만들어야 해요. 그래서 인체공학적인 설계도 필요하죠. 이런 모든 것이 종합되었을 때 비로소 자동차 한 대를 만들 수 있는 거예요.

이미 이 시대는 우리가 상상할 수 없는 융합 시대로 나아가고 있습니다. 이미 시작됐어요. 이런 시대에 과거의 낡은 체계를 수동적으로 배우는 데 만족해서는 더 이상 이 세계의 주인이 될 수 없겠죠. 새로운 체제로 나아가려면 기존의 체제를 잘 알아야 하는데 그 새로운 체제도 결국은 분류의 덩어리일 테고, 분류의 방식이 달라지지 그 자체로 달라지는 것은 없을 수도 있겠구나, 분류라는 것이 융합을 이야기하기 위한 근본적 출발점이 되겠구나, 이런 문제의식에서 출발해서 오늘 여러분께 분류의 문제를 말씀드려야겠다고 생각했습니다.

분류를 하게 되면 분류의 원점으로 돌아가서 기존의 체계를 해체합니다. 트럼프 놀이와 비슷한데요, 트럼프 놀이가 한 판 끝나면 어떻게 하나요? 카드를 다 내놓고 뒤섞죠. 뒤섞어서 패를 다시 뿌립니다. 그것을 영어로 리셔플reshuffle이라고 해요. 판을 다시 짜는 거죠. 21세기는 과학기술 영역에서도, 인문·사회 영역에서도 이미 리셔플의 시대가 되어버렸습니다. 저는 과학계 가운데서 살다 보니 과학계의, 지식계의 리셔플을 가까이에서 경험하게 되는데, 우리 현실에서는 리셔플의 감각 혹은 의미를 잘 이해하지 못하는 것은 아닌가 하는 절박함이 있었습니다. 분류에 관해서 이야기한 오늘 이 시간이 여러분에게 기성세대가 만들어놓은 세상을 단순히 이어서 살아가는 것이 아니라 근본적으로 판을 다시 짜야 한다는 것을 자각하는 계기가 되었으면 하는 바람입니다.

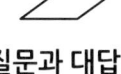

## 질문과 대답

안다는 것은 분류하는 것이라고 말씀하셨는데, 주입식 교육을 받는 학생들이 나만의 분류 체계를 만들기 위한 구체적인 방안은 무엇일지 궁금합니다.

주입식 교육이라는 것은 기존의 분류 체계를 무비판적으로 암기하고 배우는 수동적 학습이죠. 거기에는 주체가, 자기가 빠져 있어요. 내가 왜 이것을 배워야 하는가, 내가 무엇을 위해서 이것을 배우는가, 하는 주체가 빠져 있기 때문에 공부가 재미없습니다. 암기는 하는데 자기 나름대로 그것을 자기화하지 못해요.

예를 들어 만약 연애 매뉴얼이 있다고 생각해봅시다. 연애 매뉴얼을 열심히 배웠어요. 그런데 그 매뉴얼에는 가장 추상적이고 일반적인 이야기만 있거든요. 내가 만나는 구체적인 사람은 그 매뉴얼에서 언급하지 않는 사람일 수도 있어요. 가령 다리 하나가 없는 사람과 연애하는 방법은 가르쳐주지 않을 거 아니에요. 내가 다리 하나가 없는 사람을 만났다면 구체적인 상황 속에서 그 매뉴얼을 수정해야 돼요. 그 수정하는 과정이 바로 능동적 학습의 과정인 거죠.

사실 아까 말한 사유의 리셔플, 새로운 판짜기라는 것이 어떤 사람이 어느 날 갑자기 할 수 있는 일은 아니라는 생각이 들어요. 갑자기 어떤 사람이 그것을 극단적으로 강조하면서 행동한다면 약간 미친 사람이 되는 거죠. 개인적으로는 그런 용기도 좀 필요한 것 같지만요.

일단 아까 말씀드렸듯이 기존의 기본적인 분류 체계를 습득하고, 거기에 항상 자기를 집어넣어야 합니다. 그런 것을 우리는 비판적 태도라고 하죠. 내 관점에서 이걸 어떻게 소화할 것인가를 고민하고, 그다음에는 자기만의 길로 나아가는 거죠. 그게 결국엔 어떻게 사는가 하는 문제와 연결되는 것 같습니다. 아는 것이 곧 사는 거니까요.

마지막에 말씀하신 리셔플에 관해 질문하고 싶습니다. 보통 인문 계열을 졸업하면 할 게 없다고 분류되고 있는데요, 리셔플의 과정에서 인문 계열이 할 수 있는 역할이 있다면 그게 무엇일지 알고 싶습니다.

옛날부터 인문 계열은 할 게 없었어요. 제가 대학에 갈 때도 인문계 나오면 할 게 없다고 했고, 제가 인문계 대학원을 간다고 할 때는 인문계 대학원 가서 할 일이 없다고 했어요. 인문계 대학원 가서 박사과정 할 때는 인문계 박사 받아서 취직 못한다고 했고, 박사를 받았을 때는 일자리가 없다고 했습니다.

저는 인문학을 하는 사람들이 판짜기의 설계도를 그리는 사람들이라는 생각이 들어요. 한 사회의 기존의 분류 체계를 뒤엎고, 경상도식으로 말하면 갈아엎고, 새로운 판을 짜려면 설계도를 그려야 하잖아요? 그 설계도를 그리는 것이 인문학자의 역할이라고 생각합니다. 인문학자가 구체적으로 어떤 직업을 가져야 하는지는 잘 모르겠지만 인문학을 공부하는 사람이라면 스스로 '나는 삶의 지도를 새롭게 그리는 사람이다'라고 생각하고 제일 먼저 내 삶의 지도를 그려야죠. 그런데 내 삶의 지도를 그리려면 내가 속한 사회를 같이 고려해야 합니다. 그러다 보면 내가 사는 사회의 지도에 대해 다시 생각하게 되겠죠. 지금까지 나의 삶이 별 볼일 없었다면 더 맘에 드는 삶의 모습을 만들어나가야죠. 그러다 보면 자연스럽게 더 나은 사회에 대해서도 구상하게 되겠죠. 구체적으로 자기의 새로운 삶을 구상하고, 새로운 사회를 구상하고, 또 자기가 구상한 새로운 사회를 여러 사람과 나누어서 함께 그런 사회를 만들어가려는 노력, 그런 일들을 우리가 해야 한다고 생각해요. 직업적으로 그런 일을 하는 사람도 있죠. 예를 들어 엔지오NGO에서 활동하는 사람들.

당장 취직할 데가 없다고 해서 취직에 목을 매는 것, 물론 그것도 필요한 일이겠지만, 그게 다가 아닙니다. 무엇보다도, 취직을 해서 같은 일을 하더라도 나는 다르게 살겠다는 용기, 그런 용기가 모든 젊은이에게 필요한 것 같습니다. 취직을 하지 않고 다른 일을 하더라도, 예컨대 농사를 짓더라도 나는 사람들이 기존에 농사짓는 방식과 다른 방식으로 농사짓겠다, 그걸 통해 나 자신도 만들고 내가 속한 세상도 새롭게 만들겠다는 그런 용기가 필요하지 않을까 하는 생각을 합니다. 인문학은 할 일이 굉장히 많은 학문이에요. 사람 사는 게 인문이니까요. 사람 사는 일이기 때문에 할 일이 많습니다. 생각보다 세상이 그렇게 절망적이지 않다고 저는 생각합니다.

용기를 갖고 자신만의 분류를 만들어나가라고 하셨는데, 우리나라는 대체로 정답을 정해놓고 다른 것은 인정하지 않는 분위기가 팽배한 것 같습니다. 그렇기 때문에 창의력도 떨어지는 것 같고 남과 다르게 용기를 내서 뭘 한다는 게 어려운 것 같은데 이런 사회적인 분위기에 대해 어떻게 생각하시는지, 저는 이것을 바꾸어야 한다고 생각하는데 구체적으로 어떻게 바꿀 수 있을지 궁금합니다.

아까 제가 자기의 분류 체계에 오류가 없을 것이라고 생각하고 일방적으로 다른 사람에게 강요하면 이것이 폭력이 된다고 말씀드렸잖아요? 우리 사회가 그런 점에서 상당히 폭력적인 사회죠. 세대 간의 폭력도 상당하고. 젊은 세대는 젊은 세대대로 자기들의 인식 체계를 노인들이 이해하지 못한다고 그들을 방해거리라고 생각하고, 노인들은 노인들대로 '우리는 과거에 이렇게 살았거든, 그러니 너도 이렇게 살아'라면서 강요합니다. 그러다 보니 상호 불이해가 발생하고 세대 간 갈등도 심합니다. 사회 전체적으로 새로운 사회, 새로운 판짜기, 새로운 그림 그리기를 용인하지 않는 분위기가 있는 것은 분명한 것 같습니다. 그것이 기성세대로서 상당히 안타깝습니다. 젊은이들은 젊은이들의 입장에서 기성세대가 만들어놓은 틀을 이해하고 그 한계를 알아야 하거든요. 그래야 새로운 것으로 나아갈 수 있는데 젊은이들이 충분한 지적 훈련을 하지 않고 이해력을 기르기 위해 노력하지 않는 것은 아닌가 하는 생각도 듭니다.

여기서 판을 뒤집기 위해서는 결국 정신적 혁명을 일으켜야 하지 않을까요? 우리를 지배하고 있는 큰 정신적 억압 중 하나가 시스템에 의한 억압입니다. 예를 들어 자본주의 시스템에 의한 억압이 있다고 칩시다. 어떤 A라는 기업이 있습니다. 그러면 그 A라는 기업이 지배하는 사회가 싫다면 그 기업의 물건을 사지 않으면 됩니다. 대기업을 망하게 하는 것은 굉장히 쉬운 일이에요. 일본에서 그런 일이 있었죠. 미쓰비시라는 자동차 회사가 거짓말을 했어요. 브레이크에도 문제가 있었고 자동차에 여러 가지 결함이 있었는데 이걸 그냥 넘어가려고 했어요. 그런데 그게 발각된 다음에 현명한 일본 소비자들이 미쓰비시 불매운동을 벌였어요. 모든 사람이 이 회사의 물건을 사지 않는 운동을 몇 년 동안 실천한 거예요. 그래서 그 회사가 문을 닫았어요. 또 일본항공(JAL)이라는 항공사가 있죠. 그 일본항공이 몇 번 정비 실수를 한 적이 있는데 이걸 쉬쉬하고 넘어갔어요. 이게 언론을 통해 공개된 후 일본 국민들이 그 회사 비행기를 더 이상 안 타기 시작해서 일본항공이 위기를 맞게 되었어요. 지금은 재산을 거의 다 매각하고 이류 기업으로 전락하고 있는 과정입니다.

제가 지금 말씀드리는 것은 우리 국민들, 소시민들, 한 사람 한 사람의 힘이 생각보다 강하다는 겁니다. 우리를 어떤 방향으로 몰아가는 시스템과 자본주의의 부정적 측면에 대해 자각하고 저항하는 것이 굉장히 중요한 출발점이 될 거라고 생각합니다. 사실은 어렵지 않아요. 우리가 일방적으로 소비사회의 노예가 돼서 소비에 중독돼 끌려다니지 않고 소비도 비판적으로 하고, 독서도 비판적으로 하고, 그걸 주변 사람들과 나누고 자식들에게도 그렇게 가르치고 하다 보면 어느 순간 저절로 우리 사회는 변해 있을 않을까 하는 생각을 합니다. 그게 진정한 '혁명'이라고 말씀드리고 싶습니다.

분류를 할 때 예외는 무조건 존재한다고 말씀하셨는데, 그렇다면 어떤 것을 분류하는 과정에서 예외를 맞닥뜨렸을 때는 어떻게 해야 할까요?

저는 예외라는 표현을 쓰지 않고 분류 불가능자 혹은 중간 영역이라는 표현을 씁니다. 하이브리드 영역, 잡종 영역도 같은 것이죠. 아까 말씀드렸다시피 이런 부분은 반드시 존재합니다. 그 예외가 존재한다는 것, 혹은 분류 불가능자가 존재한다는 것이 분류라는 것이 완전하지 못하다는 증거라고 생각합니다. 더 나은 분류 체계를 가지면 그 분류 불가능자를 완전하게 없앨 수 있을 것이라고 생각하는 것 자체가 인식적 폭력과 관계돼 있다는 겁니다.

여러분 '태극, 음양'이라는 말 들어보셨죠? 동양철학에서 태극은 혼돈 상태, 분류 이전의 상태입니다. 여기에서 최초의 원초적 분류가 일어나는데 그것이 음과 양이라는, 수동적인 힘과 능동적인 힘의 분류입니다. 그런데 태극에는 항상 중간에 빈 점이 하나 찍힙니다. 이 분류라는 것이 항상 불완전하다는 사실을 잊지 말자는 겁니다. 나중에 분류 체계가 완전히 달라져서 판을 새로

짜야 할 때, 이 분류 불가능자가 시발점이 되어서 이 분류 불가능자를 포함하는 새로운 분류 틀을 짜게 됩니다. 그러다 보면 또 다른 분류 불가능자가 생깁니다. 그래서 끊임없이 분류 불가능자는 나올 수밖에 없고 그 분류 불가능자가 새로운 혁명의, 혹은 새로운 인식의 출발점이 된다는 겁니다.

저는 예외가 당연히 존재하고 그것이 새로운 가능성이라고 봅니다. 우리가 공부하다가 이해가 안 되는 부분이 있으면, 그 이해 안 되는 부분은 자기 공부의 중요한 포인트가 됩니다. 정신분석학에서는 자기 스스로 자신에 대해서 설명할 수 없는 부분은 그 사람이 드러내고 싶어 하지 않는 콤플렉스와 얽혀 있는 부분이라고 이야기합니다. 달리 말하면 그 콤플렉스를 잘 이해함으로써 자아 성찰이 가능하고 새로운 자기 발견이 가능하다는 얘기죠. 예외는, 과학적으로 말하면 과학의 콤플렉스이지만 또 다른 측면으로 말하면 그 과학이 새롭게 탄생할 수 있는 새로운 생명의 출발점이 될 수 있다고 저는 봅니다.

분류 불가능자, 하이브리드 영역의 가치를 잊지 마세요. 그것을 사회계층의 관점에서 말할 수도 있을 것 같아요. 상층과 하층의 가운데 계층을 대개 중산층이라고 하죠. 조선 사회에는 중인층이 있었습니다. 이 중인층은 양반도 상놈도 아닌 어중간한 사람들이에요. 그런데 조선 후기에 중인층에서 새로운 사유를 받아들이고, 새로운 사회를 만드는 사람들이 나왔거든요. 이미 가진 자들은 바꿀 이유가 없잖아요. 또 너무 가지지 못한 아래쪽은 여유도 없고, 능력도 없고, 뭔가를 해볼 기초 자산이 전혀 없습니다. 그런데 중인층은 적당한 여유와 불만이 갖추어져 있는 겁니다. 그래서 이 중간층에서 뭔가 새로운 것이 나올 가능성이 높습니다. 한 사회에서 중산층이 두터워야 한다는 말이 나오는 것은 중산층이 두터워야 거기에서 위로 올라가고자 하는, 새로운 판을 짜고자 하는 에너지가 나오기 때문이에요. 그런데 중산층이 약해지면 그런 에너지가 안 나오죠. 우리가 정치를 봐도, 투표를 하면 상류층은 이미 누리고 있기 때문에 보수적인 선택을 하고, 하층도 자산이 없고 새로운 꿈을 꿀 수 없기 때문에 오히려 보수적인 선택을 합니다. 중산층이 진보적인 선택을 하는 이유는 새로운 판을 짜고자 하는 열의가 있기 때문이에요. 그래서 중간, 예외, 분류 불가능한 부분, 혹은 하이브리드 영역이 새로운 창조의 힘의 출발점이 될 수 있다는 겁니다.

# 사진은 무엇을 말해주는가?

사진의
기록성과 효용

강운구

**강운구**

1960년대 이후 개발독재의 강압적 분위기 속에서 산업사회로 바뀌는 국면들을 끊임없이 기록해왔으며, 외국 사진 이론의 잣대를 걷어내고 우리의 시각언어로써 포토저널리즘과 작가주의적 영상을 개척하여 가장 한국적인 질감의 사진을 남기는 사진가라는 평가를 받고 있다. 《우연 또는 필연》(1994), 《모든 앙금》(1998) 《마을 삼부작》(2001), 《저녁에》(2008) 등 여러 차례의 개인전을 가진 바 있다. 사진과 함께한 산문집으로 『시간의 빛』(2004), 『자연기행』(2008)이 있으며, 저서로는 『경주남산』(1991), 『모든앙금』(1998), 『사진과 함께 읽는 삼국유사』(1999), 『강운구 마을 삼부작』(2001), 『강운구』(2004), 『우연 또는 필연』(2008), 『저녁에』(2008), 『강운구 사진론』(2010) 등이 있다.

사진이라는 것은 기록성에 바탕을 두고 있고, 사진이 오늘날까지 이렇게 발전할 수 있었던 것은 그 기록성이 사회적으로 효용이 있었기 때문입니다.

저는 사진을 찍는 사람으로서 오늘 여러분과 사진에 대해서 이야기해보려고 합니다. 여러분은 어떻게 하면 사진을 잘 찍는지에 대해서 관심이 많으실 텐데 사진을 잘 찍으려면 먼저 사진이 뭔가를 알아야 합니다. 결론부터 말씀드리자면, 사진의 본질은 기록성에 있습니다. '기록성이 없는 사진은 진짜 사진이 아니다', '기록성이 없는 사진은 소 없는 찐빵이다'라는 것이 제 생각입니다. 사진에 기록성이 없다면 여러분의 학생증에 사진을 붙일 이유가 전혀 없겠죠. 사진은 정직하게 대상을 재현한다는 전제하에 증명사진이 존재하고, 사람들이 사진을 믿고 보는 것입니다. 그런데 근래에 와서는 사진에 뭔가를 추가하고 사진의 기록성을 깨는 소위 예술사진이 각광을 받고, 사진의 기록성을 잘 깨부수는 작가가 예술적인 작가가 되어버렸습니다. 이것은 주객이 완전히 전도된 것이죠. 새로운 것을 추구한다는 명분으로 원래 것으로부터 이탈해나가는 게 전위라고 하지만, 전위라도 본질과 멀어지면 다른 장르가 되는 것입니다. 사진가라면 사진의 본질에 충실해야 합니다. 사진이라는 것은 기록성에 바탕을 두고 있고, 사진이 오늘날까지 이렇게 발전할 수 있었던 것은 그 기록성이 사회적으로 효용이 있었기 때문입니다. 그리고 사실적인 기록성으로도 충분히 예술 작품을 할 수 있습니다.

사진에는 크게 보면 찍는 사진, '테이킹 포토그래피taking photography'와 만드는 사진, '메이킹 포토그래피making photography'가 있습니다. 찍는 사진은 본질에 충실한 사진이고, 만드는 사진은, 나쁘게 말하면 조작하는 사진입니다. 원래 것을 찍힌 그대로 두지 않고 찍힌 것을 변조시켜서 다른 것, 자기의 주관이라든지 자기가 생각하는 바를 집어넣는 것입니다. 그것은 대상의 사실과는 아무 관계가 없는 거죠. 본인의 은밀한 생각이나 사상을 담았을지는 모르지만, 찍힌 대상과는 관계가 없는 것입니다. 그러니까 원칙적으로 사진의 본질에서는 멀어진 겁니다.

과거 아날로그 시절에는 사진을 '메이킹' 하기가 참 어려웠습니다. 그 과정이 상당히 복잡하고 제약이 많았는데 디지털 사진술은 아날로그 사진술보다 훨씬 더 고분고분하게 말을 잘 듣기 때문에 얼마든지 쉽게 조작할 수 있습니다. 그래서 요즘은 누구든지 손쉽게 포토샵이라든지 라이트룸 같은 것들을 이용해서 여러 가지 변조를 많이 합니다. '메이킹 포토그래피'를 한다는 것이죠. 그런데 앞에서 말씀드렸다시피 사진의 본질은 기록성에 있기 때문에 저는 이런 만드는 사진은 예술일지는 몰라도, 사진의 본질에서 멀어진 가짜 사진이라고 생각합니다. 인화지 위에 정착된 이미지라고 해서 다 사진은 아닙니다. 사진은 인화지라는 물질을 말하는 게 아니라, 거기에 담긴 내용을 말하는 것입니다. 밥공기에 담긴 것이라고 해서 다 밥은 아니죠. 밥공기에 물이나 술이나 국 같은 걸 담을 수도 있습니다. 그러니까 그 내용을 보고 그게 무엇인지를 말해야지, 그릇만 보고 사진이라고 해서는 안 됩니다. 그럼 이런 결론을 중심으로 사진에 대해서 여러 가지 이야기를 더 해보겠습니다.

사진술은 어느 날 한 천재가 갑자기 영감을 받아서 완성한 게 아니에요.

사진은 공식적으로 1839년에 발명된 것으로 공표되었습니다. 모든 예술 장르 중에서 가장 어린 갓난아기인 셈입니다. 이를테면 시나 소설, 그림, 조각, 노래 같은 것의 탄생 연도는 너무나 아득해서 알 수 없습니다. 그런 것들이 어떻게 시작되었을지는 짐작만 할 뿐이지요. 그런데 사진술은 1839년에 프랑스의 다게르Louis Daguerre라는 사람이 발명했다고 기록되어 있습니다. 다게르가 사진술을 발명하고 특허를 받은 뒤에 프랑스 과학원에서는 사진술의 발명이 인류사의 중요한 사건임을 간파하고, 사진술이 인류를 위해 굉장히 중요한 일을 할 매체가 틀림없다고 정부를 설득했습니다. 그래서 프랑스 정부는 다게르의 사진술 특허권을 사들인 후 그것을 세상 사람 모두가 자유롭게 이용할 수 있도록 만천하에 공개했습니다. 이 점이야말로 사진술 발명에 버금가는 큰 사건입니다. 그 결과 사진은 많은 사람에 의해 이용, 변용되면서 점차 발전한 끝에 오늘날에 이르게 된 것입니다. 아시다시피 사진술이라는 것은 복합적인 것입니다. 첫째 광학이 있어야 하고. 둘째 기계학이 있어야 하고 셋째로 화학이 있어야 합니다. 이 세 가지가 교묘하게 어우러져야 겨우 사진 한 장이 나오는 겁니다. 따로 떨어져 있으면 돋보기나 오목렌즈이고, 톱니바퀴 몇 개나 스프링 몇 개고, 염화칼슘이나 요오드, 하이드로퀴논…, 이런 몇 가지 화학약품일 뿐인데, 이 세 가지가 합해지면서 사진술이 탄생했고, 특허가 해제됐기 때문에 모든 사람이 덤벼들어서 각자의 아이디어를 덧붙이면서 개량하고 개량한 끝에 오늘날처럼 발전시킬 수 있었던 것입니다. 사진술이 발명된 해가 1839년이라는 것은, 정확하게는 프랑스 정부에서 사진술을 누구나 쓸 수 있도록 이 세상에 공표한 해를 말합니다.

사진술은 어느 날 한 천재가 갑자기 영감을 받아서 완성한 게 아니에요. 시대적인 여러 욕구에 의해서 거의 비슷한 시기에 프랑스, 영국, 이탈리아, 멕시코 등 여러 나라에서 여러 사람이 서로 모른 채로 사진술을 연구하기 시작했습니다. 그러던 중 프랑스에서 사진술을 발명했다는 소식이 전해지자 각자 사진술을 연구하던 여러 나라의 사람들이 놀랐습니다. 그중에서도 특히 영국의 탤벗William Henry Fox Talbot의 실망이 가장 컸다고 할 수 있습니다. 왜냐하면 맨 처음에 다게르가 찍은 사진이라는 것은 종이가 아닌 화학약품을 입힌 양철판에 찍은 것이었습니다. 그것은 현상된 필름인 네거티브, 즉 음화가 아니라 단 한 장의 사진인 포지티브, 즉 양화로 나온 것이었습니다. 그리고 상이 거울처럼 좌우가 바뀌어서 나왔습니다. 이에 반해 탤벗의 것은 오늘날처럼 현상된 필름인 네거티브로 사진을 만드는 기법이라서 좌우도 바뀌지 않았을 뿐만 아니라 원하는 수만큼 여러 장을 만들 수 있었어요. 그러니까 탤벗의 사진술이 가장 뛰어난 발명이었지만 다게르의 그늘에 묻히고 만 거예요. 나중에 다게르가 만든 카메라를 일컫는 다게레오타입도 네거티브로 현상되는 탤벗의 기법을 채택했습니다.

사진술이 발명된 초기에 다게르의 사진처럼 좌우가 바뀌어서 나온 사진을 일컬어 당시 사람들은 '기억을 가진 거울'이라고 불렀습니다. 그러다가 점차 현상된 필름인 네거티브로부터 원하는 수만큼의 사진을 만들 수 있게 되고, 초기에는 거의 60kg쯤 되었던 사진 장비가 점점 작아졌습니다. 1880년대 후반까지만 해도 사진을 찍으러 나갈 때 60kg쯤 되는 장비를 짊어져야 했기 때문에 신문사 사진기자를 뽑는 기준 중 하나가 무거운 걸 가지고 다닐 만한 체력이었다고 해요. 그리고 과거에는 필름이 낱장으로 되어 있었는데, 1888년이 되면 카메라에 넣는 롤필름이 세상에 나옵니다. 조지 이스트먼George Eastman이 설립한 회사에서 발매

한 코닥KODAK 필름이 바로 그것입니다. 지금까지도 가장 널리 쓰이는 보편적인 규격인 35mm 소형 카메라는 1924년에 나왔습니다. 오스카 바르낙Oskar Barnack이 발명한 라이카가 그것이죠.

카메라가 작고 가벼워져서 휴대가 간편해지고 사진을 쉽게 찍고 볼 수 있게 된 자유를 두고 '사진술이 민주화되었다'고 이야기합니다. 사진이 발명된 후로 거의 100년 가까이 되도록 사진을 찍으려면 현상하고 인화하는 기술만 배우는 데도 많은 시간이 걸렸고, 여러 가지 기술적 제약을 극복하기 위해서는 전문적인 기술을 배우고 익혀야 했지만 디지털 시대가 되면서 사진에서 기술이 차지하던 비중은 없어져버렸다고 해도 과언이 아닙니다. 디지털 시대에는 누구나 휴대폰의 버튼을 누르는 것만으로 어떤 악조건에서든 기술적인 결함이 없는 사진을 찍을 수 있게 되었으니까요. 사진을 찍는 모든 사람이 과거의 그 어느 때보다도 기술적인 면에서 자유로워졌으니 디지털 사진술은 민주화를 넘어선 혁명이라고 할 수 있을 것입니다.

그런데 기술적인 디지털 혁명을 이룬 뒤에도 사진의 흐름은 거의 달라지지 않았습니다. 거추장스럽던 대형 카메라에서 간편한 35mm 소형 카메라가 나온 뒤의 변혁과 비약에 견주자면 디지털 사진술은, 아직까지는 기술의 민주화 말고 사진의 내용에 기여한 바가 미미합니다. 기술적인 진화가 이뤄낸 성과를 바탕으로 해서 더 나아진 사진을 하는 것이 마땅하지 않겠어요? 하지만 기술의 진보에 마땅한 내용의 사진 경향은 아직은 나오지 않았습니다. 아직 렌즈가 어둡고 필름의 감도도 빠르지 않던

1920년대 후반부터 앙리 카르티에 브레송Henri Cartier-Bresson은 소형 라이카 카메라를 "내 신체의 일부이며 손의 연장"이라며 그것으로 저 유명한 '결정적 순간'의 사진을 찍었습니다. 수동의 구식 카메라로 '결정적 순간'을 포착해낸 것은 기계의 테크놀로지가 아니라 한 예리한 감성과 집념을 가진 사람의 의지가 이뤄낸 것입니다.

테크놀로지가 발전하면 그에 반비례해서 사람들의 감각은 둔해지는 경향이 있습니다. 그래서 그런지 전자동의 최고급 디지털카메라가 대세인 요즘도 '결정적 순간'에 견줄 만한 사진의 흐름은 보기 어렵습니다. 다만 디지털 사진술 이후에 눈에 띄는 현상은 사진 작품들이 매우 커졌다는 사실입니다. 캄캄한 암실의 붉은 빛 아래에서 손으로 더듬으며 확대기와 약물과 인화지로 사진을 인화하던 것, 특히 크게 확대하던 것에 견주자면 디지털 프린터라는 기계로 하는 확대는 아주 편합니다. 그래서 내용은 별로 없이 크기만 커진 사진 작품들은 공허합니다. 저는 그런 큰 사진들을 디지털 '뻥튀기'라고 부릅니다. 아마도 기술의 진보가 오히려 사람들을 퇴보시키는 것은 아닌지 모르겠습니다.

예술 작품들에서는 그 매체가 가진 기능이나 역할과 표현하는 방법, 그리고 매체 자체의 형식을 통한 재미가 뜻보다 우선시됩니다.

결국 이제는 사진으로 무엇을 해야 하는가, 사진으로 무엇을 찍을 것인가라는 중요한 문제만 남습니다. 그전부터 내려오는 말 그대로 카메라 뒤의 사람이 더욱 중요해졌습니다. 제가 가끔 학교에서 강의를 하는데 '선생님 뭘 찍을까요?'라고 묻는 학생들이 있어요. 그러면 제 대답은 늘 똑같아요. "네가 찍을 것을 내가 어떻게 아느냐, 나는 찍는 방법은 알려줄 수 있지만 무엇을 찍을지는 네가 정해야 한다. 그래야 그것은 네 작품이 된다. 그리고 네가 찍고 싶은 것이 없으면 관둬라. 찍고 싶은 것이 생기면 그때 찍기 시작해라. 찍고 싶은 것을 찍으려고 하는데 뭔가 문제가 있고 기술적으로 잘 안 되면 그때 나한테 와라. 그러면 내가 해결해주겠다." 이렇게 얘기합니다. 여러분 사실 찍는 방법이라는 것은 별게 없고 무엇을 찍는가가 가장 중요한 것입니다. 찍는 대상, 주제를 무엇으로 할 것인가가 가장 중요하고, 그 결정은 찍는 당사자가 해야 하는 것이지 선생이나 주변의 지인이 찍으라는 걸 찍기만 하는 사람은 절대 작가가 될 수 없어요. 작가는 자기가 꼭 찍고 싶은 것을 찍는 사람입니다. 무엇을 볼 것인가, 즉 주제가 먼저이고 그 무엇을 어떻게 볼 것인지, 즉 표현 방법은 그다음 문제입니다. 표현 방법이 서툴더라도 절실한 내용이 있다면 그것은 어떻게든 전달됩니다.

그렇다고 해서 내용의 뜻만이 중요하다고 말하는 건 아니에요. 각 예술 장르는 고유한 형식을 가지고 있습니다. 그 고유한 형식을 이해하는 것이 그 장르의 작품을 이해할 수 있는 길입니다. 근래에는 '경계를 허물었다', '장르의 벽을 무너뜨렸다'며 여러 장르의 형식을 뒤섞은 작품들도 나왔습니다. 새로운 것이긴 하겠지만 저는 그런 것들이 옳은 방법으로 보이진 않아요. 화가가 그리지 않고 배우처럼 몸으로 어떤 행위를 하는 것, 이를테면 백남준 씨가 바이올린을 끈에 매달아서 끌고 가는 것 같은 것을 퍼포먼스라고 합니다. 저는 왜 그런 행위가 미술인지 이해하지 못합니다. 누군가 그런 퍼포먼스를 한 사람에게 따지고 든다면 '나는 미술을 한 게 아니다'라든가 '그냥 한 거야 아무런 뜻이 없어'라고 할 수도 있습니다. 전위의 어떤 경지는 이해하려고 하기보다는 그냥 받아들이거나 무시하는 편이 속 편할 때가 많습니다.

엄격하게 말하자면 각 예술 장르에는 인류가 몇만 년 동안 쌓은 지혜가 축적되어 있습니다. 물론 사진은 겨우 177년 전에 발명된 것이지만요. 그리고 시대에 맞게 진화되어온 것입니다. 그래서 그 고유한 형식을 이해하면 내용도 따라서 이해가 됩니다. 그러니 한 장르의 형식과 문법 같은 것에 대한 이해 없이 무작정 담고 있는 뜻만 알아내려고 하는 것은 옳은 태도라고 말하기 어렵습니다. 여러분이 흔히 시나 소설, 사진이나 회화, 조각 같은 작품을 볼 때, 혹은 클래식 음악을 들을 때 거기에 그 작가의 심오한 사상이 담겨 있을 거라고 생각하고 엄청나게 어렵게 접근하는데, 제가 이때까지 살면서 보고 느끼고 분석한 바에 따르자면 그런 것들에 심오한 사상 같은 것은 거의 없습니다. 어떤 의미의 발견이나 해석은 평론가나 지식인들이 덧입히는 것일 뿐입니다. 예술 작품들에서는 그 매체가 가진 기능이나 역할과 표현하는 방법, 그리고 매체 자체의 형식을 통한 재미가 뜻보다 우선시됩니다. 그렇기 때문에 어떤 예술 매체가 가진 형식과 표현력의 재미를 간파하지 못하면 그 작품을 거의 이해할 수 없습니다. 내용을 침소봉대해서 그럴싸하게 의미만을 설명하는 작가들은 대부분 작품의 외적인 요소로서 관람자나 독자들에게 다가가겠다는 의지를 가지고 있을 겁니다.

제가 사진전을 하면 관람객들이 와서 "이게 무슨 뜻입니까?"라고 묻습니다. 그럼 저는 "아무 뜻이 없습니다"라고 합니다. "그럼 왜 걸었습니까?"라고 하면 "사람마다 느끼는 게 다를 것이니 내가 봤을 때 좋은 것을 찍어서 여러 사람과 함께 나눠보자는 것이지 여기에서 뭘 느끼라고 특별히 강조하거나 주장하지는 않습니다"라고 하거나, "제시할 뿐이지 강요하는 바는 없습니다"라고 하면 대부분의 사람들은 대단히 실망합니다. 그런데 제 얘기는 과장도 아니고 사실입니다. 모든 작가가 다 마찬가지일 거예요. 작가마다 다 자신의 작품에 심오한 뜻을 넣는 것은 아닙니다. 그러니 여러분이 아주 심오한 뜻을 주장하고 펼치고 싶다면 사진이니 그림이니 음악이니 이런 매체 예술을 할 것이 아니라 그냥 글을 쓰면 됩니다. 뜻을 전달하는 데에는 글보다 더 좋은 것이 없습니다. 그러나 그런 글도 문장으로 표현하는 형식의 탐구 없이 하면 하나 마나 한 것이 되기 쉬울 겁니다.

조제프 니세포르 니엡스, 〈생루드바렌에 위치한 니엡스의 소유지, 르 그라의 창문에서 본 '조망'〉 1826년경, 백랍판, 20×16.5cm, 텍사스대학교(오스틴, 미국)

    그렇다고 해서 예술에 아무런 뜻이 없다는 것은 아닙니다. 어떤 에세이처럼 확실한 주장을 하지 않을 뿐, 각각의 예술 매체가 가진 특성을 살려서 사진은 사진적인 이미지의 미묘함으로, 그림은 그림의 표현력으로, 음악은 음악적인 소리로 그 예술 영역의 재미를 느끼도록 하면서 뜻을 살짝살짝 전달합니다. 예술이라는 것은 보는 사람의 의도와 해석에 따라서 그 의미가 달라지는 것이라고 생각합니다.

이 사진이 지금까지 남아 있는 사진 중에서 가장 오래된 사진으로 알려져 있습니다.

니엡스Joseph Nicéphore Niépce라는 사람은 사진의 발명자 다게르보다 12년 먼저(1826) 사진을 찍었던 사람입니다. 다게르와 협력해서 연구를 하기도 했고 니엡스의 아들이 대를 이어 다게르와 연구를 함께하기도 했지만 몇 가지 이유로 공적은 오직 다게르에게만 돌아가게 되었습니다. 이 사진이 지금까지 남아 있는 사진 중에서 가장 오래된 사진으로 알려져 있습니다. 이 사진은 니엡스가 사진술을 실험하면서 자기 창밖을 찍은 경치라고 합니다. 당시 카메라에는 렌즈는 있었지만 셔터는 없었기 때문에 렌즈 뚜껑을 열고 닫으면서 사진을 찍었는데, 이 사진은 렌즈 뚜껑을 열어놓고 8시간 찍은 것입니다. 렌즈도 어둡고 감광물질 상태도 둔하기 때문에 8시간 동안 찍은 사진이 이렇게 나온 거예요. 기적과 같은 표현 수단은 이렇게 시작되었습니다.

다음 사진은 니엡스가 찍은 최초의 사진으로부터 12년 후에 다게르가 파리 시내를 찍은 굉장히 유명한 사진입니다. 그 당시에는 셔터가 없었고 움직이는 것을 찍을 수 없었어요. 그래서 전부 경치를 찍고, 사람을 찍을 때는 사람이 적어도 10분간은 꼼짝하지 않고 가만히 있어야 했기 때문에 머리 뒤에 Y 자로 된 머리받침대를 받쳤어요. 당연히 길가에 다니는 사람들도 찍을 수 없었지요. 그런데 이 사진이 유명한 이유는, 왼쪽의 길 한편에 구두닦는 사람과 구두닦이로 보이는 사람들이 찍혀 있기 때문입니

루이 자크 망데 다게르, 〈탕플 대로의 광경〉, 1838년경, 다게레오타입, 뮌헨시립미술관 (뮌헨, 독일)

다. 상당한 우연인데, 렌즈가 개방되어 있는 상태이기 때문에 실제로 거리에 걸어 다녔을 여러 사람들은 안 찍혀서 거리가 텅 비어 있는데, 공교롭게도 구두 닦는 사람과 구두닦이만 저렇게 크게 움직이지 않고 10분 정도를 있었던 겁니다. 길가에서 우연히 찍힌 최초의 사람이 나오는 사진이기 때문에 이 사진이 상당히 유명합니다.

사진의 본질을 따질 때는 형식보다는 콘텐츠, 즉 안에 담긴 내용으로 사진적인 것인지 회화적인 것인지를 따져야 한다고 생각합니다.

사진이 처음 나왔을 때는 사진의 본질에 대해서 심각하게 고민하지 않았습니다. 사진이 발명되고 10몇 년이 흐른 뒤부터 사진의 기록성이 부각되기 시작했는데, 사진이 쭉 사실적인 표현의 수단으로 여겨지다가 어느 정도 시간이 흐르고 화가들이 사진 매체를 이용하면서 사진의 기록성이라는 본질을 깨기 시작했습니다. 흑백사진 시절까지만 해도 그나마 사진술이 편리해지기는 했지만 그래도 기술적으로 너무 어려웠기 때문에 사진술을 이용한 화가들은 별로 없었고, 폴라로이드 사진이 나온 이후로 사진을 많이 이용하게 되었습니다. 폴라로이드는 사진을 찍고 1분 안에 컬러사진이 정착돼서 나온다는 점에서 혁명적인 사진술의 하나였고 대단한 발명이었죠.

데이비드 호크니David Hockney라는 영국 화가가 폴라로이드 사진술을 적극적으로 이용한 대표적인 경우라고 할 수 있습니다. 데이비드 호크니의 '포토 콜라주'를 검색해보시면 사진을 이용한 다양한 콜라주 작품이 나옵니다. 이런 작품들은 회화라고 해야 할까요, 사진이라고 해야 할까요? 낱장으로는 사진이지만 여러 장의 사진을 이어서 배열해 붙인 것은 회화의 범주에 속합니다. 왜냐하면 있는 그대로를 보려 한 게 아니고 자기가 의도한 대로 본 것이기 때문입니다. 보통은 막연하게 '예술 작품'이라고 애기하는데, 대개 이렇게 사진술을 가지고 회화적인 작업을 하는 사람들은 자신을 포토그래퍼라고 하지 않고 그냥 두루뭉술하게 아티스트라고 합니다. 그러니까 호크니의 아트는, 대상의 부분 부분을 폴라로이드 사진으로 나눠 찍어서 다시 합쳐서 보여주는 것입니다. 부분적으로 한 장 한 장을 찍어서 붙였으니까 대상이 변조되고, 대상을 삐뚤어지고 겹쳐지게 표현한 그 변조 방식이 창작이라는 거죠. 사진이라면 당연히 한 장에 다 담아야 될 것을 분할해서 왜곡되게 담는 게 개념이고 그 점에 예술성이 있다는 겁니다.

여러분이 검색해서 쭉 훑어보면 알겠지만 호크니는 폴라로이드 사진으로도 많이 작업했고 네거티브 컬러사진으로도 많이 작업했습니다. 그런데 결국 호크니의 작품은 사진술을 이용한 작품이지 사진이라고 이야기하기는 어렵습니다. 제가 늘 주장하는 바와 같이 커피 잔에 담겼다고 해서 다 커피가 아닙니다. 누구한테 물어보든지 직접 맛을 봐야 아는 것입니다. 커피 잔에 소주도 담을 수 있고 맹물을 담을 수도 있고 막걸리도 담을 수 있거든요. 그런데 커피 잔만 보고 그 내용물이 커피라고 하면 오류가 생길 수 있습니다. 인화지 위에 어떤 이미지가 정착되었다고 해서 그것을 사진이라고 하면 틀립니다. 예를 들어 피카소의 그림을 찍은 사진을 본다고 합시다. 그것은 물질로 보면 사진입니다. 그러나 내용으로 보면 피카소의 그림입니다. 그러면 그것은 도대체 사진입니까, 그림입니까? 사진의 본질을 따질 때는 형식보다는 콘텐츠, 즉 안에 담긴 내용으로 사진적인 것인지 회화적인 것인지를 따져야 한다고 생각합니다. 정확하게는 피카소 그림을 찍은 사진이고, 그것은 결코 사진 작품이 되기는 어렵습니다.

그리고 호크니의 작품은, 사진 한 장으로 찍을 수 있는 것을 폴라로이드 사진 수십 장을 이용해서 쪼개놓고 그걸 다시 연결해서 붙여놓으니까 훨씬 예술적으로 보이고 뭔가 한 것 같단 말입니다. 그러니까 여러분은 아까 제가 얘기한 대로 여기에 뭔가 심오한 뜻이 있을 거라고 생각하고 머리를 조아릴 수도 있는데 심오한 뜻은 제겐 보이지 않습니다. 그냥 재미죠. 매체가 가진 재미고 매체가 가진 새로움입니다. 매체가 가진 새로운 표현 방법이나 거기서 재미를 느끼는 사람만이 이 작품을 알 수 있을 거라고 생각됩니다. 즉각적으로 나오는 폴라로이드 사진술의 매력에 호크니가 빠진 것입니다.

사실 사진의 가장 중요한 기능 중 하나는 복제성입니다. 신속 정확하게 찍어서 신속 정확하게 수백 장을 복제할 수 있다는 것이 사진의 발전을 가져온 굉장히 중요한 원동력이죠.

스탄 형제Doug Starn and Mike Starn라는 유명한 쌍둥이 작가도 사진으로 작업을 합니다. 이들의 작업을 검색해서 보시면, 하나의 사진을 여러 조각으로 나눠서 프린트한 후 이 조각들을 재봉틀로 꿰맨 작품이 있을 겁니다. 호크니와는 또 다른 방식으로 콜라주 작업을 한 건데 이것들은 말하자면 회화와 사진이 결합해서 어떤 제3의 장르가 되는 과정에 있는 겁니다. 예술의 속성 중 하나가 정답이 너무 뻔하면 재미가 없다는 거죠. 뭔가를 약간 숨겨놓고 보는 사람이 추측하게끔 여지를 남겨놔야 하는 거예요. 그런 의미에서 본다면 사진이라는 것은 너무나 정직하고 모든 것을 한꺼번에 보여주기 때문에 회화를 하는 사람들은 그런 사실성이나 기록성을 흐리게 만들고 자기의 예술성을 집어넣어서 회화나 사진과는 다른 제3의 길로 나아가는 것이라고 생각됩니다.

사마라스Lucas Samaras라는 미국의 화가도 폴라로이드를 가지고 작업을 굉장히 많이 했습니다. 폴라로이드 인화지 속에는 약품이 들어 있어서 사진을 찍고 난 뒤에, 카메라에서 필름이 밀려서 나올 때 롤러가 눌러주면 그 약품이 터지면서 현상을 하기 때문에 1분 안에 우리한테 이미지를 보여주는 겁니다. 그런데 그 약품이 액체라서 완전히 굳기까지는 24시간이 걸린다고 합니다. 굳기 전까지는 말랑말랑한 젤리 상태로 있는 겁니다. 그래서 젤리 상태일 때 그 표면을 문지르면 찍힌 이미지가 뭉개지고 지워집니다. 사마라스는 폴라로이드 사진을 찍은 후 약품이 다 굳기 전에 자기가 중요하다고 생각하는 부분만 남겨놓고 나머지는 표면을 문질러서 사진으로 유화 같은 효과를 만들어냈습니다. 사진에다가 자신의 회화를 추가한 것이죠. 사마라스는 이 폴라로이드 작업들을 복제, 확대해서 전람회를 했습니다. 사진 자체가 복제인데 그것을 또 복제했으니 이중의 복제가 되는 거죠.

사실 사진의 가장 중요한 기능 중 하나는 복제성입니다. 신속 정확하게 찍어서 신속 정확하게 수백 장을 복제할 수 있다는 것이 사진의 발전을 가져온 굉장히 중요한 원동력입니다. 그런데 작가들이 자신의 작품을 수백 장, 수천 장 만들 수 있다면 작품 값이 떨어지니까 작품 수를 한정합니다. 1/20, 2/20… 이런 식으로요. 이것은 "나는 이걸 스무 장밖에 안 만들었어. 그러니까 내 작품은 비싸" 이렇게 말하는 겁니다. 한정을 100장, 200장 찍을 수도 있겠지만 100장, 200장 팔기는 불가능하니까 대개 20장쯤, 많이 팔리는 사람은 50장쯤 만들어서 만든 순서대로 번호를 매깁니다. 사마라스의 작품 같은 경우 조그만 폴라로이드 하나가 원본 한 장인데 그것은 원본으로서 가치가 있습니다. 복제를 여러 장 했다면 아마 가격이 확 떨어지겠죠. 그런데 복제성은 사진에서 굉장히 중요한 요소인데 예술가들이 오히려 복제성에 제한을 가하면서 자기 작품의 가치를 높이려고 하는 것이 윤리적으로나 도덕적으로 옳은 일인지 우리가 한번 생각해봐야 하지 않을까요?

여러분 세대에 와서 디지털 시대가 되었는데 디지털의 중요한 속성이 뭔지 아세요? 아무리 복제해도 표가 안 난다는 것입니다. 그러니까 디지털에는 오리지널이 없다는 거예요. 첫 번째 복제한 거나 100번째 복제한 거나 1,000번째 복제한 거나 다 똑같습니다. 그게 디지털입니다. 아날로그 시대, 필름 시대에는 매번 복제할 때마다 질이 떨어졌거든요. 필름이나 인화지의 한계 때문에 원본이 점점 변하고 콘트라스트가 강해지는데 디지털의 경우에는 몇 번을 복제하더라도 원본의 손상이 없이 똑같습니다. 그러니까 오리지널리티originality가 희박해진 디지털 시대에 사진

작품을 파는 작가, 인쇄 매체를 이용하지 않고 전람회의 벽에 거는 작품만 하는 작가들은 거의 대부분의 경우는 자신의 작품에 희소성을 부여하기 위해 한정을 걸어서 이익을 도모하는 겁니다. 같이 여러 사람이 공감하자면서 원천적으로 복제를 한정하는 것이 윤리적으로나 도덕적으로 옳은지에 대해서는 아직까지 정답도 없고 누가 명쾌하게 분석해놓은 것도 없습니다. 그러니 이 문제에 대해서 여러분이 두고두고 따져보셨으면 합니다.

사진을 찍을 때 형식적인 면에만 집착하지 말고 무엇을 찍을 것이냐를 고민하고, 사진을 볼 때는 이것이 '테이킹 포토그래피'인지 '메이킹 포토그래피'인지에 관심을 가지고 보셨으면 합니다.

여러분 만 레이Man Ray라는 이름 들어보셨나요? 아주 유명한 다다이스트입니다. 옛날에는 전위의 그룹이었죠. 만 레이는 최초로 '만드는 사진'을 한 작가라고 이야기할 수 있습니다. 원래 만 레이는 화가였는데 사진술이 나오자마자 사진술을 가지고 작품을 했습니다. 만 레이의 사진 중에는 스트레이트로 찍은 사진이 하나도 없습니다. 사진에 있어서 '스트레이트'라는 말은 굉장히 중요한데요, 스트레이트 사진은 아무 계산 없이 있는 그대로를 직선적으로 포착한 사진, 기계적이고 자동적인 기록이라는 사진의 특성을 살린 사진을 말합니다. 물론 스트레이트 사진은 현상,

인화 과정에서도 인위적인 변형을 가하지 않습니다. 사진의 본질적인 의미에 가까운 사진이라고 할 수 있죠. 만 레이는 이런 스트레이트 사진과는 정반대로 사진으로 계속 무엇을 만들었습니다.

예를 들면 필름을 현상할 때 현상이 3분의 2쯤 진행된 시점에서 현상 통의 뚜껑을 열어서 빛을 살짝 주었다가 다시 뚜껑을 닫고 현상을 마저 하면 찍힌 것들의 가장자리에 선들이 생기고 어두운 부분이 밝게 되는 반전이 일어납니다. 이렇게 반전이 일어나는 것을 솔라리제이션solarization이라고 하는데 이것을 만 레이가 처음으로 시도했습니다. 또 인화지 위에 물건을 놓고 노광露光을 하면 그 물건의 윤곽이 찍히는 것을 만 레이가 최초로 시도해서 이 기법에 자신의 이름을 붙여 레이요그래피Rayography라고 명명했습니다. 그러니까 처음부터 만 레이는 사진의 사실성에는 관심이 없고 재현성에만 관심이 있었던 것입니다. 만 레이는 여러분이 미술사나 예술사를 공부하다 보면 반드시 만나게 될 이름 중의 하나이니 이번 기회에 그의 작품들을 한번 살펴보시는 것도 좋을 것 같습니다.

마지막으로 언급할 사진작가는 로버트 프랭크Robert Frank입니다. 로버트 프랭크는 스위스 출신의 미국 사진작가로 스트레이트 사진을 대표하는 작가입니다. 로버트 프랭크는 1956년부터 2년 동안 미국을 횡단하며 찍은 미국인들의 사진을 추려『미국인The Americans』이라는 사진집을 출간해 대단한 반향을 일으켰습니다. 사진이라는 것은 아름다워야 하고, 정교해야 하고, 이렇게 저렇게 짜임새가 있어야 한다는 등의 여러 가지 법칙이 있었는데 로버트 프랭크는 그런 것들을 다 없애버렸습니다. 주제만 있으면 된다는 거죠. 그런 식으로 길을 가다가 뭔가가 포착되면 아주 스트레이트하게 촬영했고 그래서 포커스가 안 맞는다거나 흔들린 경우도 많았습니다. 대개 포커스가 안 맞고 흔들리면 나쁜 사진이라고 치부되는데 로버트 프랭크는 '찍힌 대상이 중요하다. 내용이 중요하면 흔들렸다고 버릴 것도 아니고 포커스가 안 맞았다고 못 쓸 것도 아니다'라고 하면서 미국을 찍었습니다.

이 사진집은 국내에는 정식 출간되지 않았지만, 사진집 중에서는 이 세상에서 가장 많이 팔린 사진집입니다. 여러분도 기회가 된다면 꼭 한번 보시길 바랍니다. 어떻게 보면 대단히 거칠고 아무렇게나 막 찍은 사진 같지만 표현 방식이 문제가 아니라 찍힌 내용이 중요하다는 입장에서 그 이전까지의 정교한 사진, 특히 앙리 카르티에 브레송의 '결정적인 순간'의 미학에 대해서 반기를 든 것입니다. 로버트 프랭크는 그 이후의 많은 사진작가를 해방시켰습니다. 간혹 가다가 로버트 프랭크가 속된 말로 '개판을 쳤다'고 얘기하는 사람들도 있는데 그 개판을 좋은 쪽으로 이해하면 그로 인해 굉장히 많은 자유를 획득한 것입니다. 할 말이 있을 때는 자기답게 할 말을 해야 한다는 겁니다. 그렇게 해서 다큐멘터리 사진의 새로운 장이 열린 것입니다.

지금까지 회화로서의 사진과 사진으로서의 사진이 어떻게 다른가를 설명하기 위해서 몇몇 작가들의 작품을 예를 들어 말씀드렸습니다. 화가들이 한 사진과 사진가들이 한 사진은 근본 출발부터가 다릅니다. 사진술을 표현의 한 수단으로만 삼는 게 화가들이고 사진의 본질과 문법에 충실한 사진을 하는 게 사진가들입니다. 시간 관계상 더 많은 중요한 사진작가들을 소개하지는 못하지만, 사진은 발명된 이래로 오늘날까지 엄청난 발전과 변화를 겪었습니다. 제가 여러분께 말씀드리고 싶은 핵심은 사진에서 디지털이냐 아날로그냐, 또는 기술은 그다지 중요하지 않다는 겁니다. 대상이 무엇이냐, 무엇을 찍었느냐가 가장 중요하다고 생각합니다. 그러니까 여러분도 사진을 찍을 때 표현 방법에만 집착하지 말고 무엇을 찍을 것이냐를 고민하고, 사진을 볼 때는 이것이 '테이킹 포토그래피'인지 '메이킹 포토그래피'인지에 관심을 가지고 보셨으면 합니다. 그러면 어느 쪽 사진이 진짜 사진인지를 알 수 있습니다.

  요즈음 우리나라 사진계는 '만드는 사진'과 '찍는 사진'이 혼거하며 뒤죽박죽인 양상입니다. 사진가들도 사진이 아니라 '예술'을 하겠다는 것이지요. 사실적인 사진보다는 모호한 사진을 더 예술적이라고 생각하는 것은 사진의 본질과 형식을 모르기 때문에 그럴 겁니다. 그리고 의미를 알 수 없는 아리송한 작업이라고 해서 전부 예술성이 있는 것은 아니고 거기에 의도적인 모호함도 있다는 것을 인식하시면 좋겠습니다. 모호함이라는 것은 모든 예술에 깔려 있는 공통분모의 하나입니다. 예술에서 모호함이 사라지고 전부 수학처럼 되어버린다면 예술이라는 것은 존재할 수 없겠지요. 그러나 사진에서 사진은 사라지고 예술만 남는다면 그것은 아주 큰 비극입니다.

## 질문과 대답

풍경 사진을 잘 찍고 싶은데, 구체적인 요령이나 팁이 있는지 알고 싶습니다.

일단 첫 번째는 좋은 풍경을 발견해야 합니다. 좋은 풍경이 뭔지, 아름다움이 뭔지 모르면 풍경 사진을 잘 찍을 수 없죠. 또 어떤 풍경을 좋다고 느껴서 그 풍경을 지나가다 한 번 찍으면 절대 좋은 사진이 안 나옵니다. 계속 아침저녁으로 그 풍경을 관찰해서 아침에 찍는 게 좋은지 저녁에 찍는 게 좋은지, 맑은 날 찍는 게 좋은지 비 오는 날 찍는 게 좋은지를 가려서 알맞은 때를 찾아내야 합니다. 풍경은 변하지 않는 것 같지만 매 계절 매 시간마다 계속 바뀌기 때문에 풍경에 대해서 관심을 가지고 주의 깊게 계속 관찰해야만 풍경 사진을 잘 찍을 수 있습니다.

작가님이 찍은 사진들 대부분이 흑백사진인데 흑백사진을 선호하시는 특별한 이유가 있는지요?

아주 중요한 질문입니다. 사실 이 세상은 흑백이 아니죠. 전부 컬러인데 흑백으로 한다는 것은 굉장히 단순화하고 추상화하는 것입니다. 어떤 의미에서는 흑백사진은 추상 사진입니다. 원래 있던 색깔을 다 없애버리고 흑과 백으로만 나타내는 것이니까요. 흑백사진은 주제라든지 찍힌 내용의 정서를 두드러져 보이게 합니다. 컬러가 많으면 굉장히 어지러워서 산만해지는데 흑백으로 변조해버리면 사태는 단순해집니다. 주제에 접근하기가 좋아지는 거죠. 그리고 흑백이라고 하지만 흑과 백 두 가지만 있는 것이 아니라 100% 블랙도 있고, 99%, 50%, 40% 블랙에서 백색까지, 흑백 중에도 여러 단계가 있습니다. 좋은 흑백사진은 그런 계조, 즉 그라데이션이 골고루 있어서 톤이 풍부한 사진이라고 생각합니다.

기록성이 없는 사진은 소 없는 찐빵이라고 말씀하셨는데 작가마다 기록성을 생각하는 기준은 다를 수 있지 않을까 싶습니다. 선생님께서 생각하시는 기록성의 기준이나 범위가 있는지 궁금합니다.

기록성에 대해서 저만의 특별한 견해는 없습니다. 일반적으로 기록이라고 얘기하는 것은 제가 여기서 여러분을 찍었을 때 지금 이대로 나오는 것, 누가 누구라는 것을 알아보고 이름을 댈 수 있는 것, 그렇게 사실적으로 재현하는 것입니다. 우리나라에서는 대개 아마추어들이 사진을 찍을 때 뭔가를 변조하려고 하는 경우가 많습니다. 그러니까 호박을 하나 찍는다면 호박은 호박으로 찍혀야 하는 거거든요. 그런데 호박을 황금 덩어리로 나오게 찍었다면 그것은 어떤 기술을 동원해 찍었든 간에 변조된 것이고 기록성이 없는 것입니다. 자기화된 것이거든요. 제가 주장하는 기록성이라는 것은 있는 것이 있는 그대로 나와야 한다는 겁니다. 물론 철학적으로, 과학적으로 따지면 있는 것이 있는 그대로 나오기는 불가능합니다. 크기나 색깔 등 여러 가지가 사물과 사진이 100% 똑같을 수는 없습니다. 그러나 누구든지 수긍할 수 있는 범위 내에서 사진이 사물과 거의 유사한 상태로 나오는 것이 기록성이라고 저는 판단합니다.

선생님 책을 보면 찍는 것이 일인지 돌아다니는 것이 일인지 스스로 구별하기 어려울 만큼 우리나라 구석구석을 돌아다녔다고 하셨습니다. 아까 풍경사진을 잘 찍는 방법에 대해서도 말씀하신 것처럼 결국 사진을 잘 찍기 위해서는 보는 눈도 필요하지만 좋은 소재를 많이 찾아다니고 시간을 들여 관찰하는 등의 노력이 필요할 텐데요, 혹시 큰 노력을 하지 않았는데 의도치 않게 좋은 사진이 나왔던 경험이 있으신지 궁금합니다.

제 작품집 중에 『우연 또는 필연』이라는 책이 있습니다. 제가 낸 책들 중에서 가장 중요한 책이라고 할 수 있는데, '우연 또는 필연'이라는 주제를 찍은 것이 아니고 방법상의 문제로서 '우연 또는 필연'이라는 제목을 붙인 것입니다. 그러니까 우연히 찍은 사진도 굉장히 많고 필연적으로 찍은 사진도 굉장히 많습니다. 그런데 그 우연이라는 것이 아무한테나 다 오지는 않습니다. 우연을 필연으로 만드는 절실함을 가진 사람한테 우연이 오는 것이지 팔팔 놀면서 그저 하나 얻어걸리기만 바라는 사람한테는 우연도 오지 않습니다. 또 우연이라고 해서 아무거나 막 찍는 것이 아니라 제 마음에 들 때 찍는 것이기 때문에 제 마음에 든다는 조건 자체가 필연이라는 것을 전제로 하고 있습니다.

지금도 저는 촬영을 하러 다니는데요, 사실을 얘기하자면 지금 저로선 사진을 찍기가 굉장히 어렵습니다. 아까 얘기한 대로 전국 방방곡곡을 돌아다니면서 온갖 걸 다 찍어봤기 때문에 옛날에 했던 걸 다시 할 수도 없고, 새로운 것, 다른 것이 보여야 하는데 보이는 것도 없습니다. 그렇다고 해서 천지가 개벽돼서 바뀐 지금 세상은 제 눈에 별로 들어오지도 않고 다루고 싶은 생각도 없어요. 그럼에도 불구하고 찍으러 다니는데, 제 친구들이나 주변 사람들이 어디 다녀오느냐고 물으면 "나 뭐 주우러 다녀. 그런데 이번엔 아무것도 못 주워 왔어" 그렇게 얘기하거든요. 뭔가 우연히 눈에 띄는 걸 발견하면 주워 오는 거고 발견 못하면 못 줍는 거예요. 다큐멘터리를 하거나 사실적인 사진을 하는 사람한테는 우연이 굉장히 중요합니다.

〈월터의 상상은 현실이 된다〉라는 영화를 보면 한 사진작가가 아름다운 것을 보면 그저 그 순간 속에 머물고 싶어서 자기 자신을 위해서 그것을 찍지 않고 놔둔다는 말을 합니다. 작가님께서도 그런 경험이 있으신가요?

그 영화를 한번 봐야겠네요. 그런데 저는 그 영화에 나온 주인공만큼 그렇게 고상하지 않아서 좋은 것을 보면 재까닥 찍지 남겨놓지 않습니다. '옛날에 상당히 좋았는데 내가 잘 모르고 지나쳐 왔구나' 하는 곳이 있으면 다시 찍으러 가는데, '이것은 너무나 좋기 때문에 그냥 내 가슴에만 담아둘래' 하는 것은, 굉장히 아름답고 좋은 얘기지만, 저로서는 현실적으로 어려울 것 같습니다. 저는 틀림없이 찍고 올 겁니다. 저는 사진가니까요.

# 뫼비우스의 띠

우주 속의 인간,
인간 속의 우주

장회익

**장회익**

미국 루이지애나주립대학교에서 물리학 박사학위를 받았으며, 30여 년 간 서울대학교 물리학과 교수로 재직했다. 현재는 서울대학교 명예교수로 있다. 물리학 이외에도 과학 이론의 구조와 성격, 생명의 이해, 동서 학문의 비교 연구 등 다양한 영역에 관심을 두고 있다. 주요 저서로 『과학과 메타과학』, 『삶과 온생명』, 『공부도둑』, 『온생명과 환경, 공동체적 삶』, 『물질, 생명, 인간』, 『공부의 즐거움』, 『생명을 어떻게 이해할까』 등이 있다.

'우주 속의 인간'을 논하는 것은 자연과학적인 이해라고 볼 수 있고, '인간 속의 우주'를 논하는 것은 인문학적인 이해라고 볼 수 있습니다.

강의 제목이 알쏭달쏭하죠. '뫼비우스의 띠'라는 말의 의미는 아시겠지만 왜 이런 제목을 붙였는지 의아하실 거예요. 그리고 부제도 알쏭달쏭합니다. '우주 속의 인간'의 의미는 짐작이 되죠. 당연히 인간은 우주 속에 있어요. 이것은 물질적 측면의 문제입니다. 그렇다면 '인간 속의 우주'는 무엇일까요? 우리의 '앎'은 우리 안에, 의식 속에 있습니다. 인간이 주체가 되고 보면 우리 안에 우주가 있을 수밖에 없어요. 우리 안에 있지 않은 우주는 우리가 알 수 없죠.

'우주 속의 인간, 인간 속의 우주'에서 앞의 우주는 물질세계로서의 우주이고, 뒤의 우주는 우리의 의식 속에 있는 우주입니다.

하지만 이 두 우주는 사실은 같은 것이고, 연결되는 것입니다. 물질 쪽을 바깥이라고 보면 바깥으로 나온 것이 언젠가는 우리 안쪽으로 들어오고 우리 의식의 우주가 다시 처음의 우주와 연결되는 것입니다. 이 모습이 '뫼비우스의 띠'와 같다고 볼 수 있습니다. 따라서 뫼비우스의 띠 형태의 학문 구조가 이 두 가지를 연결해야 하는 것입니다. 다시 말해 '우주 속의 인간'을 논하는 것은 자연과학적인 이해라고 볼 수 있고, '인간 속의 우주'를 논하는 것은 인문학적인 이해라고 볼 수 있습니다. 이 두 가지가 별도로 존재하는 것이 아니라 하나로 연결되는 것입니다.

우리가 인문학적인 관심을 가진다는 것은 가장 기본적으로 주체적인 삶에 대해 고민하는 것입니다. 나로서 태어난 우리에게 주어진 가장 소중한 선물은 '내가 나의 주체로 살아갈 수 있다는 것'입니다. 이것을 의미 있게, 보람되게 만들기 위해서는 다음과 같은 질문을 던지지 않을 수 없습니다. '나는 어떤 세계에 있는 어떤 존재이고 어떤 자세로 어떻게 살아가야 하는가?' 이 질문에 대해서는 여러 가지 답이 있을 수 있고, 적어도 그중에서 스스로 선택을 해야만 합니다. 이것이 주체적인 삶을 사는 것입니다. 그리고 이 질문의 답을 찾는 것이 우리가 제대로 된 삶을 살아가기 위해서 가장 중요한 부분이라고 생각합니다.

그러면 어떻게 답을 얻어야 할까요? 우리가 신빙할 수 있는 최선의 앎을 통해서 답을 얻을 수밖에 없습니다. 앎이 성립하기 위해서는 두 가지 요소가 필요합니다. 하나는 밖에서부터 우리에게 들어오는 정보입니다. 그런데 이 정보만으로는 앎이 될 수 없습니다. 정보를 연결해서 전체의 그림을 그려낼 수 있는 보편 원리가 필요합니다. 따라서 기본적인 원리와 정보가 제대로 결합해서 전체의 그림을 제대로 그려낼 때 이것이 앎이 되는 것입니다.

정보에 대해서 잠깐 생각해볼까요. 우리 눈을 통해 들어오는 것이 정보인데, 우리는 과거와 미래는 직접 볼 수 없고 현재의 상태를 볼 수밖에 없다고 생각합니다. 현재의 정보를 통해 과거를 연결하고 미래를 예측하는 것이죠. 그런데 놀랍게도 그리고 너무나 당연하게도 우리는 현재를 직접 볼 수 없습니다. 과거만 볼 수 있어요. 여러분이 지금 보고 있는 제 얼굴은 현재의 제 얼굴이 아닙니다. 아마도 아주 짧은 몇 나노초 전의 제 얼굴을 보신 거죠. 실제로 우리 주변의 많은 것은 상당히 먼 거리에 있습니다. 우리는 그런 것들의 과거를 볼 수밖에 없습니다. 예를 들어서 달은 2초 전의 달이고, 태양은 8분 전의 태양입니다. 이것은 대단히 가까운 것이죠. 우리가 확인할 수 있는 천체 중에는 몇억 년 전의 것들도 있습니다. 현재 확인 가능한 천체 중 가장 오래된 것이 132억 년 전의 것입니다. 우주가 생긴 지 대략 138억 년이니, 우주가 생기고 불과 5-6억 년 후의 것을 현재 우리가 볼 수 있다는 것입니다. 우리는 가만히 앉아서 거의 우주의 처음부터 지금까지의 단면을 보는 행운을 누리고 있는 것이죠.

그러나 이것만으로 우리가 우주를 알고 있다고 할 수 없습니다. 정보를 합리적인 방식으로 연결해야 알게 되는 것입니다. 우주의 보편 원리, 동양에서는 '역易'이라고 하는 것을 통해서 정보를 '의미 있는 앎'으로 만들어야 합니다. 이 보편 원리는 크게 두 가지로 구분할 수 있습니다. 하나는 '존재의 원리'이고 다른 하나는 '변화의 원리'입니다. 존재의 원리는 '우주 안에서 어떤 형상들이 가능한가'를 말하는 것입니다. 동양 성리학에서는 이것을 '이理'라고 불렀어요. 변화의 원리는 '우주 안의 형상들이 어떻게 구현되는가'를 말하는 것입니다. 어떤 것이 가능하다고 다 있는 것은 아니에요. 어떻게 해서 그것이 진행되고 구현될 수 있는가를 아는 것이 중요합니다. 이것을 현대 과학에서는 열역학에 속한다고 보고, 동양에서는 '기氣'라고 보았습니다.

자유에너지의 원리는 우주 내 모든 형상의 기본 원리입니다.

존재의 원리는 현대 물리학에서는 동역학, 고전역학, 양자역학, 양자장이론 등 상당히 어렵고 체계적인 학문에서 다루고 있습니다. 여기서는 두 가지 기초적인 개념부터 얘기해보겠습니다. '에너지'와 '정교성'의 개념입니다. 하나의 형상, 예를 들어 물이 든 물병이 있다고 치죠. 물병 안에 1kg의 물이 들어 있을 때 이 속에 얼마나 많은 '에너지(E)'가 들어 있는지를 말할 수가 있어요. 엄격히 얘기하면 계산도 할 수 있죠. 또 이것이 얼마나 정교한지도 과학적으로 말할 수 있습니다. 이 정교한 정도를 말할 때 물리학에서는 '엔트로피(S)'라는 개념을 쓰는데, 이 개념은 정교하지 못한 정도, 무질서한 정도를 나타내는 부정적 개념입니다. 그래서 엔트로피에 마이너스를 붙이면 (-S) '정교성(D)' 개념이 됩니다. 정교성은 쉽게 말하면 원자 단위로 된 물을 모두 분해해서 우연히 집어던졌을 때, 이것이 다시 '척!' 하고 물로 만들어질 확률을 나타내는 것입니다. 이 확률이 클수록 정교하지 못한 것이고, 확률이 작을수록 정교한 것입니다.

$H_2O$ 분자 1kg이 있다고 했을 때, 이것은 액체인 물일 수도 있고 고체인 얼음일 수도 있습니다. 이 두 가지의 에너지와 정교성이 다릅니다. 둘 중 어느 것의 에너지가 더 클까요? 물의 에너지가 더 큽니다. 왜냐하면 얼음을 물로 만들기 위해서는 열을 가해야 하기 때문입니다. 얼음 1kg당 80kcal의 열/에너지를 가해야 물이 됩니다. 물과 얼음의 에너지 차이는 80kcal라고 할 수 있습니다. 그러면 물과 얼음 중 어느 쪽이 더 정교할까요? 얼음이 더 정교합니다. 얼음이 되기 위해서는 분자 하나하나가 일정한 위치에 자리를 잡아야 하기 때문입니다. 물은 덜 정교하죠.

이 이야기를 강조하는 이유는 이것이 '자유에너지'라는 중요한 개념과 연결되기 때문입니다. 먼저 자유에너지의 값을 구하는 방법을 이야기해볼게요. 공식이 다음과 같습니다. "자유에너지(F) = 에너지(E) + 온도(T) × 정교성(D)." 예를 들어 물이 가지고 있는 에너지(E)가 있고, 물이 가지고 있는 정교성(D)이 있습니다. 이 정교성(D)에는 절대온도(T)의 값을 곱합니다. 현재 이 강의실이 20℃라고 했을 때, 이 섭씨온도가 아니라 절대온도 293K를 곱하는 것입니다. 그러면 에너지의 단위가 됩니다. 이 두 항, 말하자면 '에너지'와 '절대온도와 정교성을 곱한 것'의 합을 자유에너지라고 정의해요. 생소한 개념일 수 있는데, 여러분이 꼭 알아두실 필요가 있습니다.

　이 자유에너지에 대해서 좀 더 얘기해보겠습니다. 자연의 변화의 기본 원리를 열역학제2법칙이라고 합니다. 어떠한 에너지와 물질도 들락날락할 수 없는 고립계의 변화는 반드시 이것의 정교성이 줄어드는 방향으로만 일어난다는 것입니다. 또는 '변화는 엔트로피가 커지는 방향으로만 일어난다'고 흔히 이야기하죠. 예를 들어 여러분이 물건을 만들었는데, 그 물건이 제멋대로 흔들린다면 이것이 무너질 수는 있지만 저절로 더 정교해지기는 어렵죠. 이것이 보편 원리입니다. 단 이 원리는 고립계에 있는 전체 대상계에 대한 이야기이고, 각 부분에 대한 이야기는 아닙니다.

　실제로는 배경이 있어요. 이 방만 해도, 진공 속에 있지 않고 공기 중에 있습니다. 공기 중에 있는 대상 물질을 물이라고 가정해봅시다. 공기는 온도를 가지고 있어요. 온도를 가지고 있는 대상계 안에 물이 있다는 것입니다. 그때 배경계까지 합친 전체의 변화는 전체의 정교성이 감소하는 쪽으로, 즉 전체의 엔트로피가 증가하는 쪽으로만 이루어지지만, 나머지를 제외한 물만의 변화는 그렇지 않습니다. 에너지가 배경으로 들어가기도 하고 나오기도 하면서 변화가 일어납니다. 말하자면 물은 자유에너지가 낮아지는 쪽으로 변합니다. 사실은 이것이 대단히 중요한 일인데, 학교에서도 이것에 대해서 배울 기회가 별로 없습니다.

　한 형상은 자유에너지가 더 낮은 다른 형상으로 항상 변하려 합니다. 너무 추상적인 것 같아서 예를 들어보겠습니다. 물 1kg의 자유에너지 곡선을 그려보죠. 〈그림 1〉과 〈그림 2〉는 온도가

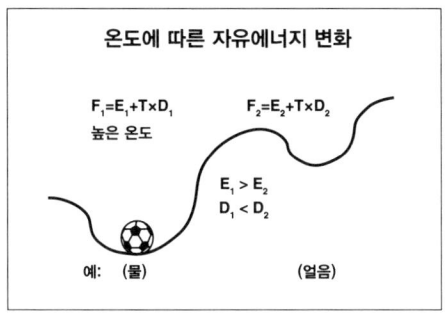

〈그림 1〉

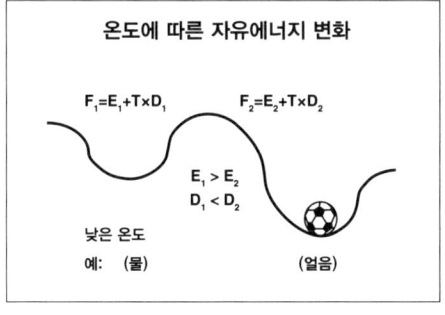

〈그림 2〉

T일 때의 그래프입니다. T가 달라지면 곡선이 달라집니다. 상온일 경우에 물과 얼음의 자유에너지를 계산해서 그려보면 〈그림 1〉과 같은 모양이 됩니다. 물 쪽이 더 낮죠. 현 상황에서 이 물의 자유에너지가 가장 낮기 때문에 물의 상태에 있는 것입니다.

그런데 온도가 내려가면 곡선의 모양이 달라져요. 온도가 영하로 내려가서 0℃ 이하가 된다면, 절대온도는 273K 이하로 내려간다는 것이죠. 예를 들어서 영하 10℃일 때 물질은 얼음이 되고자 합니다(〈그림 2〉). 여러분이 다 아는 현상이죠. 0℃ 이상에서는 물이고, 0℃ 이하에서는 얼음입니다. 그런데 왜 이런 변화가 나타나는지는 모르셨을 거예요. 이제는 대답하실 수 있습니다. 물과 얼음의 자유에너지는 0℃일 때는 같지만 0℃ 이상에서는 물의 자유에너지가 더 낮아지고, 0℃ 이하에서는 얼음의 자유에너지가 더 낮아집니다. 그래서 상태 변화가 나타나는 것입니다.

자유에너지의 원리는 우주 내 모든 형상의 기본 원리입니다. 다시 말해 이 원리를 통해서 우주 내의 어떤 형상이 있을 수 있는지 어떤 변화가 일어나는지 설명할 수 있다는 것입니다. 이제 기본 원리를 이해하셨으니 더 중요한 내용으로 들어가보도록 하겠습니다.

우주 최초의 우주 전체의 자유에너지를 2차원으로 그리면 〈그림 3〉과 같습니다. 이때는 자유에너지가 최소가 되는 상황에 우주가 있습니다. 그림에서 공 같은 모양이 우주입니다. 이때는 모든 부분이 대칭입니다. 따라서 이 안에서는 어딜 가든 구분이 없습니다. 아무런 형상도 나타날 수 없어요. 그래서 완전한 혼돈이라고 볼 수 있습니다. 이때는 우주 공간 전체가 한 점에 모여있기 때문에 굉장히 뜨거워요. 이때의 온도는 거의 무한대라고 할 수 있습니다. 최초로 우주가 생겨난 138억 년 전의 상황인 것이죠.

그런데 우주가 팽창해서 온도가 내려가면, 자유에너지 곡선이 달라집니다(〈그림 4〉). 온도가 더 식으면 〈그림 5〉와 같은 모양이 되고, 또 더 식으면 〈그림 6〉과 같은 모양이 됩니다. 무한대로

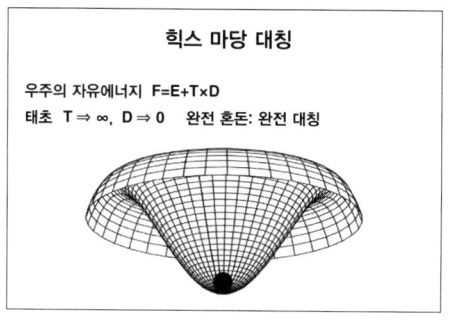

〈그림 3〉

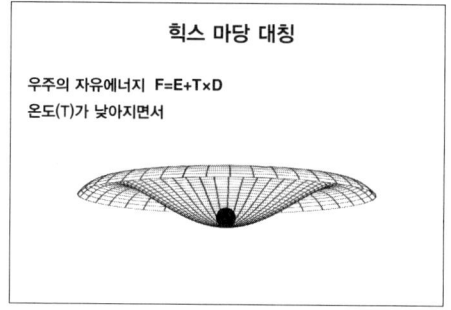

〈그림 4〉

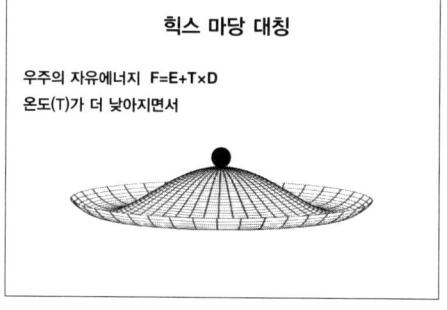

〈그림 5〉

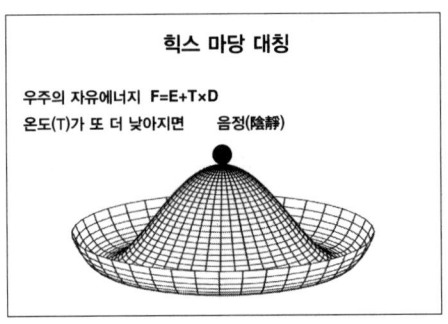

〈그림 6〉

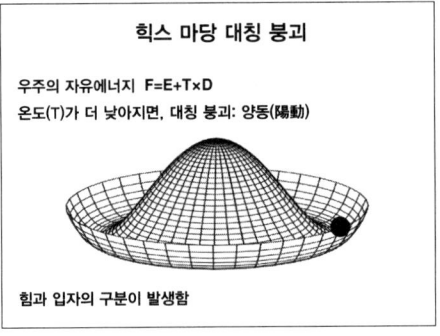

〈그림 7〉

올라가지는 못하고, 이렇게 불안정해지면 약간의 영향만 주어도 굴러떨어지게 되어 있습니다. 마찬가지로 자유에너지가 낮은 곳으로 가고자 하는 것이죠. 그래서 다음 순간에 어느 한쪽으로 가요(〈그림 7〉). 이제는 대칭이 깨지는 것입니다. 대칭이 깨졌기 때문에 힘과 입자의 구분이 발생하고 눈에 보이는 형상이 발생합니다.

종합을 해보면 빅뱅의 순간, 최초의 순간에는 완전히 혼돈이었고 잠재 질서만 존재하였으나, 대칭이 붕괴되면서 질서가 출현합니다. 온도가 내려감에 따라 대칭이 깨지면서 힘과 입자의 구분이 발생하게 되는 것입니다.

변화를 일으키기 위해서는 충분히 높은 자유에너지를 가지고 있어야 합니다.

조금 더 구체적으로 보면 여러분이 알고 있는 '양성자'와 '중성자'는 온도가 더 내려가면 각기 따로 놀지 않고 '원자핵'을 형성합니다. 자유에너지가 더 낮은 방향으로 가기 때문입니다. 그리고 '원자핵'과 '전자'가 따로따로 놀고 있다가 온도가 더 내려가면 이것들이 결합해서 '중성원자'를 이룹니다. 다시 말해서 높은 온도에서는 따로따로 있는 것이 자유에너지가 가장 낮은 것인데 온도가 더 내려가면 원자를 이루는 것이 자유에너지가 더 낮은 거죠. 그래서 원자를 만들고 원자가 다시 '소형 분자'가 되는 것입니다. 이렇게 온도가 낮아질수록 분자가 되고, 더 낮아지면 이것이 '대형 분자'가 됩니다.

그뿐만 아니라 이것에 중력이 작용하게 되면, 어느 한곳에 모여서 천체를 구성하게 되죠. 은하, 별 이런 것이 구성되고 성간물질도 구성됩니다. 각 상황에서 가장 자유에너지가 낮은 곳을 따라가다 보면 이렇게 될 수밖에 없습니다. 이것이 바로 현대 과학의 사물 이해 방식입니다. 어떻게 된다는 사실을 말하는 것에 머물지 않고 왜 그렇게 되어야 하는지를 밝히려 하는 것입니다.

여기서 별이 발생한다는 것이 우리에게 매우 중요한 의미가 있습니다. 별이 발생하기 전까지는 우주의 모든 물질이 거의 균일하게 죽 퍼져 있었고, 물질이 있더라도 여기저기 드문드문 존재했습니다. 이것들이 중력 때문에 한곳에 모이면서 별이 형성되고, 이 별 안에서 우리가 알고 있는 무거운 원소들이 만들어집니다. 별이 만들어지기 전까지는 우주 내의 모든 물질의 원자가 수소 원자와 약간의 헬륨 원자였을 뿐 다른 것은 없었으나 별이 만들어짐으로써 별 안에서 핵융합반응이 일어나고 우리가 알고 있는 산소, 질소, 탄소 등 수소보다 무거운 원소들이 만들어지는 것입니다.

우리 몸은 무거운 원소들로 이루어져 있죠. 별 안에서 이런 것들이 쉽게 만들어지는 이유는 이것들이 형성되면서 에너지를 내뿜어서 별도의 에너지를 공급할 필요가 없기 때문입니다. 그런데 이런 과정이 한없이 지속되는 것은 아닙니다. 이렇게 점점 무거운 원소들이 만들어지다가 예를 들어서 철이나 아연 정도까지 가면 그것의 형성 과정에서 에너지가 나오는 것이 아니라, 밖에서 더 에너지를 주어야 더 무거운 것이 만들어져요. 그래서 더 이상은 에너지가 나오지 않기 때문에 과정이 중단되어 별 전체가 불안정해지면서 폭발하게 되고, 이때 순간적으로 격렬한 요동이 일어나고 만들어진 무거운 원소들이 우주 공간으로 퍼져나갑니다. 이때 얼떨결에 원자핵들이 서로 부딪치면서 별에서 정상적으로 만들어진 것들보다 더 무거운 원소들, 즉 방사능을 가진 원소들이 만들어지게 됩니다. 우라늄, 라듐 등 아주 무거운 원소들이 그 사례인데, 이것들은 별 안에서 정상적으로 만들어질 수 없고 별이 깨지는 도중에 우연히 엉겨 붙은 것들입니다. 그래서 불안정해요. 이런 과정이 핵분열반응입니다. 말하자면 별이 소멸할 때 초신성이 폭발하고, 이때 더 무거운 원소들이 만들어진다는 것입니다. 이것 자체가 전부 자유에너지를 낮추는 과정에서 일어납니다.

별의 출현이 중요한 이유는 사람 몸을 구성하고 있는 또는 지구를 구성하고 있는 거의 대부분의 물질이 이런 큰 별에서 만들어졌기 때문입니다. 그 찌꺼기가 다시 모여서 태양 주변을 돌고 있는 것이 우리 지구입니다. 태양이 어떻게 만들어졌는지는 몰라도 지구는 적어도 태양보다는 훨씬 나이가 많습니다. 더 오래전에 있었던 더 큰 별 안에 형성된 뜨거운 도가니 속에서 구워져 나온 물질들이지요.

앞으로 생명을 이해하기 위해서 가장 중요하게 기억해야 할 것은 별과 주변 사이에 뜨겁고 찬 데가 생긴다는 점입니다. 그전까지는 우주 전체의 온도가 일정하게 내려가고 있었어요. 그래서 그것에 맞는 자유에너지 상황으로 변했는데, 별이 생긴 후에 별에서 굉장히 많은 에너지가 매우 좁은 곳에서 튀어나오기 때문에 주변보다 훨씬 뜨거운 곳이 생깁니다. 우주 전체의 배경 물질에 비하면 우리 지구도 태양에너지를 받아 꽤 높은 온도를 유지하고 있지만 태양 온도와는 비교도 안 되죠. 그래서 태양과 지구 사이에 엄청난 온도 차이가 있게 되는데, 이 온도 차이가 생명을 발생시키고 유지시키는 데 결정적으로 중요한 역할을 합니다.

아까 얘기했지만 모든 변화는 자유에너지가 줄어드는 쪽으로 일어납니다. 다시 말하면 변화를 일으키기 위해서는 충분히 높은 자유에너지를 가지고 있어야 한다는 것입니다. 내가 팔을 들고 싶으면 반드시 자유에너지를 써야만 해요. 자유에너지를 줄이면서 팔을 드는 것입니다. 모든 움직임과 변화는 자유에너지가 감소하면서 일어납니다.

어려운 과학 개념이라고 느껴지면, 이렇게 한번 생각해보세요. 자본주의사회에서 우리는 돈이 없으면 아무것도 할 수 없어요. 심지어는 음식도 살 수 없죠. 돈이 없는 사람은 죽은 사람이나 마찬가지예요. 자본주의사회에서 돈에 해당하는 것이 물질세계에서 자유에너지인 것입니다. 자유에너지가 있으면 자유에너지를 적절한 방향으로 사용함으로써 어떤 변화를 만들어낼 수 있어요. 삶의 활동이라는 것도 변화가 있어야 가능합니다. 그러면 자유에너지가 어디서부터 올까요? 이미 전체 자유에너지는 우주가 식어가면서 항상 최저로 내려가고 있습니다. 그러면 우리가 사용하는 자유에너지는 어떻게 공급될까요? 이것에 대해 말해주는 것이 바로 다음과 같은 공식입니다. "$\Delta F \leq \Delta E (1 - \frac{T_2}{T_1})$." 뜨거운 천체(온도 $T_1$)가 있고 상대적으로 온도가 낮은 지구(온도 $T_2$)가 있으면, 뜨거운 데서 찬 데로 빛 형태의 에너지가 전달됩니다. 이 에너지가 자유에너지는 아니에요. 이것을 활용해서 일정 비율의 자유에너지를 얻을 수가 있습니다. 저절로 얻을 수 있는 것은 아니고 교묘한 방법을 사용해야 하는데 원칙적으로, 이론적으로 이것을 얻을 수 있는 상한선, 이 이상은 안 된다고 하는 비율의 상한선이 "$1 - \frac{T_2}{T_1}$"입니다. 만일 온도의 차이가 없으면($T_2 = T_1$) "$1 - 1$"이 되어서 결과는 0이죠. 온도 차이가 있으면 1에서 $\frac{T_2}{T_1}$를 뺀 것만큼의 비율로 자유에너지가 얻어질 수도 있다는 이야기입니다. 이미 말했듯이 이것은 상한선이고 실제로는 그보다 더 낮은 비율로 자유에너지가 얻어질 수 있습니다. 그런데 태양과 지구 사이에는 상당한 온도 차이가 있기에 이를 활용해 녹색식물들이 아주 좋은 효율로 자유에너지를 얻어내고 있습니다.

토끼 같은 대단히 정교한 생명체는 어떻게 가능한 것일까요? 이것을 이해할 수 없으면 생명을 이해할 수 없습니다.

이제부터는 '국소 질서'에 대해 말씀드릴 텐데요. 만물은 여러 형태를 지니지요. 그 가운데 비교적 좁은 영역에 정교성이 상대적으로 큰 물체가 형성되어 있으면 이를 국소 질서라 할 수 있습니다. 그리고 그 주변에 여러 물질이 흩어져 움직이고 있으면 이를 바탕 질서라 할 수 있지요. 예를 들어 호수의 많은 물 위에 우연히 물방울이 생기거나 얼음덩이가 떠다니면 이 물방울이나 얼음덩이는 국소 질서이고 호수 물은 바탕 질서라 할 수 있습니다. 자유에너지가 공급되는 가운데 물질들 사이에 요동이 일어나면 우연히 국소 질서가 형성될 수 있습니다. 해변 모래밭에 우연히 모래가 쌓여 모래성을 이루는 것이 한 예라고 할 수 있겠지요.

하지만 모래성에 모래가 계속 쌓일 수 없는 것처럼 이것은 한계가 있습니다. 언젠가는 이것이 깨져서 조각나고 흩어지기 마련입니다. 돌멩이나 모래조각 같은 우리 땅 위의 여러 가지 형상들이 모두 이러한 과정을 거쳐 우연하게 만들어진 것인데, 이렇게 형성된 국소 질서들을 일차 질서라고 부릅니다.

우주 내 어떤 천체를 가든지 이렇게 울퉁불퉁한 것들이 존재합니다. 사실 이러한 방식으로 만들어진 일차 질서는 이상한 것이 아닙니다. 물리학자들은 이를 이해하고 설명하기 위해 많은 노력을 하지만 우리에게는 이것이 별로 큰 관심사가 아닙니다. 사실 우리에게 더 큰 관심사는 '이것들과는 비교도 할 수 없이 극도로 정교한 것들이 있는데, 이렇게 정교한 것들이 우리 땅에 어떻게 존재하게 되었는가?'입니다. 예를 들어 토끼는 정교성의 면에서 돌조각과 비교가 안 됩니다. 토끼 같은 대단히 정교한 생명체는 어떻게 가능한 것일까요? 이것을 이해할 수 없으면 생명을 이해할 수 없습니다.

이처럼 극히 정교한 또 한 부류의 국소 질서들을 이차 질서라고 부르는데, 이것들은 특별한 경우에만 생깁니다. 여기서 핵심 개념이 '자체촉매적 국소 질서'입니다. 국소 질서는 유한한 공간 안에 있는 질서, 정교성을 가진 사물의 덩어리입니다. 촉매는 어떤 변화의 과정이 더 빨리 진행될 수 있도록 하는 것입니다. 그러면 자체촉매라는 것은 그것 자체가 들어감으로써 그것 자체와 유사한 것들을 효과적으로 만드는 데 기여하는 것입니다. 다시

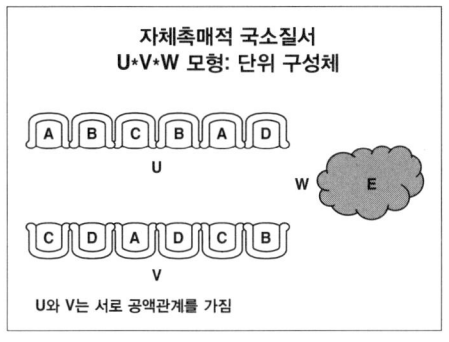

〈그림 8〉

말해서 자체촉매적 국소 질서는 자신과 대등한 국소 질서를 형성하는 데 결정적으로 기여하는 국소 질서입니다. 만약에 이것이 있으면 상황은 아주 달라집니다. 다시 말해 아주 정교한 것들이 생겨날 수 있다는 것입니다.

어떤 경우에 자체촉매적 국소 질서가 생겨날 수 있을까요? 하나의 모형을 살펴볼게요. 일차 질서 안에서 만들어질 수 있는 여러 가지 물질이 있습니다. 예를 들어 A, B, C, D, E가 있다고 합시다. 특정한 형태의 분자들이라고 생각해도 좋아요. A와 B, C와 D는 서로 만나면 떨어지지 않으려고 하는 친근성을 가지고 있다고 합시다.

우연히 이런 것들이 우주 내에서 제멋대로 요동치다가 〈그림 8〉의 U, V, W와 같은 시스템이 이루어졌다고 생각해봐요. 예를 들어 U를 구성하는 요소들은 일정한 순서에 따라서 기능이 결정되기 때문에, 이 순서는 바뀌면 안 됩니다. 그리고 그 아래에는 이것과 공액 관계인, 다시 말해 이것과 친근한 것들이 짝을 맞추어 있습니다. U와 V가 있고 나머지 W는 이 전체를 돕는 물질입니다. 이 세 가지가 어떤 특별한 단위가 되면 이것은 대단히 특별한 성질을 지니게 됩니다. 이것은 이것 자체를 존속시킬 뿐만 아니라 여러 가지 기능을 하며, 우연히 쉽게 만들어지지 않습니다. 이것 자체가 상당한 정교성을 가지고 있습니다.

 예를 들어서 이것이 지구상에서 우연히 만들어지려면 100만 년이 걸린다고 합시다. 100만 년을 요동치다가 우연히 이러한 물질이 하나 생기는 것은 가능합니다. 그런데 이러한 것이 하나 생기면 〈그림 9〉와 같이 지나가던 물질 요소들이 이 안에 자기와 친근성이 있는 것들을 만나 그것과 달라붙는 일이 생깁니다. 이렇게 되면 〈그림 10〉과 같은 다음 단계를 예상할 수 있죠. 처음 하나가 만들어지는 데 100만 년이 걸렸으나, 이와 똑같이 생긴 다른 것은 금방 생길 수 있습니다. 이게 자체촉매적 기능입니다.

 최초의 이런 것이 하나 생기면 2개, 4개, 8개가 되는 식으로 이러한 것들이 계속 늘어나죠. 이론상으로는 무한대로 많아지겠지만, 실제로는 이것을 구성하는 물질과 공간의 한계가 있기 때문에 유한한 개수가 생기면 더 이상은 만들어질 수 없습니다. 또 이것 하나하나는 정교성이 높기 때문에 불안정해서 쉽게 깨집니다. 그런데 이것 자체의 수명은 얼마 안 되지만, 이것이 계속 만들어지면 일정 개수가 계속 유지될 수 있죠. 그리고 이러한 군집은 한계를 정할 수 없을 만큼 오랫동안 지속될 수 있습니다. 처음 하나의 질서는 만들어지기 어렵지만, 그것이 자체촉매적 국

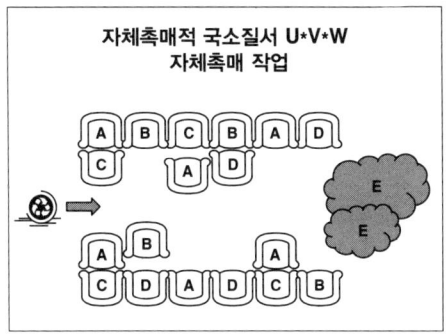

〈그림 9〉

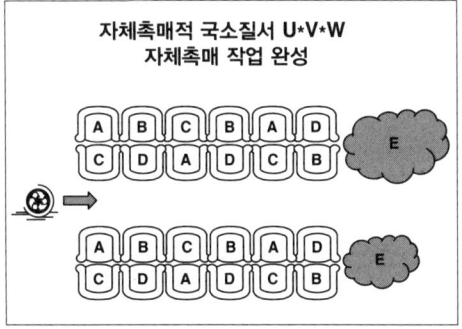

〈그림 10〉

소 질서이기만 하면 그 이후에는 오랜 시간이 걸리지 않고도 그와 비슷한 것이 엄청나게 많이 생길 수 있을 뿐만 아니라 지속이 되는 것입니다.

우리 앞의 존재가 있음으로써 우리가 생기지, 흙 속에서 내가 만들어지려면 우주의 나이를 수억 번 돌아도 불가능합니다.

그런데 여기서 그치는 것이 아니고 그다음 과정이 더 재밌습니다. 우리가 여기서 이야기한 국소 질서보다 또 한 단계 높은 질서로 가는 것입니다. 한 가지 가정을 해보겠습니다. 우연히 어떤 국소 질서 하나가 만들어지는 데 100만 년이 걸린다고 하고, 이것이 계속 존재할 때 다시 이것이 더 높은 단계로 점프하는 데 또 100만 년이 걸린다고 합시다. 더 높은 단계의 것은 더 높은 정교성을 가지게 되죠. 우리는 여기서 중요한 물음을 던질 수 있습니다. 이 국소 질서가 자체촉매적 국소 질서가 아닐 경우와 이것이 자체촉매적 국소 질서일 경우 상황이 어떻게 다르게 전개될까요? 자체촉매적 국소 질서가 아닐 경우 이것은 100만 년에 하나 생기고, 3-4일 뒤면 깨집니다. 100만 년을 버텨야 하나가 되는데 3-4일이면 사라지는 거죠. 또 100만 년을 기다려서 3-4일 동안 하나가 버티는 식으로 3-4일이 모이고 모여서 100만 년이 될 때 한 단계 더 높은 질서가 생길 수 있습니다. 그러니까 한 단계 더 높은 질서가 생기기 위해서는 엄청나게 긴 세월이 필요한 겁니다. 그런데 이것이 자체촉매적 국소 질서라면 하나가 처음 생기고 나서 불과 1-2달 안에 이것이 10만 개 생겨날 수 있습니다. 10만 개 중 어느 하나를 거쳐서도 한 단계 높은 질서가 발생할 수 있습니다. 거쳐 갈 질서가 오직 하나만일 때, 다음 단계의 질서가 발생할 때까지 걸리는 시간이 100만 년이었는데, 이번에는 거쳐 갈 수 있는 질서가 10만 개나 되니, 이중 어느 하나를 거쳐 다음 단계의 질서가 발생할 확률, 곧 발생할 때까지 걸리는 시간이 얼마나 되겠습니까? 10년입니다.

공식에 따라 계산을 해보면 자체촉매적 국소 질서가 없을 경우에는 그다음 단계의 하나 더 높은 질서가 형성되는 데 100조 년이 걸립니다. 우주가 생겨난 지 138억 년이니 우주의 나이를 1,000번을 돌아야 높은 질서 하나가 생길 수 있는 것이죠. 그렇게 생겨나기 어려운데 자체촉매적 국소 질서가 있을 경우에는 이것이 10만 개가 되는 데 2개월 걸리고, 10년에 한 번씩 더 높은 질서로 갈 수 있다는 거죠.

우리는 지금 토끼처럼 정교한 것이 어떻게 유한한 시간 내에 지구상에 생겨날 수 있었나를 살펴보고 있는 것입니다. 이것은 자체촉매적 국소 질서를 생각하지 않으면 이해가 안 됩니다. 왜냐하면 토끼는커녕 아주 간단한 것들보다 아주 약간 더 정교한 것이 하나 생기기 위해서는 우주의 나이를 1,000번은 돌아야 하는데, 만약 자체촉매적 국소 질서가 생긴다면 매 10년마다 한 번씩 정교성의 점프가 일어나기 때문입니다.

예를 들어서 우리 지구상의 최초의 자체촉매적 국소 질서가 생겨난 것이 지금으로부터 40억 년 전이라고 가정하겠습니다. 생명의 시작이 대략 40억 년 전이라고 추정되죠. 40억 년 동안, 매 10년마다 아주 놀라운 정교성의 점프가 일어난다면 이 점프가 몇 번이나 일어났을까요? 4억 번이 일어난 것입니다. 그 4억 번의 점프가 일어나는 동안 정교성의 증가가 나타나 그 결과로 토끼 한 마리가 나온다는 거죠. 토끼뿐만 아니라 여러분 같은 존재들이 나올 수 있는 것입니다. 우리도 사실은 자체촉매적 국소 질서입니다. 우리 앞의 존재가 있음으로써 우리가 생기지, 흙 속에서 내가 만들어지려면 우주의 나이를 수억 번 돌아도 불가능합니다. 우리는 지금까지 토끼가 출현한 과정을 이해했다고 할 수 있습니다.

생명은 온생명 구조를 가지고 있기 때문에 부분 부분만으로는 절대로 생명을 이해할 수 없습니다.

그리고 시간이 한참 지나면 바탕 질서도 변합니다. 처음 생긴 자체촉매적 국소 질서를 $(species)_1$, 한 단계 높은 것을 $(species)_2$, 그다음 단계를 $(species)_3$라고 하면, 매 10년마다 〈그림 11〉과 같이 질서가 바뀐다고 할 수 있습니다.

그런데 이런 과정을 거쳐서 아래쯤 오면 위의 것들은 없어져요. 왜냐하면 아래의 것들이 생기면 바탕 질서에도 변화가 오기 때문입니다. $\Omega_I$이라는 바탕 질서가 $\Omega_{II}$로 바뀝니다. 불연속적으로 바뀌는 것은 아니고, 연속적으로 바뀌지만 이 두 가지 바탕 질서 사이에는 현격한 차이가 있습니다.

예를 들면 우리 지구상의 대기의 약 20퍼센트가 산소인데, 최초의 국소 질서가 만들어졌을 때 산소는 없었습니다. 있을 수가

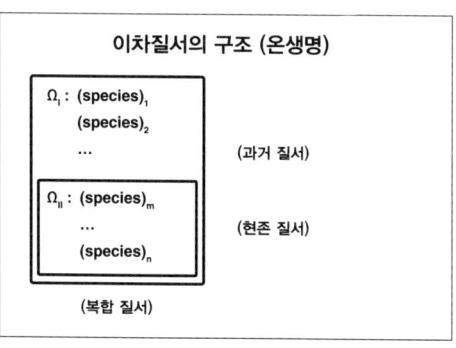

〈그림 11〉

없어요. 왜냐하면 산소는 다른 물질을 만나면 산화작용을 일으키기 때문입니다. 산소가 철을 만나면 철에 녹이 슬죠. 지금 우리는 산소가 있어야 살지만, 초기의 것들한테 산소는 가장 유해한 독입니다. 산소를 만나면 산화가 되고 아무런 기능을 할 수 없어요. 그런데 아래로 오면 산소가 등장하기 시작합니다. 이때쯤 되면 반대로 산소가 있어야 기능할 수 있는 존재들이 생기게 됩니다. 그러니까 각각의 국소 질서들은 따로따로 존속하는 것이 아니라, 그 밑의 바탕 질서와 밀접한 관련을 가지고 존속하는 것입니다. 그래서 그 전체를 하나의 복합 질서라고 부를 수 있습니다. 이것이 이차 질서의 존재 양식인데, 저는 이것을 '온생명'이라고 부릅니다. 다시 말하면 우리의 생명이 존속하는 모양이 바로 이러한 형태인 것입니다.

온생명은 우리가 지금까지 알고 있던 생명과는 다릅니다. 지금까지는 우리가 복합 질서를 생명이라고 보지 않고 하나하나의 자체촉매적 국소 질서, 예를 들어 토끼 한 마리, 사람 한 명에게 생명이 있다고 보았습니다. 그러나 생명은 그렇게 존재하는 것이 아니라 복합 질서 전체가 기능할 때 존재하는 것입니다. 하나하나의 개체를 생명이라고 하면 생명이 무엇인지를 이해할 수 없습니다. 사실은 저도 예전에는 아메바, 박테리아, 바이러스 같은 단세포 생물의 특성을 이해하면 생명 자체를 이해할 수 있다고 생각했습니다. 그런데 이런 식으로 아무리 들여다보아도 생명이 이해되지 않았습니다. 브리태니커백과사전에 생명의 정의가 여섯 가지 나오는데, 그것들이 하나도 만족스럽지 않았습니다. 생명은 온생명 구조를 가지고 있기 때문에 부분 부분만으로는 절대로 생명을 이해할 수 없습니다. 우리는 지금까지 '낱생명'을 하나의 생명이라고 보았는데 생각의 전환이 필요한 것입니다.

우리 생태계를 보면 태양에서 자유에너지가 오고, 광합성을 하는 녹색 생명체들이 이것을 받아서 물과 이산화탄소를 자유에너지를 지닌 유기물질과 산소로 전환시킵니다. 이 시스템이 형성되어 있어야 생명 활동이 가능하죠. 이것을 깨면 아무런 생명 활동을 할 수가 없습니다. 제가 팔을 움직일 때는 태양에너지로 움직이는 것입니다. 태양에너지가 녹색식물에게 오고, 녹색식물이 다시 이것을 유기물질 자유에너지로 변환시키고, 이것이 결국 내 팔로 와서 내가 팔을 움직이는 것입니다. 그러니까 이러한 과정은 한 덩어리입니다. 내 몸과 태양의 연결이 끊어지는 순간 나는 아무것도 할 수 없어요. 온생명을 보지 못하면 생명을 이해할 수도 없고 정의할 수도 없습니다.

낱생명은 여타 참여자들과 성공적으로 관계를 맺어야 생명을 유지할 수 있습니다.

그렇다고 해서 낱생명이 중요하지 않다는 것은 아닙니다. 여러분 한 사람, 한 사람이 낱생명이지만 여러분은 다 귀중한 존재죠. 하지만 여러분 혼자서는 생명의 노릇을 할 수 없습니다. 온생명에서 낱생명을 제외한 나머지 부분을 보생명이라고 하는데 낱생명은 보생명과 함께 있어야 생명 노릇을 할 수 있습니다. 이 점이 대단히 중요합니다.

'모든 낱생명은 온생명의 한 부분이어야 한다'는 것은 낱생명이 온생명 안에 가만히 앉아서 눈 감고 있으면 된다는 것이 아니라, 온생명과 밀접한 관계를 맺어나가야 한다는 얘기입니다. 낱생명의 입장에서 보면 온생명의 상황을 제대로 알아서 필요한 것을 받아들이고 필요하지 않은 것을 밀어내는 식의 중요한 상호작용을 해야 합니다. 복합 질서 안에 있는 참여자로서 하나의 낱생명은 여타 참여자들과 성공적으로 관계를 맺어야 생명을 유지할 수 있다는 것입니다.

낱생명을 중심으로 보면 외부와 내부가 있는데, 각각의 낱생명은 외적 상황을 내적 두뇌 속에 담고 있어야 합니다. 지식과 정보를 계속 받아들여야만 관계를 맺을 수가 있습니다. 지성은 이렇게 출현합니다. 지성은 있어도 좋고 없어도 좋은 것이 아니라, 생존을 위한 필요 불가결한 부분입니다. 그리고 지성이 생겨나면 놀라운 현상이 발생합니다.

생명의 가장 놀라운 특성은 지적 활동의 주체적인 양상을 발현한다는 것입니다. 객체적 양상은 지금까지 얘기한 물리적 현상입니다. 생명체조차도 물질로 구성된 것이죠. 하지만 나는 물질 안에서 내가 나라는 것을 느낄 수가 있어요. 이것은 주체적인 양상입니다. 주체적 양상은 주체가 된 자만이 의식할 수 있습니다. 내가 온생명 안에 있지 않고 내 몸이 온생명의 한 부분이 아니라면 내가 나라는 것을 절대 느낄 수가 없습니다. 놀랍게도 온생명 안의 하나의 낱생명, 특히 인간이라는 존재가 되고 보면 나라는 것을 느낄 수가 있어요. 내가 팔을 움직이는 것은 태양에너지 덕분이지만 결국 나는 내 마음으로 움직입니다. 둘이 아니라 하나의 작용인 것이죠. 놀라운 일입니다. 밖으로 보면 물질인데, 안으로 보면 의식, 마음이에요. 객체적 양상과 주체적 양상이 병행하고 있는 것입니다.

여기서 우리는 '삶'과 '나'를 이해할 수 있습니다. 삶이란 복합질서 참여자의 주체적 양상입니다. 나라는 것은 삶의 주체가 주체로서의 자신을 지칭하는 것이죠. 여러분은 이제 비로소 우주와 생명을 통해서 '나'를 이해했습니다. 다시 말해 '우주 안의 인간'이라는 개념까지 온 것입니다.

개체로서, 낱생명으로서의 '나'가 있습니다. 그리고 나를 포함하는 '우리'라는 공동체가 있습니다. 그런데 사실 내 몸, 내 생명은 우리를 넘어서는, 태양과 지구까지 포함하는 '온우리' 안에 있습니다. 그럼에도 불구하고 '나'에만 갇혀 있는 사람들이 있습니다. 이런 사람을 에고이스트라고 하는데 동양에서는 소인이라고 부릅니다. 그런데 이런 사람만 있는 것이 아니고, 우리, 말하자면 공동체, 민족, 국가 등을 소중히 여기는 사람도 있습니다. 이런 사람을 군자라고 부릅니다. 그런데 '온우리'를 보는 사람, 온생명 전체가 '나'임을 인식하는 사람도 있습니다. 이런 사람은 아마 성인의 반열에 올랐다고 할 수 있겠죠.

온생명은 지금 새로운 존재로 부상하는 동시에 인간에 의해 커다란 중병에 걸린 것과 같습니다.

여기서 이제 한 가지 물음을 던지겠습니다. 온생명도 의식의 주체가 될 수 있을까요? 주체성의 가장 명백한 증거는 주체적 주장 자체입니다. 온생명 안에서 스스로를 온생명이라고 느끼는 어떤 존재가 있다면, 이것이 곧 온생명이 주체 의식을 가진다는 분명한 증거죠. 여러분이 '내가 온생명이다'라는 것을 알게 되었다면 그 사건 하나만으로도 온생명은 주체를 가진 존재가 됩니다. 그런데 우리뿐 아니라 선각자들 중에는 직관적으로 온생명을 나라고 느낀 사람들이 있어요. 그리고 지금 우리 시대에 와서는 온생명이 결국 나라는 것을 과학적으로 확인할 수 있는 사람들이 생겼습니다. 그렇다면 온생명은 나를 주체로 인식할 수 있는 존재가 됐다고 말할 수 있습니다.

그런데 아직도 완전한 주체가 되지는 못했습니다. 온생명을 자신이라고 의식하는 사람은 소수에 불과합니다. 온생명의 신체를 현실적으로 움직이는 대다수의 사람, 특히 권력이나 재력을 가진, 세상을 움직일 수 있는 사람들은 온생명을 자기라고 느끼는 사람들이 아닙니다. 온생명을 나라고 느끼는 사람들이 온생명 안에 나타나기는 했지만 아직은 힘이 없어요. 그래서 그런 의식을 가지고도 온생명을 자신이 원하는 방향으로 움직여갈 수가 없습니다. 이것은 마치 우리가 새벽에 잠에서 깼을 때 의식은 작동하는데 아직 몸이 안 움직이는 상황에 해당합니다. 우리 온생명은 아직 깨어나고 있는 중이라고 저는 생각합니다.

그러나 저는 우리가 온생명을 의식하게 된 것이 우주사적 사건이라고 보고 있습니다. 우리 온생명은 아주 최근까지도 스스로를 의식하지 못하는 존재였으나, 이제 인간의 집합적 지성에 힘입어서 거의 40억 년 만에 처음으로 스스로를 의식하며 이 의식에 맞춰 자신의 삶을 주체적으로 영위해나갈 수 있는 새로운 존재로 부상하고 있습니다. 이 사건은 역사적인 사건이라고 부르기에는 너무 크죠. 이것은 적어도 우리 생명이 생긴 이래 40억 년 만에 처음 발생한 사건입니다. 그래서 우주사적인 사건입니다. 그 안에서 인간은 바로 의식을 담당하고 있는 존재입니다. 우리 생태계 안에서 다른 동식물들은 다들 자기 기능을 하는데 인간은 사실 별다른 기능을 하지 않아요. 그러나 인간의 기능이 하나 있다면 바로 정신적인 기능입니다. 우리 인간은 온생명 안에서 두뇌에 해당하는 역할을 하는 대단히 중요한 존재입니다. 우리 인간 때문에 온생명이 의식을 가진 새로운 존재로 부상하는 것입니다.

그러나 온생명이 새로운 정신적인 존재로 부상하고 있지만 온생명의 신체도 건강하다고 보장할 수는 없어요. 온생명이 운 좋게도 40억 년을 지나왔지만 그 시간 동안 여러 가지 대참사가 일어났습니다. 5번의 대멸종이 일어났죠. 우리 인간의 선조가 살아남은 것만 해도 거의 기적이라고 할 수 있습니다.

지금 우리는 온난화 문제 등으로 인해 제6의 멸종에 접근하고 있습니다. 엄청나게 빠른 속도로 수많은 생물 종이 멸종하고 있죠. 인간이 생태계의 모든 중요한 것에 변형을 일으키고 있습니다. 에드워드 윌슨Edward Wilson의 추정에 의하면 생물 종이 가장 많다고 알려진 열대우림에 1,000만 종이 있는데, 매년 2만 7,000종씩 멸종하고 있고 이대로 직선적으로 간다면 400년이면 모두 멸종한다고 합니다. 온생명은 거의 100억 년의 수명을 가지고 있어요. 태양이 대략 100억 년의 자연 수명을 가지고 있습니다. 과거 50억 년을 지나왔으니 앞으로 50억 년 더 지속될 것입니다. 사람의 수명은 90-100년 정도 되죠. 온생명은 사람보다 1억 배는 긴 수명을 가지는 셈인데 400년이면 모두 멸종한다고 합니다. 사람 나이로 환산해보면 2분 만에 살아 있는 세포가 없어지는 셈입니다.

온생명은 지금 새로운 존재로 부상하는 동시에 인간에 의해 커다란 중병에 걸린 것과 같습니다. 역설적인 상황입니다. 온생명이 태어난 지 40억 년 만에 드디어 지성과 자의식을 갖춘 진정한 삶의 주체로 떠오르려는 시점에 이것을 가능케 하리라고 기대되는 바로 그 인간이 이미 암세포로 전환되어 이 온생명의 생존을 위태롭게 하고 있는 것입니다. 비극적이죠. 그런데 저는 한 가지 희망은 있다고 봅니다. 일부 인간이 이 사실을 파악하고 난국을 헤쳐가려고 애쓰고 있습니다. 여러분이 그런 분들이기를 희망합니다.

외부의 우주와 생명, 물질적 세계는 내부의 삶과 앎, 의식의 세계로 연결되고 이것은 다시 외부와 연결됩니다. 이것이 바로 뫼비우스의 띠와 같은 모양입니다. 우리의 학문, 이해는 이 뫼비우스의 띠를 완결시키는 것입니다. 이것이 완결되면 이 안에 우리가 얘기할 수 있는 진리를 담을 수 있습니다. 그래서 저는 모든 이해는 순환적 연결, 특히 뫼비우스의 띠 형태의 순환적 연결 속에서 찾을 수 있다고 생각합니다. '우주 속의 인간, 인간 속의 우주'라는 말도 이런 의미에서 이해할 수 있을 것입니다.

### 질문과 대답

온생명 안에서 인간이 중요한 존재인 동시에 암세포이고, 또 일부 사람들이 이 난국을 헤쳐나가려 한다고 하셨는데, 어떻게 하면 중요한 존재이자 암세포인 우리가 이런 상황을 헤쳐나갈 수 있는지 궁금합니다.

그것이 가장 중요하고 어려운 문제입니다. 지금은 그야말로 온생명의 생애에서는 굉장히 중요한 위기입니다. 다시 말하면 온생명의 건강에 큰 어려움이 닥쳤습니다. 그런데 동시에 우리는 과학을 통한 집합적 지성에 의해서 온생명을 알게 되고, 심지어 온생명의 건강 상태를 진단할 수 있게 됐죠. 또 온생명이 회복되기 위해서는 우리가 어떻게 해야 한다는 것도 완벽하지는 않지만 대략은 알고 있어요. 그런데 제일 중요한 문제는 사람들이 그것을 의식하지 않고 있다는 것입니다. 온생명을 살리기 위해서 우리가 해야 할 일이 있는데, 이것을 모르고 살아가고 있어요. 70억의 인구 중 90%, 어쩌면 99%의 사람들이 그것을 의식하지 못합니다. 우선 나 하나가 좀 더 잘사는 것에 급급하고 그것 때문에 싸움까지 하고 있죠.

그러면 우리는 어떻게 해야 할까요? 다시 암세포에 비유를 해볼게요. 내 몸, 내 위치에 대한 정보를 잃어버리고 자기 증식만 계속하는 것이 암세포입니다. 암세포는 내 몸의 세포인데도 불구하고 나를 죽이고 있어요. 마찬가지로 우리 인간은 온생명 안에 있는 낱생명인데도 불구하고 온생명을 모르고 오히려 온생명을 죽이는 일을 하고 있습니다. 그런데 꼭 악한 사람만이 그런 것은 아니에요. 오히려 인류를 위해 중요한 기여를 하겠다고 열성적으로 뛰는 사람들이 온생명을 죽이고 있습니다. 인류를 잘살게 하겠다고 이리 고치고 저리 고치고 하다 보니 생태계를 교란시키고 있는 것이죠. 이 사람들이 나쁜 사람들은 아니에요. 모르는 사람들이죠. 그러면 그들에게 알려줘야 해요. 이것이 쉬운 문제는 아니지만, 원천적으로 불가능한 일은 아니에요. 지금 그 사람이 하고 있는 활동이 암세포에 해당하는 활동이라고 알려주고, 그 사람이 그것을 납득한다면 그래도 그 사람이 그 행동을 계속할까요? 암세포로 계속 살고자 하는 사람은 별로 없어요.

그러면 알리고 함께 공부하고 알아나가는 것이 중요합니다. 그러나 이것이 잘 이루어지지 않고 있는 것이 현 상황이에요. 저는 이것을 할 수 있는 첫 세대가 여러분이라고 생각합니다. 한 사람이라도 늘어나면 희망이 있습니다. 결국은 시간과의 싸움이에요. 일단 문제의식을 가지고 그다음에 손을 써야 해요. 이미 상당한 타격이 왔고, 회복하는 일도 쉬운 일이 아닌데 지금 우리는 문제가 있다는 것조차 모르고 있어요.

한 가지 다행인 것은 지구온난화 같은 환경문제들을 사람들이 의식하기 시작했다는 점입니다. 온생명을 이해해서가 아니고, 당장 내 몸에 문제가 생기니까 뭔가 잘못되었다는 생각이 들죠. 우리는 그 원인을 제대로 밝혀야 합니다. 많은 사람은 불편한 부분만 고치면 된다고 알아요. 환경공학을 통해 환경만 고치면 된다고 보는 거죠. 이것은 암 환자가 괴로워할 때 진통제 처방을 하는 것과 마찬가지입니다. 환경공학만으로는 우리 온생명을 구할 수 없어요. 우리 몸의 나머지 부분인 보생명을 살리는 근본적인 진단을 해야 해요.

한 가지 덧붙이자면, 우리 정신문화의 토대 속에 이미 그런 요소가 있습니다. 아까 얘기했지만 성인에 해당하는 사람들은 깊은 직관을 통해서 이미 우리 삶의 터전이 온생명이라는 의식을 가지고 있었고 이것이 우리에게 중요한 가르침으로 내려오고 있죠. 예를 들어 석가는 우리 삶의 장이 온생명이고, 낱생명은 그 안에서 잠깐 지나갈 뿐이라는 것을 깨달았다고 할 수 있습니다. 또 기독교에서는 '이웃을 내 몸과 같이 사랑하라'고 하죠. 이제 그 이유를 제시할 수 있어요. 온생명이 내 몸이고 당연히 내 몸인 이웃을 사랑해야 하는 거죠.

우리는 전통적인 가르침 속에서 힘을 얻을 수 있습니다. 사실은 안다는 것만으로는 힘이 약해요. 그러나 믿는다는 것은 힘이 강합니다. 그래서 종교는 힘이 강해요. 그러나 불행하게도 아직 자기 앎의 근원을 모르고 표피적인 것만 믿고 있는 사람들이 많이 있습니다. 본질적인 가르침의 뿌리를 찾아 들어가는 것이 중요합니다. 저는 그렇게 된다면 많은 사람이 함께 이 문제를 풀어나갈 수 있을 것이라는 희망을 가지고 있어요.

제가 생각하기에는 낱생명, 보생명, 온생명의 개념을 개인과 사회의 관계에 접목시켜볼 수 있을 것 같습니다. 그렇다면 사회를 위해 개인이 희생하는 경우도 있는데, 낱생명, 보생명, 온생명의 이론에서 볼 때 개인과 사회의 관계를 어떻게 생각해야 할지 궁금합니다.

사실은 온생명 이야기를 하면 많은 사람이 온생명보다 낱생명이 격하되는 것에 대한 걱정을 합니다. 일종의 전체주의적인 사고로 가는 것이 아니냐는 걱정을 하는 거죠. 그러나 저는 그렇지 않다고 봅니다. 온생명이 있어야 낱생명이 존재한다고 해서 낱생명의 가치를 낮춰야 할 이유는 없어요. 낱생명은 그대로 살아 있고, 동시에 온생명과 관계를 맺는 거죠. 그 관계 속에서 우리가 존재하는 것입니다. 온생명과 관계를 맺는다고 해서, 혹은 사회와 관계를 맺는다고 해서 개인의 위치가 낮아지지는 않습니다. 예를 들어서 우리가 가정을 이룬다고 해서 개인이 없어지는 것은 아니잖아요. 물론 어떤 절대자가 사회를 지배할 때는 많은 사람이 고통 받죠. 그런데 온생명의 구조는 그런 것이 아닙니다.

모두 평등한 협력 관계에 있지, 지배와 피지배의 관계에 있지 않아요. 우리 몸의 사고를 관장하는 수천억 개의 신경세포는 굉장히 복잡하고 밀접하게 연결된 채로 우리 사고를 일으킵니다. 이 과정에서 특정 세포가 왕이 되어서 명령을 내리는 것이 아닙니다. 우리 온생명의 구조는 바로 이런 것입니다. 하나하나의 개인과 사회가 자기 진영을 충분히 갖추면서도 더 큰 것을 이룰 수 있습니다. 이 점을 우리는 우리의 두뇌에서, 몸에서 배우는 것입니다.

사실 지금까지는 생명과학에서 상당히 잘못된 이미지를 가지고 있었어요. 우리 세계를 생존 투쟁, 약육강식의 세계로 인식했죠. 그런데 사실 그렇지 않아요. 생태계에서 강한 것이 약한 것을 잡아먹는 것이 아니라, 잡아먹는 것과 잡히는 것이 공존하는 것입니다. 예를 들어서 동물의 세계에 양 떼만 있다면 양 떼는 생존하지 못해요. 양 떼가 계속 불어나기 때문이죠. 사자 또는 다른 동물이 양을 솎아내야 하는 거죠. 사실 포식자들은 건강한 놈을 잡는 것이 아니고, 그중에서 조금 불안정하거나 제대로 활동하지 못하는 존재들을 걸러내요. 그러면 건강한 양의 무리만 남게 되죠.

물론 우리 사람 입장에서 보면 이런 상황이 문제가 있지만 이것이 생태계의 조화입니다. 사람은 예외적으로 이런 과정에서 벗어나 있지만, 과연 이것이 생태적으로 좋은지는 논의의 대상입니다. 예를 들어서 의학의 힘을 빌려서 아무 기능도 못하는 사람의 생존 기간만 늘리고, 만약에 그것을 단축하면 살인죄가 적용되는 것은 우리가 재검토해야 해요. 건강하지 않은 상태로 사는 것이 과연 좋은 일일까요? 이런 점에서 우리는 새로운 문제를 안고 있는 것입니다.

어쨌든 생명의 생리는 놀랍도록 깨끗합니다. 저는 예전에 이상한 의문을 하나 가지고 있었어요. 모든 생명체는 결국 죽는데 그 시체들이 다 어디 있는지 의아했습니다. 사람의 시체는 어떻게 처리되는지 우리가 알고 있는데, 다른 시체는 어떻게 처리되는지 모르잖아요. 그게 참 이상하다고 생각했어요. 그런데 시체가 없도록 만들어가는 것이 바로 살아 있는 생태계입니다. 이것이 건전한 생명 활동인 것입니다. 우리도 생명 활동에 대한 새로운 이해를 가지고 그것에 맞춰서 살아야 한다고 생각합니다.

# 다빈치와 융합적 시야

창조적 태도로
살아가기

박홍규

**박홍규**

영남대학교 법학과와 동대학원을 졸업하고 일본 오사카 시립대학교에서 법학 박사 학위를 받았다. 하버드대학교, 노팅엄대학교, 프랑크푸르트대학교에서 연구하고, 오사카대학교, 고베대학교, 리츠메이칸대학교 등에서 강의했다. 현재 영남대학교 교양학부 교수로 재직 중이다. 『법은 무죄인가』로 한국백상출판문화상을 받았으며, 정보 사회에서 인문학의 필요성을 절감하여 인문과 예술 분야에서도 왕성한 저술 활동을 펼치고 있다. 주요 저서로 『내 친구 빈센트』, 『자유인 루쉰』, 『꽃으로도 아이를 때리지 마라』, 『조지 오웰』, 『아나키즘 이야기』, 『자유란 무엇인가』, 『절망 속에서도 희망을』, 『함석헌과 간디』 등이 있다.

여러 분야를 섭렵했다는 것이 중요한 것이 아니라 그 사람이 얼마나 창조적이었고 융합적이었는지가 핵심입니다.

오늘 여러분과 레오나르도 다빈치에 대해서 심각한 얘기를 하기보다는 다빈치를 통해서 융합적 시야를 어떻게 이해할 것인지를 살펴보려고 합니다. 다빈치는 여러 가지 차원의 융합을 이루어냈지만 특히 예술과 과학, 예술과 기술, 이 두 가지 융합의 사례에 주목해볼 필요가 있습니다. 약 500년 전 이탈리아의 다빈치라는 사람의 이야기가 여러분이 자신의 전공 분야가 아닌 다른 학문이나 예술을 좀 더 이해하고 융합의 추세, 현대 문화의 추세에 새롭게 발맞추어나가는 계기가 되면 좋겠습니다.

간단하게 다빈치에 대한 소개를 하자면, 먼저 레오나르도 다빈치라는 이름은 '빈치 동네에서 온 레오나르도'라는 의미라고 할 수 있습니다. 빈치라는 마을은 피렌체 근교에 있는 조그만 마을

이고 지금도 남아 있습니다. 다빈치는 1452년에 태어나서 1519년에 죽었습니다. 대략 70년 가까이 살았죠. 아시다시피 다빈치를 가리키는 호칭은 많습니다. 르네상스를 대표하는 화가, 조각가, 음악가, 건축가, 과학자 등 여러 가지로 불리고 있죠. 인체 해부를 통해 의학적으로도 중요한 공헌을 했습니다. 당시 해부는 기독교 교리에 의해서 금지된 영역이었지만 다빈치는 위험을 무릅쓰고 해부를 했습니다. 다빈치는 그야말로 우리가 르네상스인 또는 전인全人이라고 부르는 사람입니다. 완전한 사람을 뜻하는 전인은 모든 영역을 섭렵하는 사람을 가리킬 때 쓰이죠. 다빈치가 그 대표적인 사람입니다.

다빈치 말고도 르네상스 시대의 사람들은 대부분 전인이었습니다. 다빈치와 함께 르네상스의 3대 천재라고 일컬어지는 미켈란젤로와 라파엘로도 마찬가지였습니다. 그들은 그림만 그리고 조각만 한 사람들이 아니라 여러 분야의 학문, 예술, 기술을 섭렵했습니다. 그러나 여러 분야를 섭렵했다는 것이 중요한 것이 아니라 그 사람이 얼마나 창조적이었고 융합적이었는지가 핵심입니다. 단순히 머리가 좋다고 해서 천재가 아닙니다. 천재란 새로운 것을 창조해내는 인간을 말하는 것입니다. 그리고 그 창조의 근원이 융합에 있습니다. 한 가지만 파는 것이 아니라 여러 분야를 다원적으로 종합해서, 그 종합으로부터 새로운 것을 창조하는 것입니다. 오늘 이야기의 핵심은 융합으로부터 창조가 나온다는 것입니다. 그런 융합을 위해서는 가장 기본적으로 우리 주변의 객관적인 사물이든 사회현상이든 모든 것을 깊고 넓게 관찰하는 능력이 필요합니다.

다빈치는 사람을 그릴 때 생긴 모습대로 그린 것이 아니라 그야말로 과학적으로 그렸습니다.

다빈치의 대표작 몇 편을 먼저 살펴보겠습니다. 다빈치의 대표작 중에 〈모나리자〉도 있지만 예술사적인 차원에서 더 가치 있는 것은 〈최후의 만찬〉입니다. 이 그림은 다빈치의 독창성과 예리한 예술성을 여실히 드러내는 작품입니다. 밀라노의 조그만 그라치에 성당 벽에 그려져 있는 이 그림에는 예수와 열두 명의 제자가 담겨 있습니다. 예수가 죽고 난 뒤에 기독교는 서양 세계에 깊이 뿌리박혀왔습니다. 중세 천 년과 르네상스를 지나 사실 지금까지도 기독교는 서양의 바탕입니다. 이 기독교와 관련된 여러 가지 에피소드가 있지만 그중의 핵심은 예수가 죽기 직전에 열두 명의 제자와 함께한 마지막 만찬입니다. 〈최후의 만찬〉을 보면 예수를 중심으로 왼쪽에 여섯 명, 오른쪽에 여섯 명이 앉아 있고, 이중에는 예수를 배신한 유다도 있습니다. 그런데『다빈치 코드』라는 소설이 나오면서 이중에 마리아 막달레나가 있다는 이야기가 회자되기도 했죠. 마리아 막달레나와 예수가 사랑을 해서 결혼도 하고 자식도 낳았으며 그 후손들이 이천 년이 지난 지금까지 계속 이어지고 있다는 것인데, 이 얘기는 기독교에서는 물론이거니와 이론적으로도, 역사학적으로도 인정받고 있지 못합니다.

  사실 이 그림이 걸려 있는 곳은 신부들이 식사를 하던 식당입니다. 이 그림 앞에 식탁을 놓고 사람들이 식사를 하면 마치 예수와 열두 제자와 함께 식사를 하고 있는 듯한 착각이 들 겁니다. 이 공간 구조가 그렇습니다. 그러니까 다빈치는 그런 효과를 노리고 이 그림을 그렸습니다.

  이번에는 〈인체 비례도〉 얘기를 해볼까요. 다빈치를 대표하는 또 하나의 상징 같은 그림입니다. 가장 이상적인 인체를 그린 그림인데, 변화무쌍한 모습으로 보이기도 하죠. 이 〈인체 비례도〉가 중요한 이유는 다빈치의 모든 그림에는 해부학적인 지식이 있다는 것을 보여주기 때문입니다. 다빈치는 사람의 몸속에 있는 뼈, 살, 신경, 피 등의 해부학적인 요소에 대한 지식이 풍부했기 때문에 사람을 그릴 때 생긴 모습대로 그린 것이 아니라 그야말로 과학적으로 그렸습니다. 오늘날 미대 학생들도 인체 해부 공부를 하죠. 그만큼 예술도 사실 과학과 직결된다는 것을 이 그림이 보여주고 있습니다.

  또 〈모나리자〉는 두말할 것 없이 다빈치의 대표작이라고 할 수 있습니다. 가로 53cm, 세로 77cm의 그리 크지 않은 크기의 이 그림은 현재 파리 루브르박물관에 소장되어 있습니다. 이 그림이 지금까지 한 번도 경매에 나온 적이 없어서 우리가 그 값을 알 수는 없지만 어쩌면 세계에서 제일 비싼 그림이라고 얘기할 수 있을지도 모르겠습니다. 흔히 〈모나리자〉는 미소로 유명하죠. 그런데 사실은 여인이 미소를 짓고 있는 게 아니고 그렇게 보일 뿐

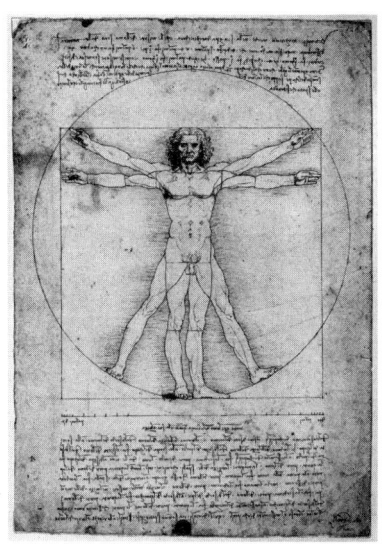

〈인체 비례도〉, 종이에 펜과 잉크, 34.3×24.5cm, 1487, 아카데미아 미술관

입니다. 과학적인 명암법을 사용해서 그렇게 신비한 느낌을 준 것입니다. 이 그림은 1911년에 루브르박물관에서 도둑을 맞아 1913년에 재발견된 사실이 있어서 훨씬 더 유명해지기도 했습니다. 이 그림에 대해서는 이후에 좀 더 말씀드리겠습니다.

시대에 대한 반역의 정신이 다빈치의 창조의 근원이 되었습니다.

다빈치는 자연인이자 반항인이었습니다. 아주 자연적인 본능에 충실하고 본연에 충실한 태도, 저항적인 태도를 가지고 있었습니다. 사실 다빈치는 여러 가지 이유로 불행한 사람이었습니다. 가령 서자 출신이라는 것이지요. 최근에는 다빈치의 어머니가 아랍인 노예였다는 학설도 나왔습니다. 출생 때문인지 다빈치는 학교 교육도 전혀 받지 못했습니다. 르네상스 시대에 이미 초등학교는 물론이고 중고등학교, 대학교까지 다 있었지만 다빈치는 초등학교도 못 갔습니다.

게다가 다빈치는 동성애자였습니다. 〈모나리자〉를 비롯해 다빈치의 그림 속에 등장하는 인물들이 게이 다빈치가 사랑했던 살라이라는 학설도 있습니다. 그 당시에는 동성애자라는 사실이 굉장히 엄청난 범죄였죠. 동성애자라는 이유로 박해도 받고 잡혀가기도 했습니다. 또 르네상스 시대의 화가들은 사회의 지도적인 주류층으로 존경받는 위치에 있지 못했어요. 또 한 가지 중요한 사실은 다빈치가 기독교가 지배하는 시대에 무신론자로 살았다는 것입니다. 하느님을 믿지 않았어요. 이것이 가장 큰 죄였겠죠.

여러 가지 불우한 환경으로 생겨난 반항적인 기질은 사실 다빈치가 그전의 전통, 그전의 문화에 저항하고 훨씬 더 적극적으로 새로운 것을 만들어내는 데 중요한 기폭제가 되었습니다. 시대에 대한 반역의 정신이 다빈치의 창조의 근원이 되었다고 얘기할 수 있습니다. 다빈치 이후의 수많은 창조적 천재들은 대학 교육을 제대로 못 받았거나 불행한 가정 형편에서 자란 사람들이 많았습니다. 이 자리에 있는 여러분도 있는 것을 그대로 답습

하고 전통을 보수적으로 지키기보다는 훨씬 더 새로운 것을 만들어낼 수 있다는 마음을 가지는 기회를 다빈치로부터 찾기 바랍니다.

또 다빈치의 작업을 비롯해 르네상스 예술의 발전을 이야기할 때 아틀리에를 빼놓을 수 없습니다. 보통 화가가 그림을 그리는 장소를 아틀리에라고 생각하시는데, 원래 아틀리에는 공동 공간을 의미했습니다. 혼자서 그림을 그린 것이 아니라 함께했다는 것이 굉장히 중요합니다. 다빈치도 십대에 아틀리에 생활을 시작했습니다. 인간 됨됨이의 교육을 비롯해 여러 가지 사회적인 교육이 종합적으로 아틀리에에서 이루어졌습니다. 르네상스 예술의 발전이 아틀리에를 기본으로 했다는 사실은 예술 교육이 단순히 그림을 그리는 기술에 그치는 것이 아니라는 점을 알려줍니다. 그것이 르네상스 예술의 또 하나의 비밀이기도 했습니다.

다빈치가 보여주는 짝눈에는 결국 다원성의 문제가 담겨 있습니다. 두 개의 눈으로 두 개의 다른 각도에서 사물을 봐야 한다는 것입니다.

다빈치는 진보적인 사람이었습니다. 우리가 보통 진보니 보수니 이런 말을 쓸 때는 정치적인 의미를 부여하는 경우가 많은데 사실 진정한 의미의 진보란 시대를 앞서가는 개혁 정신을 말합니다. 예술에서는 아방가르드라는 말을 쓰기도 하죠. 보수는 전

〈모나리자〉, 패널에 유채, 77×53cm, 1503-1506, 루브르미술관

통적인 것, 굳어진 것을 중시하는 한편 진보 정신은 다원성을 추구하는 것이라고 말씀드릴 수 있습니다.

〈모나리자〉의 두 눈이 짝눈이에요. 우리는 한쪽 눈으로는 제대로 사물을 인식하지 못합니다. 두 쪽 눈이 있어야지 사물을 제대로 인식합니다. 그것이 우리 인간 신체의 말하자면 아주 비밀스러운 부분이기도 한데 다빈치가 보여주는 짝눈에는 결국 다원성의 문제가 담겨 있습니다. 두 개의 눈으로 두 개의 다른 각도에서 사물을 봐야 한다는 것입니다.

이것은 오늘 우리가 이야기하는 주제인 융합과 연결되는 것입니다. 융합을 강조하는 것은 각각 다른 눈으로 사물을 봐야만 사물을 가장 정확하고 객관적으로 파악할 수 있기 때문입니다. 사실은 진보와 보수, 앞서가려는 것과 지키려고 하는 것이 함께 존재해야만 사물을 제대로 볼 수 있는 것입니다. 새가 날 때 왼쪽 날개와 오른쪽 날개를 함께 퍼덕여야 하는 것과 마찬가지 원리라고 할 수 있겠습니다. 융합의 전제는 다원성인데 그것은 좌우의 균형, 보수와 진보의 조화를 의미합니다. 그것이 〈모나리자〉가 보여주는 것이라고 할 수 있습니다.

다빈치는 새로운 회화 기법을 창조했습니다. 그림을 한 장 그릴 때마다 그전에 사람들의 그림에서 볼 수 없었던 새로운 방법을 나름대로 고민해서 만들어내고 독특한 예술적 창조의 결실을 얻게 된 것입니다.

다빈치의 생애는 크게 피렌체에서 활동한 시기, 밀라노에서 활동한 시기로 나눌 수 있고, 말년에 프랑스 앙부아즈에서 활동한 시기도 있습니다. 다빈치의 작품들과 함께 다빈치의 생애를 살펴보겠습니다.

우선 다빈치가 피렌체에서 활동했던 초기(1466-1482)의 작품 몇 점을 함께 보겠습니다. 우선 베로키오라고 하는 다빈치의 아틀리에 스승이 그린 〈그리스도의 세례〉라는 그림의 천사 부분을 다빈치가 그렸습니다. 르네상스 시대에는 아틀리에의 장이 자신의 그림을 그릴 때 부분 부분을 제자한테 맡기곤 했습니다. 다빈

〈수태고지〉, 패널에 템페라와 유채, 98×217cm, 1472-1475, 우피치미술관

치도 일부분을 그린 것이죠. 그래서 이 그림은 다빈치가 그린 부분 때문에 유명한 그림이 되었습니다. 그만큼 다빈치는 어려서부터 천부적인 재주를 보였던 것이죠. 다빈치는 초기에 종교적인 작품들을 주로 그렸습니다. 이십대 초반에 그린 그림이 〈수태고지〉인데, 천사가 마리아에게 곧 예수를 회임할 것이라고 알려주는 장면을 그린 것입니다. 그리고 〈브누아의 성모〉, 〈꽃을 든 성모〉, 〈성 히에로니무스〉, 〈동방박사의 경배〉 등이 모두 초기 작품들입니다.

이후에 다빈치는 피렌체를 떠나 밀라노에서 활동을 이어갑니다(1482-1499). 다빈치가 피렌체 부근에서 태어나 피렌체에서 배우고 피렌체에서 화가가 되려고 노력했는데 서른이 될 때까지 피렌체에서 별로 빛을 못 봤습니다. 여러 가지 이유가 있다고 아까 말씀드렸죠? 서자였고, 동성애 혐의도 있었습니다. 그래서 피렌체 경찰에게 잡혀가기도 해요. 게다가 무신론자라는 사실이 알려지기도 해서 그 당시 르네상스의 중심지였던 피렌체에서는 화가로서 이름을 날리지 못합니다. 미켈란젤로나 라파엘로는 피렌체에서 성공을 했습니다. 그런데 다빈치는 피렌체에서 성공하지 못하고, 그 당시에 피렌체보다 훨씬 뒤떨어져 있던 동네 밀라노로 가서 그림을 그린 겁니다. 다빈치가 밀라노에 갈 때 밀라노 성주한테 소개장을 들고 갑니다. 거기에 자기가 40가지의 재주를 가지고 있다고 썼는데 1번부터 39번까지는 전부 공학적인 기술이었고 마지막 40번째에 그림도 그릴 줄 안다고 썼습니다. 그만큼 그 당시는 그림이 인정을 못 받던 시대라고 할 수 있습니다.

　그래도 다빈치는 그림을 그립니다. 이 시기에 그린 그림이 〈암굴의 성모〉, 〈최후의 만찬〉, 〈담비를 안고 있는 여인〉, 비트루비우스의 글을 읽고 그린 〈인체 비례도〉 등입니다. 초기의 작품과 밀라노 시대의 작품은 조금 다릅니다. 밀라노 시대로 올수록 깊이와 신비로운 분위기가 더해졌습니다. 그런 깊이감이 느껴지는 이유는 다빈치가 특별히 스푸마토sfumato라는 기법을 사용했기 때문입니다. 이 기법은 사물이나 인물의 모양을 분명한 선으로 그리는 것이 아니고 희미한 색채로 표현하는 것입니다. 다빈치는 이 기법을 통해 특유의 색감을 살리고 환상적인 분위기를 창조해냅니다.

　이 기법은 이후에 〈모나리자〉에서 더욱더 분명해지는데 〈담비를 안고 있는 여인〉에서도 인물의 모습을 표현하는 터치가 굉장히 환상적인 느낌을 줍니다. 다빈치는 새로운 회화 기법을 창조한 것입니다. 다빈치는 그림을 한 장 그릴 때마다 그전에 사람들

〈담비를 안고 있는 여인〉, 패널에 유채, 53.4×39.3cm, 1489-1490, 차르토리스키 미술관

의 그림에서 볼 수 없었던 새로운 방법을 나름대로 고민해서 만들어냄으로써 독특한 예술적 창조의 결실을 얻었습니다. 여러분도 공부를 하실 때 또는 무엇을 만들 때 항상 기존의 것과 다른 새로운 것을 만들어보겠다는 의욕을 왕성하게 가지셔야 합니다. 다빈치가 가르쳐주는 것은 그런 교훈이라고 할 수 있죠.

다빈치가 밀라노 성주에게 갈 때 자신의 그림 실력보다도 여러 가지 기술적, 공학적, 과학적 능력을 과시했다고 말씀드렸죠. 다빈치는 밀라노 시기에 왕성하게 무언가를 고안해냅니다. 지금으로 말하면 연발 기관총 같은 거대한 석궁도 고안했고 조류의 비상을 연구해서 비행기 모양의 돌 던지는 무기도 구상했습

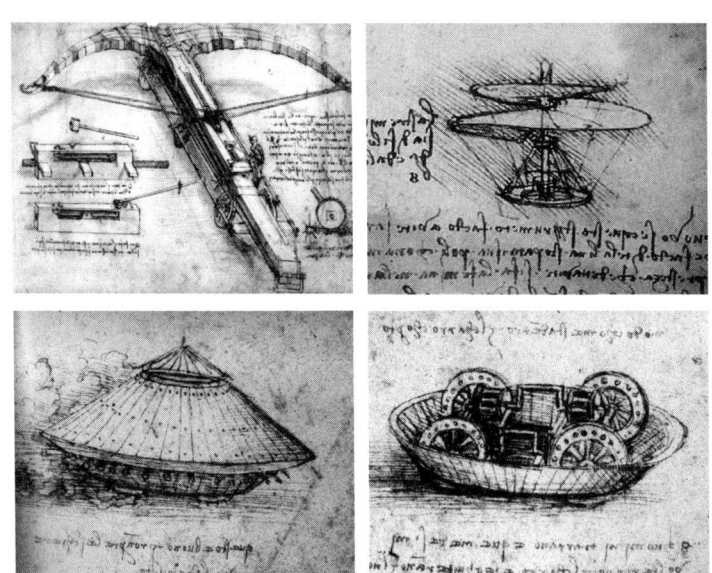

다빈치의 설계도들

니다. 다빈치의 노트를 살펴보면 이 사람이 굉장히 평화주의자임에도 불구하고 많은 무기를 구상했다는 사실을 알 수 있어요. 다빈치는 방대한 분량의 노트를 남겼는데 현재 남아 있는 것이 6,000매 정도 되고 영국의 왕실인 윈저성에 대부분 보관되어 있습니다. 여기에 다빈치의 과학, 기술 아이디어가 많이 담겨 있습니다.

우리가 지금 아는 비행기, 장갑차, 헬리콥터, 낙하산, 잠수복 등이 대부분 19세기 말, 20세기 초입에 와서야 발명되는 것들인데 이것들을 이미 500년 전에 다빈치가 구상했습니다. 굴착기,

준설기, 행글라이더도 마찬가지입니다. 실제로 이 무기들이나 발명품들이 제조되어서 사용된 적은 거의 없지만 다빈치가 일단 이런 아이디어를 가지고 있었다는 것이 중요합니다. 대단한 일이죠. 그 밖에 다빈치는 인체 해부와 관련된 여러 가지 지식을 개발했고, 특히 동맥경화증을 최초로 발견했다고 합니다. 그리고 해부학 지식을 바탕으로 세계 최초의 휴머노이드 로봇도 설계했습니다. 이런 예를 들자면 수없이 많습니다.

다빈치의 첫 번째 밀라노 시기는 프랑스 군대의 침입으로 끝나고 그리 길지 않은 두 번째 피렌체 시기(1500-1506)가 시작됩니다. 이 시기에는 역시 아까 말씀드린 스푸마토 기법으로 신비롭고 환상적인 그림을 그립니다. 〈성 모자와 성 안나〉, 〈앙기아리 전투〉 등이 이 시기의 그림입니다.

〈앙기아리 전투〉에 얽힌 유명한 이야기가 있습니다. 미켈란젤로와 다빈치가 일종의 그림 시합을 한 이야기입니다. 피렌체의 시장이 두 화가를 불러서 시청 벽에다 이탈리아 역사에서 가장 유명한 전쟁 장면을 그리라고 해서 두 사람이 그림을 그렸는데 두 그림이 지금은 없습니다. 대략 100년 뒤에 태어난 벨기에 출신의 화가인 루벤스가 피렌체로 와서 다빈치의 그림을 보고 모사한 그림은 있습니다. 최근 시청의 다른 벽화 뒤에 다빈치의 그림이 있다는 설이 학계에 알려져서 그 그림을 발견하기 위해서 새롭게 벽을 뜯어내는 일로 몇 년 전까지 떠들썩했지만 결국은 뜯어내지 않았습니다.

다빈치는 이후에 다시 밀라노로 갑니다(1506-1513). 이 시기에

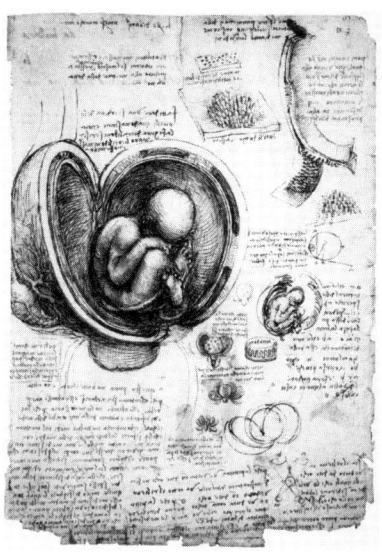

⟨자궁 안의 태아⟩, 종이에 펜과 잉크, 30.5×20cm, 1511-1513, 원저성 국립미술관

다빈치는 제우스 신화에 나오는 ⟨레다⟩, ⟨성 안나와 세례자 요한과 함께 있는 성모자⟩ 등을 비롯해 ⟨인체 해부도⟩도 많이 그려냅니다. 다빈치는 인간 태아의 모습을 최초로 그린 사람이기도 합니다. 1503년부터 그리기 시작한 ⟨모나리자⟩를 다시 그린 것도 이 시기입니다.

다빈치의 마지막 활동 시기는 프랑스 앙부아즈 시기(1513-1519)입니다. 다빈치 생애의 마지막에 그린 그림이 ⟨세례자 요한⟩입니다.

여러분이 어떤 분야에서 전문적으로 일을 하시든 간에 종합적인 인식능력을 가져야 하고, 종합적인 학문에 대한 열린 태도를 가져야 합니다.

다빈치의 삶과 말을 통해서 융합의 정신에 대해 종합을 해보겠습니다. 냉정하게 분석적으로 보는 눈과 세계의 근원에 대한 깊은 이해, 말하자면 이 두 개의 눈이 다빈치의 천재성의 비밀입니다. 제가 아까 겹눈, 짝눈에 대해 얘기했죠. 다원적으로 보는 것, 개혁과 보수의 조화, 왼쪽 날개와 오른쪽 날개를 함께 퍼덕이는 것이 중요합니다.

모든 새로운 창조에는 종합적 지성이 필요하고 종합적 지성이 없이는 독창적 능력의 개발이 불가능합니다. 지성을 단련하는 데는 오랜 시간이 걸립니다. 칸트는 자신의 3대 비판서 중 하나인 『순수이성비판』을 57세에 완성했습니다. 그리고 배움이란 개인적으로 순수한 즐거움이지 능력 차이, 시험 합격 여부 등과는 무관한 것입니다. 어느 대학에 다니는가는 학문의 본질과 무관하고 기억력이 뛰어나다고 창조력이 뛰어난 것은 절대 아닙니다. 그런데 자신이 희망한 대학에 가지 못하고 학교 성적이 나쁘다는 이유로 배움에 대한 부정적인 생각을 갖게 하는 것이 한국의 교육입니다. 각자의 능력, 관심 분야는 각기 다르기 마련이므로 개성을 무시한 교육은 교육이라고 할 수 없습니다.

분할된 나라가 멸망하듯이 분할된 지성과 사고력은 학문을 이해하는 일을 혼란스럽게 합니다. 또 이론 없는 실천을 좋아하는 사람은 키와 나침반 없이 바다를 항해하는 선원과 같고 자신이 어디로 내던져질지 알지 못합니다. 그래서 바로 융합이 필요한 것입니다.

다빈치가 직접 한 말을 살펴보면서 이야기를 마무리하겠습니다.

> 권위에 의존하는 것으로 토론을 하는 사람은 그 자신의 지성을 사용하지 않는 것이다. 그는 단지 지성이 아닌 그의 암기력을 사용하고 있을 뿐이다.

> 나는 걱정스러운 일에도 웃음 지을 줄 알며, 고통으로부터 힘을 끌어모을 줄 아는 사람, 반성함으로써 용맹한 인간으로 성장할 줄 아는 사람들을 사랑한다. 그러한 사람들은 그들의 사소한 마음은 주눅 들지 모르나, 그들의 심장은 굳고 단단해질 것이며, 그들의 행동은 양심에 따라 움직일 것이다. 또한 그들은 죽을 때까지 자신의 신념에 따라 자신의 신념을 지키며 살아갈 것이다.

> 눈을 멀게 만드는 무지에 의하여 우리는 길을 잃는 것이다. 오! 가엾은 인간들이여, 눈을 떠라! 눈을 열어라.

> 우리의 모든 지식은 태생적으로 우리의 직관 속에 있다.

아주 가난한 시골에서 서자로 태어나서 전혀 교육을 받지 못하고 동성애자이자 무신론자였기 때문에 사회적으로 제약을 받으며 살아야 했던 사람이 모든 분야에서 놀라운 창조력을 발휘할 수 있었던 것은 그야말로 대단한 인간 승리라고 할 수 있습니다. 우리는 이런 다빈치의 삶에서 융합의 정신을 발견합니다. 한 가지에만 외골수로 빠지는 사람을 전문가 바보라고 하기도 합니다. 지금은 그런 전문가 바보로 살아갈 시대가 아닙니다. 이제는 대단히 전인적인, 융합적인, 종합적인 지성과 감성이 필요합니다. 그만큼 시대가 어지럽고, 변화무쌍하고, 새로운 것들이 계속 생겨나고 있습니다.

또 학문 자체의 원리도 새겨볼 필요가 있습니다. 우리가 보통 예술이라고 해석하는 art라는 말은 옛날에는 기술을 뜻하기도 했습니다. 예술과 과학이 하나였다는 것이죠. 오래전부터 하나였고 특히 그것을 계승한 사람이 레오나르도 다빈치라고 할 수 있습니다. 그 뒤로 근대 시대로 넘어오게 되면서 그런 종합적인 지식이 약화되었습니다. 예술이나 도덕, 윤리, 철학과 관계없이 기술만 발전하는 기계 시대를 맞았는데 사실 이런 추세는 20세기에 와서 문명의 위기까지 초래할 정도로 문제가 되고 있습니다.

말하자면 기술을 위한 기술, 기계를 위한 기계는 안 된다는 것입니다. 공학을 공부하는 학생들도 이제는 예술을 알아야 하고, 철학을 알아야 합니다. 종합적으로 인식할 수 있는 능력이 필요합니다. 인문대학이나 법대나 상대를 다니는 학생들도 예술을 알아야 하고, 기술, 과학을 알아야 합니다. 이제는 여러분이 어떤 분야에서 전문적으로 일을 하든 간에 종합적인 인식능력을 가져야 하고, 종합적인 학문에 대한 열린 태도를 가져야 합니다. 인류 역사상 융합적인 정신을 보여준 사람들이 많지만 오늘은 그중에서도 특히 한 사람. 500년 전에 이탈리아의 르네상스 시대를 살았던 전인 레오나르도 다빈치에 대해 말씀드렸습니다. 아무쪼록 여러분 모두가 다빈치처럼 창조적인 융합형 천재가 되길 빌면서 강의를 마치겠습니다.

## 질문과 대답

저는 지금까지 사람의 능력이 예술적인 방향이나 과학적인 방향같이 특히 어느 한쪽으로 발달한다고 생각했는데 다빈치는 어떻게 그렇게 다양한 분야에서 전인적인 활동을 할 수 있었는지, 다빈치가 천재이기 때문인지 아니면 시대적인 흐름 때문인지 그 이유가 궁금합니다.

많은 사람이 다빈치의 천재성의 비밀이 무엇인지 따져보고 연구를 했습니다. 책도 수없이 많이 나왔어요. 하지만 명확하게 똑 부러지는 정답은 없는 것 같습니다. 여러 이야기가 있을 수 있지만 그중에 제가 오늘 여러분에게 말씀드린 것이 지금까지 나온 답들 중에서 가장 보편적인 답이라고 할 수 있습니다. 다빈치는 주입교육을 받은 사람이 아닙니다. 학교에 못 갔기 때문에 어린 시절부터 자연에 친숙했고, 자연이나 사물에 대한 관찰이 생활화된 것 같아요. 그리고 십대 초반에 베로키오의 아틀리에에 들어가서 그림을 배우기 시작하는데 그림을 배우면서도 항상 남들과는 다르게 하겠다는 생각이 뚜렷했어요. 새로운 소재와 새로운 기법을 계속 탐구합니다. 굉장히 탐구욕이 뛰어났어요. 탐구욕이 그림을 그리는 경우에만 발현된 것은 아닙니다. 그 당시 르네상스 시대에는 이미 새로운 과학에 대한 관심, 의학에 대한 관심이 사회적으로 일어나고 있었어요. 다빈치 혼자 모든 것을 다 이뤄낸 것은 아닙니다. 이 사람은 그런 사회적인 분위기에 민감하게 반응을 했죠. 그래서 사람 얼굴을 그리면서도 해부학을 연구한 것입니다. 인물을 그려도 보다 입체적으로, 보다 실물에 가깝게 표현하면서 굉장히 신비로운 느낌을 주는 나름의 기법들을 계속 발견해낸 것입니다.

다빈치는 말하자면 이과 쪽의 특별한 뇌라든가 문과 쪽의 특별한 뇌가 발달한 사람이 아닙니다. 우리의 뇌가 한쪽으로 치우치게끔 구조화되어 있는 게 아니고 사실 뇌를 종합적으로 사용하면 얼마든지 융합적인 인식이 가능하다고 저는 알고 있습니다. 오히려 우리는 어떤 계기에 의해서 한쪽만을 사용하고 있을 뿐이고 많이 사용하지 않는 다른 쪽 뇌를 개발하면 훨씬 더 새로운 영역을 발견할 수 있습니다. 따라서 여러분이 다빈치처럼 생각하고 다빈치처럼 왕성한 호기심과 탐구심으로 새로운 것을 꾸준히 추구해나가려는 의지가 있다면 누구나 다빈치가 될 수 있어요. 다빈치가 특별히 뇌의 구조가 뛰어나서 그런 사람이 된 것이 아닙니다.

 익숙하지 않은 분야에 대해서 관심을 가져보아야 하고 무엇보다도 여러분의 뇌, 여러분의 가슴, 여러분의 능력에 대한 신뢰를 가져야 해요. 과감한 호기심으로 이 세상의 모든 것에 대해서 안테나를 세우고 세상의 변화에 민감하게 대응을 할 수 있으면 여러분도 다빈치 같은 융합형 인간이 될 것이라고 저는 믿어 의심치 않습니다.


 저는 다빈치가 다양한 능력을 발휘할 수 있었던 것은 그 당시는 지금처럼 경쟁이 심하지 않았고 다방면으로 사고할 수 있는 사회적 분위기가 형성되어 있었기 때문이라고 생각합니다. 그런데 지금 교수님이 말씀하신 것처럼 문과 학생이 이과 쪽 분야에도 관심을 가지고 이과 학생이 문과 쪽 분야에도 관심을 가지는 것은 좋은 일이긴 한데 사실 한 가지에만 매진해도 취업해서 먹고살기 힘든 이 시기에는 이상적인 말처럼 들리기도 합니다. 이 점에 대해서는 어떻게 생각하십니까?

 저는 여러분이 사는 시대가 유별나게 경쟁이 심한 시대고 다빈치가 살았던 시대는 그렇지 않았다고 생각하진 않습니다. 오히려 다빈치가 살았던 시대는 훨씬 위험하고, 통제가 많았고, 억압된 구조였습니다. 아까 말씀드렸듯이 기독교가 모든 것을 지배했습니다. 그래서 다빈치와 같은 사람은 살아가기가 힘든 시대였습니다. 그런 시대에 다빈치가 자신의 천재성을 발현시킨 것은 물론 그 시대의 보통 사람들이 할 수 있는 일은 아니었을 것입니다. 지금 여러분이 '이 시점에서 하나 하기도 힘든데 다빈치처럼 하라고 하는 것은 이상 아니냐?'라고 반문하실 수 있는데 이상이긴 합니다. 그런데 중요한 점은 이미 하나를 파는 것만으로는 여러분이 뭔가를 이룰 수 없는 시대가 되었다는 것입니다. 보다 종합적인 지적 능력, 판단 능력, 인식능력을 필요로 하는 시대에 와 있습니다. 더 힘든 시대라고 여러분이 생각하실지는 모르겠지만 시대의 양상이 변했다는 것을 기억하셔야 합니다.

하나만을 파는 사람은 기능공 시대에는 필요했어요. 그야말로 한 가지 기술로 하나의 분야에서 열심히 노력한 사람이 성공할 수 있는 시대가 있었습니다. 그게 우리나라의 70-80년대 이야기입니다. 이제 우리 사회의 발전 정도는 그런 시대를 지나버렸습니다. 창조적인 태도로 살아가는 것이 불가능하다고 스스로 판단하지 마시고, 그것이 이상이라고 단순히 생각하지 마시기 바랍니다.

여러분 모두가 다빈치처럼 그림에도 뛰어나고 과학기술에도 뛰어난, 모든 분야의 천재가 되어야 한다고 얘기하는 것은 아닙니다. 다빈치는 하나의 모델일 뿐입니다. 그러나 다빈치처럼 살려고 노력은 해야 해요. 물론 우리나라의 비인간적이라고 할 정도의 경쟁이 옳다고 생각하지는 않지만 그래도 어쨌든 여러분은 이 경쟁을 이겨내야 합니다. 이기기 위해서는 이 시대가 요구하는 인간형이 무엇인지 정확하게 알아야 하고, 지금까지 사용하지 않았던 또 한쪽의 뇌를 스스로 개발해야 하고, 그런 인간형으로 발전해가야 합니다.

지금 우리나라의 학생들은 고등학교에서 문과, 이과를 선택하고 대학에서 전공을 선택하면서 고등교육으로 갈수록 점점 좁아지고 깊어지는 방향으로 갈 수밖에 없는데, 지금 사회가 원하는 융합적인 능력과 교육제도가 이질적이라는 생각이 듭니다. 시대가 원하는 인재를 길러내기 위해 사회적으로나 교육적으로 어떻게 발전을 해야 할지 궁금합니다.

아마 문과, 이과 구별은 곧 없어질 것입니다. 안 없어지면 이 나라가 망할 거예요. 대학의 전공제도 점차 완화될 것입니다. 미국이나 유럽의 대학에서는 우리 같은 전공제를 시행하지 않습니다. 보통 1, 2학년 정도까지 다양한 학문을 섭렵하고, 3학년쯤 되어야지 자기 전공을 가집니다. 그런데 이 자기 전공이라고 하는 것도 우리처럼 이렇게 세분화되어 있지 않습니다. 한국의 대학교육이 굉장히 전문화되어 있는 것입니다. 그러니까 우리나라 고등교육에서는 지식을 습득하는 양이 과도하게 많습니다. 너무 많은 것을 가르치려고 해요. 이건 그만둬야 합니다. 좀 적게 가르치고 대신 창조적으로 생각할 수 있는 시간을 많이 줘야 해요.

저는 이 교육제도가 반드시 바뀌어야 한다고 생각하는데 그 방식은 융합형으로 바뀌어야 합니다. 그러니까 문과, 이과 구별이 없어져야 하고 지금처럼 중·고등학교 때 과도한 양의 지식을 주입하는 것도 그만둬야 해요. 공부 양을 줄여야 해요. 대학에서도 2학년 정도까지 학과 구별 없이 공부해야 해요. 그리고 지금과 같은 학과제는 없어지고 적어도 학부제나 단과대학 정도의 차원에서 종합적으로 지식을 습득하는 대학 시스템으로 옮겨 가야 합니다. 이런 방향이 지금 학문의 발전 추세이고 사회의 발전 추세입니다. 우리나라만이 아니라 전 세계가 그러한 방향으로 나아가고 있습니다. 우리가 이런 추세에 역행할 수는 없어요. 여러분은 아마 그렇게 변해가는 시기의 과도기에 있는지도 모르겠습니다.

# 의학과
# 인문의 융합

허준의
『동의보감』

신동원

**신동원**

서울대학교 학부를 졸업하고 같은 대학원에서 한국과학사 연구로 박사학위를 받았다. 영국 케임브리지 니담 동아시아과학사연구소 객원 연구원을 지냈으며, 카이스트 인문사회과학부 부교수를 거쳐 현재 전북대학교 과학학과 교수와 한국과학문명학연구소의 소장으로 재직 중이다. 현재 문화재청 문화재위원, 한국과학사학회 회장이기도 하다. 『한권으로 읽는 동의보감』(공저), 『조선사람의 생로병사』, 『조선사람 허준』, 『호열자, 조선을 습격하다 — 몸과 의학의 한국사』, 『호환 마마 천연두 — 병의 일상개념사』, 『조선의약생활사』, 『역시만필』(공저) 등 십여 권의 책을 썼다.

여러분 차원에서의 융합을 해내기 위해서는 자신감을 갖고 여러분이 잘하는 영역을 찾아야 해요.

'의학과 인문의 융합'이라는 주제로 이야기하기에 앞서, 먼저 융합이 뭔지에 대해서 함께 생각해봤으면 합니다. 융합이라는 말은 저도 많이 씁니다. 제가 융합이라는 말을 쓸 때는 주로 연구를 신청하는 제안서를 쓸 때인데, 예를 들면 이런 식입니다. '이것은 과학과 인문학의 융합이다.' 이렇게 융합이라는 말이 들어가야 점수를 더 준다는 것을 알고 있기 때문에 쓰는 거예요. 일종의 클리셰인 셈이죠. 언제부터인가 학계 전반에서 융합이라는 표현을 상투적으로 많이 쓰고 있는데, 융합이 왜 중요한 걸까요? 여러분이 알고 있는 융합이란 무엇인가요? 검색해서 대답해도 좋습니다. 앞에 손든 학생 한번 말해볼래요?

"다른 종류의 것이 녹아서 서로 구별 없이 합해지는 것입니다."

혹시 이 학생과 다른 의견 있으신가요? 네, 그 뒤의 학생.

"서로 다른 학문들이 합쳐져서 다른 학문이 나오는 것입니다."

두 의견이 약간 다르긴 하지만 큰 틀에서는 비슷한 것 같습니다. 저도 융합에 대해서 한번 생각해봤는데요, 저는 융합이라고 하면 일단 가장 강력한 이미지의 핵융합이 떠오릅니다. 핵융합은 중수소, 삼중수소가 1억℃ 이상의 고온에서 플라스마로 바뀌어 결합을 하면서 핵력이라는 막대한 에너지가 발생하는 것입니다. 그러니까 융합을 주장하는 사람들의 논리는, 개체의 수준으로서는 아주 미미한 개별 요소가 융합을 하는 순간 미증유의 에너지가 발생한다는 겁니다. 서로 다른 학문이나 어떤 기술, 능력이 융합해서 무엇인가를 빵 터뜨릴 수 있다는 거죠. 우리는 이것을 다른 말로도 많이 써왔고, 지금도 쓰고 있습니다. 바로 시너지 효과죠. 그런데 시너지 효과는 핵융합에 비하면 세발의 피도 안 됩니다. 그리고 좀 전에 학생들이 융합이 '다른 종류의 것이 녹아서 합해지는 것', '서로 다른 학문들이 합쳐져서 다른 학문이 나오는 것'이라고 얘기했는데 그것과 비슷한 말로 우리가 많이 썼던 말이 또 있어요. 한때 유행했던 '간학문'이라는 말이에요. 간학문은 학문과 학문 사이의 교류를 뜻하죠. '학제'라고도 하는데, 이때 '제'는 학문 사이의 경계라는 거예요. 그 경계를 가로지른다는 거죠. 그런데 간학문과 학제, 또 통섭이라는 말 역시도 한동안 태풍처럼 와서 유행을 하다가 어느 순간 다 사라지고 지금은 융합의 시대가 됐어요. 이 '융합'에 다양성의 의미를 더해 '융복합'이라는 말을 많이 씁니다. 인문학, 과학, 예술을 총체적으로 해야 한다는 거죠.

제가 융합이라는 게 도대체 뭘까 생각하면서 인터넷을 검색해 봤는데 저하고 여러분하고 만나는 것도 융합이래요. 서로 다른 이질적인 존재가 만났잖아요. 여러분 대학에서 『동의보감』 강의 언제 한번 들어보셨어요? 이런 강의는 개설 안 되어 있잖아요. 그런데 저 같은 사람이 와서 『동의보감』에 대해 강의하고 여러분이 모여서 수업을 들으면 그것도 융합이라는 거예요. 다른 개체와 존재들이 만나서 무엇인가를 만들어내면 그게 융합이라는 거죠. 그런데 이렇게 되면 융합 아닌 게 어디 있겠어요? 그래서 서울대의 홍성욱 교수는 『융합이란 무엇인가』라는 책에서 융합이란 그런 시시껄렁한 만남과 교류를 말하는 게 아니라 인류가 당면한 큰 문제들을 해결하기 위해서 다양한 학문이 만나 서로 깊은 논의를 나누고 해결 방안을 도출해내는 것이라고 주장합니다. 예컨대 기후, 에너지, 자원, 평화 등의 문제를 해결하기 위해서는 물리학만으로, 혹은 철학이나 정치학만으로, 생물학만으로 접근해서는 해결의 실마리를 찾을 수 없습니다. 대한민국을 예로 들면, 우리는 현재 단군 이래 가장 풍요롭고 폼 나는 시대를 살고 있어요. 그런데 이런 시대가 언제까지 지속 가능할까요? 이런 생각을 해보면 단순히 어느 한 분야만 잘해서는 안 된다는 그런 인식이 있잖아요. 이 시대를 지속시키기 위해서는 각 분야에서 각자의 장점을 살리는 데만 그칠 것이 아니라 여러 분야의 장점을 녹여내서 전에는 없던 무언가 새로운 형태를 분출시켜야 된다는 거죠. 홍성욱 교수는 이런 큰 단위에서 융합을 이야기해야 한다고 주장하고 있는 겁니다.

그런데 이제는 한물가서 잘 쓰지 않는 간학문이니 학제니 통섭이니 하는 것들도 결국은 융합과 같은 것들입니다. 다시 말하면 융합이라는 것도 지금은 당면한 학문적 조류로서 키워드가 되지만 한때의 유행처럼 지나갈지도 모른다는 것이죠. 융합을 비롯한 이 모든 것은 쉽게 얘기하면 이질적인 것들을 섞자, 섞어서 이전에 없었던 것을 만들어내자는 겁니다. 융합을 아무리 더 멋있게 표현한다 해도 결국 서로 다른 것들을 뭉쳐서 새로운 것을 만든다는 이 기본 정의에서 크게 벗어나지 않습니다. 그러니까 융합은 나물을 개별적으로 먹을 수도 있지만 밥이랑 다른 반찬들과 섞으면 비빔밥이라는 새로운 형태의 음식이 탄생하는 것과 같다고 쉽게 생각할 수 있는 거죠. 융합에는 다양한 차원이 있습니다. 『융합이란 무엇인가』라는 책에서 말하는, 교수와 학자들 차원에서의 융합이 있을 것이고, 또 노벨상 수상자 차원에서의 융합이 있을 수 있겠죠. 그리고 여러분 같은 학생들 차원에서의 융합이 있을 겁니다. 그럼 학생인 여러분이 융합을 시도하기 위해선 무엇이 필요할까요?

무엇보다도 여러분은 먼저 자기를 세워야 합니다. 자기를 세운다는 건 자기가 좋아하는 것, 잘할 수 있는 일을 찾아서 하는 것입니다. 그렇게 스스로 굳건히 선 다음에 다른 부분을 포섭해서 끌어당겨야 하는 거죠. 그렇지 않고 어설프게 융합을 시도하면 반드시 실패해요. 대학에서 융합을 강조한 지 10여 년이 되어가는데 성공한 융합 사례를 그렇게 많이 볼 수 없습니다. 대부분 융합이라는 말만 내세웠지 존재감 없이 떨어져나갔다는 거죠. 융합에도 융합의 차원이 있고 융합의 전략이 있습니다. 그러니까 여러분이 여러분 차원에서의 융합을 해내기 위해서는 자신감을 갖고 여러분이 잘하는 영역을 찾아야 해요.

『동의보감』은 유희왕 카드처럼 만들어 놀이하기에 좋은 엄청난 논리 체계와 콘텐츠를 가지고 있어요.

그럼 『동의보감』에 대해서 본격적으로 이야기해볼까요? 제가 전에 교토의 인문과학연구소에 갔을 때, 거기 계시는 한국인 연구원들과 교토대학 교수들과 저녁을 먹는 자리에서 '동의보감 카드'를 유희왕 카드 대항마로 만들겠다는 생각을 신나게 얘기한 적이 있어요. 여러분 유희왕 카드 혹시 해보셨나요? 우리 아들이 초등학교 5학년인데 이 녀석은 하루 종일 유희왕 카드에 푹 빠져 살고 있어요. 눈이 완전 뒤집혀서 유희왕 카드 모으는 데 쓰는 돈이 전혀 아깝지 않아요. 그런데 제가 더 놀란 건 뭐냐면 그 카드에 깨알 같은 글씨로 정보들이 적혀 있는데 그걸 다 외우고 있더라고요. 어떻게 외우나 봤더니 교재가 있어요. 그 교재를 보면서 밑줄 치면서 암기하고 이걸 배틀할 때 써먹는 거예요. 이 녀석이 유희왕 카드로 중학교 형과 배틀해서 이기더라고요. 제가 일본에 간다고 하니까 이 녀석이 유희왕 카드의 원조가 일본이 잖아요, 유희왕 카드를 구해달래요. 그래서 제가 교토에 가서 유희왕 카드를 구한다는 얘기를 하니까 김지현 교토대학 교수(현 서울대 종교학과 교수)가 듣고 유희왕 카드 말고 '동의보감 카드'는 어떻겠냐는 제안을 해요. 그렇게 해서 '동의보감 카드'에 대한 구상이 시작된 거예요. 바로 이거다 싶더라고요.

그래서 제가 유희왕 카드를 관심을 가지고 유심히 살펴보니까 이게 장난이 아니에요. 그 안에 코드 심어놓은 것들이 다 논리 체계가 있어요. 전통 사상의 논리 체계도 있고 음양오행도 있어요. 빛의 속성, 어둠의 속성, 이거 뭐예요? 음양이잖아요. 그다음에 뭐가 뭐를 이긴다는 건 오행의 상생상극이에요. 유희왕 카드가 그냥 막 상상으로 만들어놓은 것이 아니라 동양 사상의 중요한 부분들을 논리 체계로 만들어놓고 활용하고 있다는 것을 봤어요. 일본에서 유희왕 카드의 시장 규모가 어느 정도 되는지 살펴봤더니 2009년도 기준 매출이 2.2조 원이에요. 천문학적인 숫자인 거죠.

『동의보감』은 유희왕 카드처럼 만들어 놀이하기에 좋은 엄청난 논리 체계와 콘텐츠를 가지고 있어요. 『동의보감』에 등장하는 수백 가지의 약초를 가지고 수많은 배틀형을 만들 수 있어요. 병도 수백 종 되잖아요. 인삼이나 녹용, 당귀 같은 수백 가지 약초의 효능을 외우고 어떤 약초와 어떤 약초가 합쳐졌을 때 어떤 병을 이기고 어떤 약초와 어떤 약초가 합쳐졌을 때 사람을 죽이기도 하는지 그 조합에 대해서 공부할 수 있는 거예요. 두 가지 약재가 들어가면 쌍화탕이고 네 가지 약재가 들어가면 사물탕인데 이걸 가지고 배틀하면 약초의 이름과 효능, 음양오행의 논리 체계, 약제와 병의 관계에 대해서 엄청난 지식을 습득할 수 있게 된다는 거죠.

제가 한국에 와서 다양한 분야의 여러 선생님께 이 아이디어를 말씀드렸더니 자기들도 끼워달래요. 정병규 선생님도 디자인에 참여하겠다고 하시고. 그리고 스토리텔링이 중요하잖아요. 캐릭터를 만들고 이야기에 살을 붙여서 서사를 정교하게 만들어나가려면 문학도 필요해요. 논리 체계는 한의학 하는 사람들이 세워야겠죠. 한의학, 철학, 문학, 디자인, 컴퓨터공학, 이런 식으로 다양한 분야가 융합하면 카드뿐만 아니라 애니메이션, 디지털 게임 등도 충분히 만들 수 있어요. 여기서 제일 중요한 것은 바로 『동의보감』이라는 상표성입니다.

여러분 혹시 '유전자 동의보감' 프로젝트라고 들어보셨나요? 카이스트의 이도헌 교수님 팀에서 이 프로젝트를 수행하고 있는데 이 프로젝트의 규모가 총 얼마냐 하면, 아마 짐작도 못하실 거예요, 무려 10년 동안 1,600억입니다. 그런데 이 프로젝트명에 '동의보감'을 붙였어요. 그래서 제가 이도헌 교수님께 그 이유를 여쭤봤더니 두 가지 의미가 있다고 합니다. 하나는 이 프로젝트의 목표가 신체에 대한 방대한 빅 데이터를 구축하는 것인데, 17세기의 『동의보감』이 그 당시까지 의학에 대해서 그런 태도로 정보를 모으고 재배치했다는 거예요. 두 번째 의미는 '동의보감'이라는 말이 주는 상징성이에요. 『동의보감』 하면 초등학생부터 노인까지 국민 대다수가 알아요. 『동의보감』이 정확히 어떤 책인지에 대해서 구체적으로는 잘 모른다고 해도 조선 시대에 허준이 지은 의서라는 것 정도는 대강 알죠. 『동의보감』이 대국민적으로도, 세계적으로도 유명한 책이기 때문에 '유전자 동의보감' 프로젝트가 만들어졌다는 거예요. 만일 이 프로젝트명을 밋밋하게 '유전자 생명 파악 프로젝트' 이런 식으로 지었다면 대중들한테 직관적으로 어필하지 못했을 거예요.

그런데 이 '유전자 동의보감'이 어떻게 들리세요? 좀 생경하지 않나요? 유전자하고 『동의보감』이 만날 지점이 없어 보이잖아요. 하지만 앞에서 말씀드렸다시피 이렇게 거리가 멀어 보이는, 아주 이질적인 것들을 붙여서 그럴듯한 걸 만들어내는 것이 융합입니다. 그래서 저는 인문과 의학의 융합으로 '디지털 휴머니즘 동의보감'이라는, 아주 이상해 보이는 조합의 프로젝트를 구상 중에 있습니다. 단순히 한의학 의서로서의 『동의보감』이 아니라, 기, 음양, 오행 이런 것들의 자연스러운 운용을 몸에 체화하는 방식의 놀이로서, 전통 사상을 몸에 익히는 놀이로서 '디지털 휴머니즘 동의보감'을 기획해본 겁니다. 『동의보감』을 게임이나 놀이로 새롭게 만들어낸다면 이것이 바로 허울뿐인 박제된 한국학이 아니라 현재적 의미의 살아 있는 한국학이 되지 않을까 생각합니다.

『동의보감』은 양생학과 의학을 결합해서 기존 의서의 틀을 뛰어넘는 통일된 의학 체계를 고안해낸 놀라운 책입니다.

자, 차례로 허준의 〈신형장부도〉와 이천의 〈장부도〉, 베살리우스의 〈인체의 구조〉가 있습니다. 이 세 그림을 보고 느낀 점이 뭔지 말해주세요. 이 앞의 학생부터 말해볼까요?

"베살리우스의 그림이 제일 보기 좋은 거 같아요."

보기 좋다는 것은 무슨 뜻인가요?

"제일 상세하게 그려졌어요."

그럼 뒤의 학생은 어떤가요?

"베살리우스의 그림은 사실적이고, 허준과 이천의 그림은 딱 봐도 동양 같아요."

네, 굉장히 중요한 점을 얘기했어요. 베살리우스의 그림은 사실적이고 입체적이죠. 나머지 둘은 평면적입니다. 그림 앞의 두 그림을 비교해줄 수 있겠어요? 느낌만 얘기하면 어떤가요?

"이천의 그림은 복잡하고 허준의 그림은 단조로워 보여요."

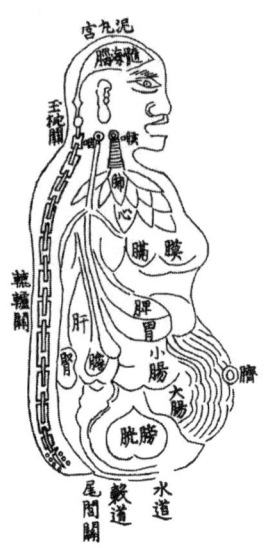

허준, 〈신형장부도〉
(『동의보감』「내경편』), 1613

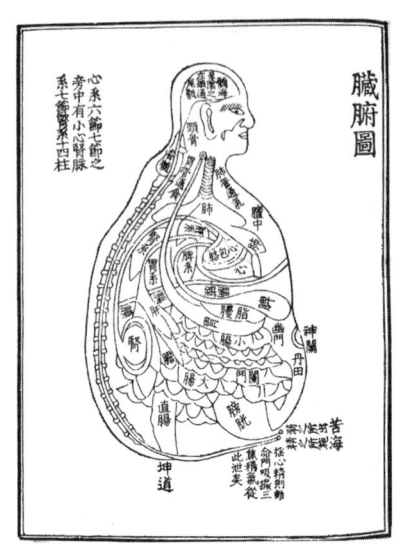

이천, 〈장부도〉(『의학입문』), 1575

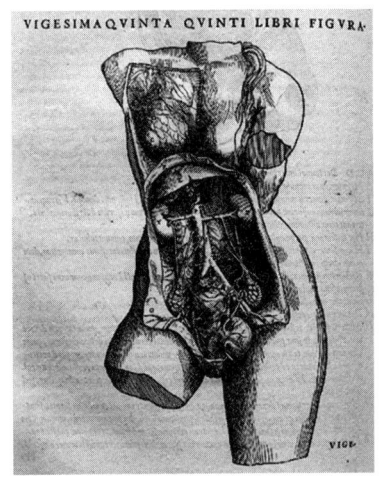

베살리우스, 『인체의 구조에 대하여』 삽화, 1543

그렇죠. 정확하게 얘기했어요. 베살리우스의 그림은 1543년에 출간된 『인체의 구조에 대하여』라는 책에 나온 삽화로, 근대 해부학의 창시자로 불리는 베살리우스는 중세까지 오랜 세월 동안 유럽을 지배해오던 갈레노스Claudius Galenus 해부학의 오류를 비판하고 해부학의 방법을 근본적으로 개혁해나갔습니다. 당시는 레오나르도 다빈치가 정밀화를 그리던, 진보적이고 인본주의적인 분위기가 팽배했던 르네상스 후반기입니다. 관념적이고 반성적인 지식이 사실적이고 물질적인 것에 기반한 것으로 바뀌던 시대죠. 그래서 의학사에서 가장 높이 평가하는 베살리우스의 업적은 사실적이고 입체적인 신체관을 통해서 관념적인 의학에서 실질적인 의학으로의 길을 열었다는 데 있습니다. 『인체의 구조에 대하여』에는 저 그림뿐만 아니라 150여 점의 인체 해부도가 실려 있습니다. 베살리우스가 의학자로서 해부를 하고 그림은 당시의 내로라하는 화가가 그렸습니다. 의학과 예술의 융합이라고 할 수 있는 거죠. 인체 해부가 일반화되지 않았던 시대에 베살리우스는 야심만만하게 직접 인체 해부를 시도함으로써 인체에 대한 이해를 높여 의학의 발전을 앞당겼고, 그것을 생생하게 묘사한 화가는 인체에 대한 정확한 데생을 통해서 서양미술에 획기적인 전환의 계기를 마련한 것입니다.

허준의 〈신형장부도〉와 이천의 〈장부도〉는 비슷하죠. 시기적으로는 이천의 〈장부도〉가 조금 빨라요. 이천은 중국 명나라 사람인데, 이천의 〈장부도〉가 그려지기 300년쯤 전에도 중국에서 해부도가 그려졌다고 기록으로 전해집니다. 12세기 송나라 때

구희범이라는 죄수를 해부해서 편찬한 『구희범오장도』라는 해부서가 그것입니다. 그런 해부 지식이 계속 전해져 내려오다가 이천의 〈장부도〉에 반영되었다고 봐야겠죠. 〈장부도〉는 보시다시피 복잡합니다. 이 해부도가 보고자 하는 것이 뭐냐면 오장과 육부가 제 위치에 있는지, 오행의 순서에 따라서 목화토금수가 제대로 작동하도록 돼 있는지, 특히 오장 중에서 심장이 군주지관君主之官으로서 기능하고 있는지 하는 것들입니다. 결국 이 해부도는 오행에 따라서 눈과 간이 서로 연결돼 있다는 것, 폐하고 코, 심장이 몸의 중심기관으로 작동하고 있다는 것 등을 확인하는 것이죠. 그 내용이 이렇게 복잡하게 표현되어 있습니다.

허준의 〈신형장부도〉는 〈장부도〉에 비해 단순해졌습니다. 허준의 의학이 더 발전했다면 〈장부도〉보다 더 복잡해져야 하는 것 아니냐, 오히려 더 단순해졌다는 것은 퇴화한 것이 아니냐는 의문이 들 수도 있습니다. 그런데 이 두 그림을 비교해보세요. 어느 게 더 아름다워요? 어떤 게 더 보기 좋나요? 아마 대부분 허준의 그림이 더 보기 좋다고 생각할 거예요. 허준의 〈신형장부도〉는 간략하게 그려져 있고, 더 중요한 것은 이천의 〈장부도〉에는 없는 정보가 담겨 있다는 겁니다. 〈신형장부도〉에는 기가 흐르는 하늘의 기운이 있습니다. 〈신형장부도〉는 단전, 호흡법, 양생법을 이야기해주기 위한 그림이에요. 우리 몸 안의 오장육부의 관계를 따지는 건 한의학에서 하는 일이죠. 한의학은 철저하게 병에 걸렸을 때 병이 어떻게 전이되고, 약이 어떻게 듣는가를 음양오행에 맞춰서 밝히고 설명해놓은 학문이에요. 반면에 하늘의 기운과 땅의 기운, 그리고 인체의 기운을 잘 조화시켜서 병마에 휩쓸리지 않게 하거나 오래 살게 하는 그런 양생법은 도교적인 전통에서 발전시켜왔던 것입니다. 허준의 『동의보감』은 그런 양생을 더 중요시하고 한의학에 결합시킨 거죠. 양생과 의학을 융합시킨 것입니다.

중국에 똑똑한 천재들이 없지 않았을 텐데, 이런 건 중국에서 누군가가 먼저 하지 않았을까라고 생각하실 수도 있습니다. 중국에선 한나라 때에 이렇게 해야 한다는 것이 『황제내경』에서 표명되었습니다. 그런데 그 이후에 양생 전통과 의학 전통이 별개로 분리되어 내려왔어요. 허준의 『동의보감』은 그렇게 분리된 양생학과 의학을 결합해서 기존 의서의 틀을 뛰어넘는 통일된 의학 체계를 고안해낸 놀라운 책입니다. 우리가 흔히 그런 얘기를 하잖아요? 병났을 때 고치는 것보다 병이 안 나게 하는 것이 더 좋고, 병이 안 나게 하는 것보다 몸을 아예 튼튼하게 하는 것이 더 가치가 있다고. 누구나 당연하게 생각하는 이런 양생의 가치에 입각해서 침구법, 약물 조제법 등의 한의학 지식들을 초지일관으로 정리한 의서가 허준의 『동의보감』 이전에는 중국에서도 없었습니다. 그래서 『동의보감』은 중국에서 현재까지 30판이 넘게 찍혀 나갔어요. 지금도 계속 찍히고 있죠.

허준은 우리의 인체를 독립된 개체가 아니라 우주와 연관된 존재로 파악했습니다.

『동의보감』은 이렇게 시작합니다.

사람 머리가 둥근 것은 하늘의 둥글음을, 사람 발이 평편한 것은 땅의 평편함을 본받는다. 하늘에 네 계절이 있듯이 사람에게는 사지가 있다. 하늘에 오행이 있으니 사람에게 오장이 있으며, 하늘에 여섯 방위가 있으며 사람에게 육부가 있다.
하늘에 여덟 방위에서 부는 바람이 있으니 사람에게 여덟 군데 마디짐이 있고 하늘에 아홉 별이 있어 사람에게 아홉 구멍이 있다. 사람의 열두 경맥은 하늘의 열두 시를 본받고, 사람의 스물네 혈 자리는 하늘의 24절기를 본받는다. 또한 하늘에 365도가 있기 때문에 사람에게도 365 관절이 있다.
하늘에 해와 달이 있듯이 사람에게 눈, 귀가 있다. 하늘에 낮과 밤이 있듯이 사람이 잠들고 깨어남이 있다. 하늘에 천둥과 번개가 있듯이 사람에게는 기쁨과 노함이 있다. 하늘에 비, 이슬이 있듯이 사람에게는 눈물, 콧물이 있다. 하늘에 음양이 있듯이 사람에게 추위와 신열이 있다. 땅에 샘물이 있듯이 사람에게 혈액이 있으며 땅에 초목이 자라듯 사람은 털과 머리카락을 갖는다. 땅에 금석이 있듯이 사람은 치아를 갖는다.

오늘날 우리는 이런 비유를 받아들이기 힘들지만, 허준은 우리의 인체를 독립된 개체가 아니라 우주와 연관된 존재로 파악했습니다. 인체 안에 있는 각각의 장기들 역시 우주의 구조 안에 있다고 보았습니다. 그래서 사람의 몸은 하늘과 땅의 모습을 본받고 생명체의 근원은 우주의 근원과 같다고 말했습니다. 여러분은 『동의보감』을 여타의 일반적인 의서와 같이 병든 사람을 살리는 방법을 기능적으로 알려주는 책으로만 알고 있었을 텐데, 이렇게 『동의보감』은 누구나 다 관심을 가질 몸에 대한 이야기로 시작해서, 이 뒤로는 '늙으면 왜 자식을 낳을 수 없는가', '어떤 유형의 사람이 건강하고 오래 사는가', '오래 살기 위해서는 정·기·신을 보양하라', '계절에 맞추어 몸을 조섭하라', '마음의 욕심과 잡념을 없애라', '몸 안의 정기를 기르는 여러 방법들: 태식법·안마도인법·환단내력법', '건강하게 오래 살게 하는 약 경옥고 등', '신침법과 연제법', '노인 보양법'… 이런 식으로 이어집니다. 그러니까 『동의보감』의 전편을 흐르는 가르침은 인간은 자연을 닮은 소우주라는 것입니다. 그러니 자연을 닮은 인간은 자연의 원리를 따라야 하고, 그 원리를 거스른다면 인체의 균형도 깨질 수밖에 없다고 설명합니다. 천지인의 기운을 받아서 양생을 하는 것이 중요함을 먼저 이야기한 후에, 이런 몸의 기운이 해쳐졌을 때 약과 침구를 이용해서 어떻게 기운을 회복해야 하는지에 대해서 가르쳐준다는 것입니다.

그렇다면 『동의보감』은 구체적으로 어떻게 구성되어 있을까요? 허준은 우선 신체를 내외로 나누어 양생학과 의학 중 몸 안의 장부에 작용하는 것을 내경 편, 몸 겉 외형에 작용하는 것을 외형 편, 이어서 신체 내외에 특정하지 않은 병에 관한 내용을 잡병 편에 두었습니다. 이어서 몸 안에 작용하는 약물 요법을 탕액 편, 몸 겉에 작용하는 침과 뜸 치료법을 침구 편에 포괄했습니다. 내경·외형·잡병 편에 속한 양생과 병증, 약물과 침구에 관련된 내용은 다시 105개 문門으로 나누어 정해진 양식에 따라 배치했습니다. 각 문마다 의학 이론과 처방은 양생의 원칙, 병의 원인, 병증의 종류, 맥의 특성, 구체적인 치료법, 식이요법, 단방, 도인법導引法, 침구법, 기양법, 금기 등의 순서로 배열했습니다. 또 각 문에 속한 내용은 그 내용이 뜻하는 바를 드러내는 2,807개에 달하는 수많은 소소표제 아래 묶었습니다. 경쟁적인 명대의 다른 종합 의서와 비교할 때 이런 편집 방식은 『동의보감』만이 지닌 두드러진 특징입니다. 이러한 편집 방식을 통해 독자는 편 아래 1문에 속한 소표제를 훑는 것만으로도 그 문의 내용을 대강 파악할 수 있고, 그것을 한데 모아놓은 책의 목차를 일람하면 이 새 의서가 다루는 내용 전반에 대해 일목요연하게 파악할 수 있게 되는 것이죠.

허준은 어떻게 해서 그러한 전대미문의 융합을 이뤄낼 수 있었던 걸까요?

허준이 『동의보감』을 완성하기 전까지 그 당시 의학계에는 혼란이 있었습니다. 『황제내경』이 양생과 의학 두 가지를 모두 중시했다는 건 앞에서 말씀드렸죠? 『황제내경』은 양생의 정신을 강조하면서 신체와 병증에 대한 이해를 폭넓게 시도하고 침과 뜸을 이용한 치료법을 제시했지만, 그것이 일목요연한 체제를 이뤘던 것은 아니에요. 그런데 후대의 의학자들은 『황제내경』이 제시한 체제를 밀고나가는 대신에 다양한 분야에서 의학 이론을 확충하고 의술 경험을 축적해나가면서 특정 의학 이론에 입각해 병증을 해석하고 치료법을 제시하는 경향이 심해졌습니다. 결과적으로 의학은 풍부해졌지만 환자를 직접 치료할 때 어떤 것이 올바르고 그른 것인지 오히려 혼란이 가중되었죠. 그래서 여러 의학자가 나름대로 통일된 의학 체계를 마련하고 처방을 취사선택해서 그 혼란을 극복하기 위해서 노력했는데 성공하지 못했습니다. 그만큼 양생과 의학을 융합한다는 것이 쉽지 않았던 거예요. 그렇다면 허준은 어떻게 해서 그러한 전대미문의 융합을 이뤄낼 수 있었던 걸까요? 저는 그 원인이 두 가지라고 봅니다. 하나는 허준의 개인적인 측면이고, 다른 하나는 조선 전기 의학의 발전입니다.

먼저 허준의 개인적인 측면을 살펴보자면, 허준은 서자로 태어나긴 했지만 책 사 보고 공부하는 데 지장을 받지 않는 아주 유복한 집안에서 태어난 것 같아요. 허준은 허륜이 전라도 지방의 군수로 갔을 때 거기에서 소실을 얻어서 낳은 자식입니다. 허준은 어렸을 때부터 총명했고, 경전과 사서에 아주 밝았다고 합니다. 경전과 사서에 밝았다는 점, 이것이 오늘 제가 얘기하고 싶은 핵심입니다. 만약 허준이 의학 공부만 했다면 절대로 『동의보감』을 내지 못했을 거예요. 조선 시대를 통틀어서, 아니 중국 의학사를 통틀어서 뛰어난 의사들은 많이 있습니다. 하지만 뛰어난 책을 쓴 사람은 굉장히 드물어요. 허준은 경전과 사서라는 기초적인 공부를 통해서 의학을 더 높은 시야에서 볼 수 있는 혜안을 획득한 것으로 보입니다. 그리고 『동의보감』에서 또 놀라운 점은 문장이 상당히 문학적이라는 것입니다. 현란해서 문학적인 것이 아니라 굉장히 힘이 있고 읽는 맛이 좋은 문장입니다. 좀 전에 『동의보감』의 구성에 대해서 이야기한 것처럼 허준이 그렇게 어마어마한 분량의 정보를 사상과 의학을 넘나들며 일목요연하게 배치할 수 있었던 것은 허준이 경전과 사서에 능통하고 글쓰기에 뛰어났기 때문입니다.

허준이 『동의보감』을 쓸 수 있었던 또 하나의 원인은 조선 전기 의학의 발전에 있습니다. 세종 시대에 향약에 관한 의약서인 『향약집성방』이 완성된 후에 동양 최대의 의학 사전인 『의방유취』가 편찬됐죠. 세종이 『의방유취』의 편찬을 명하고 문관들에게, 인문학적 소양을 갖춘 사람들에게 자연과학을 시켰어요. 『의방유취』는 무식한 책이에요. 어떤 책이냐 하면 신라 때부터 내려오던 의서와 명나라에 가서 사온 의서들 153종을 다 모아서 총합을 만드는 작업을 한 거예요. 총합이라는 건 중복을 거둬낸 나머지 전부예요. 그러니까 동양의학 전부라고 하는 거죠. 이렇게 그 사회의 의학 수준을 끌어올리는 큰 발전이 있었기 때문에 당시 동아시아 의학을 집대성했다고 할 수 있는 『동의보감』이라는 놀라운 융합적 성과가 이루어질 수 있었던 것입니다.

『동의보감』 출현 이후 조선의 의가들은 이 책이 의학의 핵심을 다 잡아낸 것처럼 받아들여 추종했습니다. 중국의 의가들은 『동의보감』의 모든 출처가 중국 의서이며, 그 내용을 훌륭하게 정리했다고 칭송하면서 이 책을 널리 읽었고, 일본의 경우에는 도쿠가와막부가 직접 나서서 어지러운 의학을 바로잡을 전범으로 『동의보감』을 찍어 보급했습니다. 당시로서는 세계적인 책으로 등극한 것이지요. 세계 의학사에서 이 비슷한 사례를 찾는다면, 이슬람의 아비센나Avicenna가 지은 『의학정전』을 들 수 있습니다. 그가 그리스의 히포크라테스와 로마의 갈렌의 의학을 종합한 체계를 세웠듯, 허준의 『동의보감』도 『황제내경』, 『상한론』 등의 전통으로부터 비롯한 고금의 의학 전통을 종합한 체계를 제시한 성격을 지니기 때문입니다.

### 질문과 대답

지금 우리나라에서는 주로 서양의학으로 치료를 하는데 그래도 『동의보감』 같은 동양의학이 가치를 인정받고 높이 평가받는 이유가 뭐라고 생각하시나요?

좋은 질문입니다. 서양의학의 의학사를 잠시 보면, 1950년대에서 1970-80년대까지는 의학적인 낙관론 시대였습니다. 다시 말하면 현대 의학이 지금까지 많이 발전해왔으니 앞으로 조금만 더 발전하면 우리가 못 고칠 병이 없고 인간이 장수할 거라는 믿음의 시대였습니다. 그런데 최근 세계의사협회에서 내놓은 의사 선언들을 보면 놀라운 변화가 있어요. '의학적 과학은 인류의 병을 고치는 데 엄청난 기여를 해왔다. 그렇지만 병을 고치고 수명을 연장하는 등의 많은 부분에서 의학은 여전히 많이 부족하다.' 이런 식으로 바뀌었단 말이죠. 80년대까지만 해도 의사는 숭고한 과학자하고 똑같았어요. 의사들이 이제 그들의 과업을 다 달성해서 인류의 미래를 위해 무엇인가를 갖다 줄 거라고 믿었단 말이죠. 그런데 그렇지 않잖아요. 많은 병이 정복됐다고 하지만 계속해서 새로운 병들이 등장하고, 아직도 못 고치고 속수무책인 병들이 많아요. 서양의학이 이런 부분들에 대해서 많이 겸손해졌다는 것이 동양의학이 가치를 인정받고 높이 평가받는 하나의 이유가 아닐까 싶습니다.

사실 동양의학도 서양의학도 인류가 내놓은 아주 값진 유산입니다. 이번에 아주 상징적인 일이 노벨상 수상을 둘러싸고 일어났죠. 투유유屠呦呦라는 중국의 동양의학자가 말라리아에 대한 특효약을 만들어내서 노벨상을 받았는데 그 약을 만들어낼 때 『주후비급방肘後備急方』이라는 당나라 때 의서에서 힌트를 얻었단 말이죠. 기생충의 성장을 억제하는 개똥쑥 추출물을 대량으로 추출해서 일반화할 수 있는가가 어려운 문제였는데, 이 추출물을 열을 사용해서 녹여내면 약효가 사라져요. 그런데 『주후비

급방』에 적혀 있는 방법대로 즙을 내서 추출하니까 약효가 살아 있더라는 거죠.

  조금이라도 동양의학, 한의학을 인정하지 않으려는 사람들조차도 한의학의 오랜 경험과 전통을 통해서 입증되어온 약물의 성분과 효능에 대해서는 인정합니다. 그런데 조금 더 나아가서 음양오행의 운용에 따라서 병의 메커니즘을 따지는 한의학의 사상과 방법론에 대해서는 인정하는 입장과 인정하지 않는 입장이 나뉩니다. 여기서 한번 생각해볼 것은, 한의학에서는 한 번도 혁명이 일어난 적이 없어요. 아까 베살리우스가 갈레노스 해부학을 비판하고 해부학의 방법을 근본적으로 개혁했다고 말씀드렸잖아요? 서양의학에서는 그때 현대 생리학, 현대 해부학, 현대 약물학으로 넘어가는 혁명적인 변화를 겪었습니다. 그런데 동양의학에서는 그런 혁명이 없었습니다. 그래서 적자생존의 법칙에 따라서 어떤 처방들은 없어지고 계속 살아남은 처방들은 2,000년도 더 된 것들이 있는 거예요. 계속해서 살아남은 처방들은 굉장히 오랫동안 여러 지역에 걸쳐서 검증을 거친 것들인 거죠. 한마디로 적자생존의 법칙에 따라 살아남은 결정체라고 할 수 있어요. 그래서 현재 자연과학계는 동양의학의 지혜라고 할 수 있는 생약을 찾아내자는 입장이고, 또 다른 한편에는 동양의학의 관념과 사상적인 부분이 병을 파악하고 이해하는 데 중요하다는 관점도 있는 겁니다. 동양의학을 받아들이는 입장의 스펙트럼은 이렇게 넓다고 보시면 되겠습니다.

저는 동양과 서양이 의학뿐만 아니라 음식에 대해서도 마인드가 다르다고 생각합니다. 그래서 한식으로 서양에 접근하려면 한식을 좀 더 건강 지향적으로 만들어야 하지 않을까 생각되는데, 음식으로 서양에 접근하려면 어떻게 해야 할까요?

서양에는 스태미나식이 있어요. 스태미나식은 근력을 세게 해주거나 정력을 보충해주는 음식이죠. 그런데 서양에는 우리가 얘기하는 보약, 보신의 개념은 없어요. 이게 달라요. 몸을 보한다는 건 음식이나 약으로 몸을 튼튼하게 기른다는 건데 이런 '보補'의 개념이 서양에는 없기 때문에 서양 사람들이 알아듣게 설명하기 위해서는 몸을 보한다는 건 면역력을 기르는 것이라는 식으로 얘기해야 해요.

우리가 여름철에 몸을 보하기 위해 먹는 대표적인 음식 중 하나가 삼계탕이죠. 아까 제가 '디지털 휴머니즘 동의보감' 프로젝트를 구상하고 있다고 말씀드렸는데, 『동의보감』에서 삼계탕이 어떤 식으로 우리 몸의 기를 길러주는지, 닭과 인삼과 대추 등이 만나 어떤 상호보완작용을 해서 우리 몸을 튼튼하게 하는지를 설명하는 내용을 놀이와 게임으로 만들어 사람들이 자연스럽게 익히게 하면 한식의 '보' 개념도 자연스럽게 함께 학습될 거라고 생각합니다. 그렇다면 한식의 장점을 강화해서 서양에 접근하는 데도 분명 기여하는 부분이 있겠지요. 이런 식으로 협력이 이루어졌을 때 시너지 효과가 나타나는 것이 바로 융합입니다.

보통 몸이 아플 때 한의원을 가거나 병원을 가거나 두 가지 중에서 선택을 하잖아요. 그런데 제가 한의원에 가서 약을 받으면 병원에서 받는 약을 먹지 말라고 하고 또 병원에서 약을 받으면 한의원 약을 먹지 말라고 해요. 제가 생각했을 땐 같은 성분이 중복되니까 먹지 말라고 하는 것 같은데, 그러면 한약도 반만 먹고 양약도 반만 먹는 건 안 될까요? 꼭 한약 아니면 양약만 먹어야 하는지 궁금합니다.

아, 진짜 융합적인 질문입니다. 우리는 흔히 양약과 한약을 섞어 먹죠. 보통 몸살기가 있거나 감기에 걸려서 약국에 가면 알약이랑 쌍화탕을 같이 준다든지 알약이랑 한약재가 든 포를 같이 주기도 하잖아요. 또 큰 수술을 했을 때 의사 선생님들 중 일부는 '보신탕 좀 드세요'라고 권하기도 합니다. 이건 서양에선 생각할 수 없는 개념이에요. 한국인은 뭔가 몸이 상했다 하면 몸을 보하는 음식을 먹는 '식보'로 회복을 하는 데 익숙해져 있습니다. 아까 이야기한 『의방유취』에도 식보 항목이 각 챕터별로 들어가 있어요. 이런 전통은 중국 의서에는 보이지 않는 겁니다.

서양의학에서 또 한의학에서 서로의 방법을 따르지 말라고 할 때 대는 주된 근거는, 서양의학에서는 한약 자체에 농약 잔류 물질이 남아 있을 수 있고 한의학은 여러 부분이 명확하지 않아 위험성이 있다는 것이고, 한의학에서는 서양의학의 접근법이 너무 국소적이라서 몸 전체의 균형을 못 본다는 겁니다. 그런데 의사이면서 동시에 한의사인 분들이 있어요. 이 분들의 이야기를 들어보면 흥미롭습니다. 본인이 두 가지를 다 해보니까 한의학이 분명히 더 뛰어난 부분이 있다는 겁니다. 예를 들면 소화불량이라든지 접질렸을 때의 처치는 한의학이 훨씬 잘 듣는다고 해요.

# 아름다움이란 무엇인가?

외양과 느낌의 시대 즐기기

민주식

**민주식**

일본 동경대학교 대학원 미학예술학 전문 과정에서 문학박사 학위를 받았으며, 현재 영남대학교 미술학부 및 대학원 미학미술사학과 교수로 재직 중이다. 한국 미학 및 비교 미학을 주로 연구했고, 근래에는 동아시아 예술 문화의 현대적 조명에 관심을 기울이고 있다. 저서로『아름다움 그 사고와 논리』,『동서의 예술과 미학』,『동아시아의 언어, 문화, 예술』 등이, 역서로『그리스 미술 모방론』,『미술의 해석』,『비교미학연구』 등이 있다.

단테는 다른 것이 아니라 아름다움이 바로 우리의 영혼을 움직이게 한다고 했습니다.

저는 '아름다움이란 무엇인가?'라는 어렵기 짝이 없는 문제에 대해서 여러분과 함께 고민을 해보려고 합니다. 이 강좌의 큰 주제가 융합 인문학입니다. 결국 융합 인문학을 통해 우리는 무엇을 추구할 수 있을까요? 제 입장에서는 '창조적인 삶'이라고 대답할 수 있겠습니다. 우리는 어떤 면에서는 새로운 것을 창조하는 길에서 막다른 골목에 이르렀고, 이 상황을 뚫고 나가기 위해서는 융합을 비롯해 여러 가지 작업을 해나가야 합니다. 또 인문학의 관점에서 '인간이란 무엇인가?', '인간의 삶이 무엇인가?'라는 문제에 대해 깊이 생각해볼 필요가 있습니다. 그래서 이 강좌를 통해 우리는 창조적인 삶의 추구에 대해 생각해볼 수 있겠고, 이런 관점에서 미의 문제도 생각해보면 좋겠습니다.

아름다움이라는 것은 '예술'과 '인간의 삶'에 관련되는 것입니다. 르네상스가 시작될 무렵에 『신곡』이나 『신생』 등의 책을 썼던 단테가 아름다움에 대해 이렇게 말했습니다. "아름다움은 영혼이 움직이게끔 일깨운다." 우리의 영혼은 본능에 의해서 움직이기도 하고 때로는 여러 가지 잡다한 이해관계에 따라 움직이기도 하죠. 단테는 다른 것이 아니라 아름다움이 바로 우리의 영혼을 움직이게 한다고 했습니다. 단테의 얘기가 여러분에게 잘 와 닿나요?

제가 미학 공부를 40년 가까이 하고 있는데도 아름다움이 무엇인지 잘 모르겠어요. 한마디로 하려니까 어렵죠. 그렇다면 이 말을 살짝 바꿔서 '무엇이 아름다운가?'라고 물으면 좀 쉬울 것 같아요. '아름다움은 행복이다', '아름다움은 평화다', 이렇게 말하는 건 잘 와 닿지 않는데, '장미꽃이 아름답다', '도자기가 아름답다', '여인이 아름답다', '아프로디테의 조각상이 아름답다', '풍경이 아름답다'라고 하면 쉬워지죠. 근본적이고 본질적인 문제에 대해서는 설령 정의를 내린다고 할지라도 거기에 대해서 이론異論이 생기기도 합니다. 그런데 개별적이고 구체적인 사물에 대해서 물으면 각자 수많은 대답을 할 수 있어요. 이렇게 구체적인 것에서부터 나아가는 게 하나의 방법이 될 수 있습니다.

철학적인 물음이 결국 '존재'와 '인식'과 '가치'를 묻는 것인데 아름다움에 관해서도 똑같이 물을 수 있습니다.

그럼 본격적으로 아름다움을 탐구해보겠습니다. 우리는 세 가지 관점에서 아름다움을 얘기할 수 있습니다. 방금 얘기했던 '아름다움이란 무엇인가'라는 물음을 우리는 존재에 관한 물음이라고 얘기합니다. '인간은 신과 동물 사이에 있는 중간적인 존재다', 이런 말을 하잖아요. '아름다움의 존재는 도대체 무엇인가'라는 물음도 있을 수 있겠죠. 그런 물음을 묻는 것을 우리는 존재론이라고 얘기합니다. 두 번째로 '아름다움을 우리는 어떻게 인식하는가'라는 문제가 있을 거예요. 아름다움을 알고 이해하고 받아들이고 수용하는 인식의 문제를 다루는 것을 우리는 인식론이라고 합니다. 또 세 번째로 아름다움은 인간의 다양한 가치 가운데 하나일 거예요. 진선미, 성스러움, 유용성, 용기, 절제, 관용 같은 가치의 문제를 다루는 것을 우리는 가치론이라고 합니다. 철학적인 물음이 결국 '존재'와 '인식'과 '가치'를 묻는 것인데 아름다움에 관해서도 똑같이 물을 수 있겠습니다.

또 아름다움의 위상에 대해서 얘기해볼까요. 위상, 처한 자리, 이것을 그리스 말로 토포스topos라고 하죠. '아름다움은 어디에 있는가?'라고 물으면 흔히 우리는 다음과 같은 세 가지에 있다고 얘기합니다. '자연'의 아름다움이 있죠. 또 인간이 행하는 아름다움을 추구하는 활동으로서 '예술'이 있습니다. 그리고 '인간' 자체도 아름다움을 갖추고 있는 것 같아요. 이 세 가지 외에도 다른 것이 있는지 한번 생각해보세요. 아마 유사한 것이 있을지는 모르겠지만 결국 세 가지로 압축해서 정리할 수 있을 겁니다. 이 문제에 관해서는 뒤에서 다시 검토를 해보도록 하죠.

우선 아름다움을 보는 다양한 시각이 있다는 얘기를 해드리고 싶습니다. 미美는 상당히 다양하고 복잡한 현상으로 여겨지는데 크게 미가 객관적이냐 주관적이냐 하는 문제가 있습니다. 객관성과 주관성의 문제입니다. 객관적 입장에 서 있는 사람들은 아름다움이 궁극적인 실재라고 합니다. 이를테면 플라톤은 이데아라고 했습니다. 이데아의 세계는 궁극적인 진리와 궁극적인 미가 있는 세계입니다. 또는 다른 식으로 접근해서 객관적인 규칙의 존재를 얘기할 수 있습니다. 황금 비율을 구현하면 아름답다는 말들 하죠. 객관적인 속성으로 아름다움을 이해하는 관점인 겁니다.

또 한편으로 비교적 근대의 관점인 주관주의가 있습니다. 아름다움은 판단의 주체에 따라 다르다는 것입니다. 흔히 이런 입장은 취미라는 개념을 통해 설명할 수 있어요. 우리의 취미가 제각기 다르듯이 아름다움을 보는 것도 가지각색이에요. 장미꽃이 아름답다는 사람도 있고 백합이 더 아름답다는 사람도 있죠. 미적 태도에 따라서 결국 간취하는 내용이 달라진다는 것입니다. 그래서 객관주의와 주관주의가 대립하기도 하고 둘의 통합적인 정리가 이루어지기도 합니다. 어쨌든 객관성과 주관성이라는 두 측면이 있는 것입니다.

그런데 브와디스와프 타타르키비츠Wladyslaw Tatarkiewicz라는 폴란드의 미학자는 서구 사회가 아름다움에 대한 위대한 이론을 형성해왔다고 하면서 그 하나는 '비례의 이론'이고 또 하나는 '빛의 이론'이라고 했습니다. 이 사람은 천 페이지가 넘는 『미학사』라는 책을 썼습니다. 이 책에서 과거의 일차적인 텍스트를 한쪽으로 다 몰아서 번역하고, 그다음에 자기 서술을 하는 엄청난 작업을 했습니다. 수십 명의 연구원과 함께 이 작업을 한 것으로 압니다. 이 사람이 서양의 사상사를 토대로 아름다움의 역사를 연구하면서 얘기한 결과가, 서양에서는 아름다움이라고 하는 것을 이 큰 두 줄기로 봤다는 거예요.

첫 번째가 비례의 아름다움인데, 서양 사람들의 예술 작품에서는 비례가 중요합니다. 그리스 조각상을 생각해보세요. 실제 사람은 뚱뚱하기도 하고 별의별 모습을 가지고 있지만 그리스 조각상은 7등신, 때로는 8등신의 아주 균형 잡힌 신체를 보여주고 있습니다. 이런 비례의 원리는 르네상스 이후에 서양 예술의 역사에서 끊임없이 되풀이되면서 중시되어온 하나의 원리라고 할 수 있습니다. 레오나르도 다빈치도 인체 비례도를 만들어서 인체의 비례의 원리에 따라 건축을 비롯한 모든 것이 이루어진다는 비례론을 펼쳤어요.

또 하나는 빛의 원리예요. 아름다움이란 비례 같은 객관적인 기준으로 포착되는 것이 아니라 하느님이 보내준 한 줄기 빛처럼 금세 순간적으로 우리에게 와 닿는다는 겁니다. 중세의 기독교적인 세계관에 입각한 아름다움에 대한 관념이라고 얘기할 수 있겠습니다. 중세 고딕 성당에 있는 스테인드글라스를 통해서 빛이 펼치는 찬란한 보석 같은 세계, 이런 것이 하나의 아름다움의 원리로서 자리 잡았다는 것입니다. 어떤 면에서 빛이라고 하는 것은 상당히 관념적인 것이기도 합니다.

또 한편으로 아름다움은 영원한 것이라는 생각이 있고 다른 한편으로는 아름다움은 참 덧없는 것, 부질없는 것이라는 생각이 있습니다. 여러분은 어떻게 생각하시나요? 아름다움은 오래 오래 가나요? 아니면 금방 사라져 없어지나요? "인생은 짧고 예술은 길다"는 말이 있죠. 히포크라테스가 한 말입니다. 히포크라테스는 의사였으니까 원래 '의술은 길다'라고 해야 하는데 번역이 잘못된 겁니다. 히포크라테스 시절에는 의술과 예술을 다 같은 말로 썼기 때문에 오해가 생긴 겁니다. 어쨌든 인생은 짧아요. 길게 봐도 기껏 100년 정도예요. 예술은 어때요? 우리는 지금도 그리스 조각을, 파르테논 신전을 접하고 있고 이집트의 스핑크스도 즐기고 있습니다. 수천 년 전 것도 남아 있단 말이에요. 예술이 길다고 할 수 있겠죠. 아름다움은 어떤가요? 여기에 대해 존 키츠John Keats라는 영국의 낭만파 시인은 "아름다운 것은 영원한 기쁨이다. 그 사랑스러움 늘어만 가고, 결코 그냥 없어지지 않는다"라고 얘기했습니다. 키츠 자신은 20대에 요절했지만 아름다움은 그렇게 오래갈 것이라고 생각했던 것 같아요. 한편으로는 『미의 덧없음과 예술가의 모험성』을 쓴 19세기의 미학자 오스카 베커Oskar Becker는 "아름다움은 덧없는 것이다. 미라고 하는 것은 금방 사라져 없어져버린다"라고 했습니다.

올더스 헉슬리는 "아름다움이라는 것은 술보다 나쁘다. 그것은 아름다움을 가지고 있는 사람, 또 그것을 관조하고 있는 사람 모두를 취하게 해버리기 때문이다"라고 했습니다. 여러분은 이런 아름다움이 있다고 생각하시나요? 헉슬리는 아마도 매혹적인 여인을 생각했는지도 모르겠어요. 지금까지 얘기한 사람들 모두 아름다움에 대해서 깊이 있게 생각한 사람들인데 관점이 이렇게 다릅니다.

우리는 풍경의 아름다움을 발견함으로써 풍경을 더욱더 밀도 있게 만들어가는 것입니다.

이제 자연의 문제를 생각해보겠습니다. 아까 미의 위상을 얘기했죠. 지금부터 자연, 예술, 인간, 이 세 가지에 대한 얘기를 하려고 합니다.

일출의 경이로움, 달빛의 아름다움, 이런 것들은 우리의 영혼을 확장시킵니다. 이렇게 신비하고 위대한 자연을 보면 자연을 창조한 조물주를 숭배하고 찬양하는 마음이 생기죠. 한 송이의 꽃부터 풍경, 산맥에 이르기까지 자연은 여러 가지 형태로 우리에게 와 닿습니다. 중국의 계림 같은 자연의 풍경에서는 인공의 세계에서는 좀처럼 접하기 어려운 현실감을 느끼게 됩니다. 오랫동안 자연 다큐를 진행해온 영국의 방송인 데이비드 애튼버러David Attenborough는 "자연 세계라는 것은 우리를 흥분시키고 시각적인 아름다움을 주고 지적인 관심을 불러일으키는 위대한 원천이다. 그것은 우리의 삶을 가치 있게 만들어주는 원천이다"라고 합니다.

그런데 자연은 단순히 우리에게 주어지는 것이 아니라 우리가 아끼고 만들어가는 것입니다. 저는 여러분에게 이 점을 강조하고 싶습니다. 풍경은 우리에 의해 발견되기를 기다리고 있습니다. 다시 거꾸로 말하면 우리는 풍경의 아름다움을 발견함으로써 풍경을 더욱더 밀도 있게 만들어가는 것입니다. 프랑스의 철학자 가스통 바슐라르Gaston Bachelard는 "모네가 수련을 조망한 이래, 일드프랑스의 수련은 이전보다 훨씬 더 아름다워지고 강렬해졌다"고 했습니다. 인상주의 화가 모네는 수련을 많이 그렸어요. 바슐라르의 말은 수련을 보는 모네의 시각의 도움을 받아 우리도 수련을 바라보는 방식을 변화시킬 수 있었다는 것입니다.

저는 금강산에 가보지 않았지만 금강산이 어떻게 생겼는지 금방 머리에 떠올라요. 왜 그럴까요? 겸재가 그린 〈금강산도〉를 많이 보았기 때문이에요. 그러니까 겸재는 우리에게 금강산을 보는 법을 가르쳐주고 있는 것입니다. 우리는 예술로부터 자연을 보는 방법을 배웁니다. 역설적으로 자연이 예술을 모방한다고 할 수도 있는 거죠. 우리가 양귀비를 아름답다고 하잖아요. 그런데 그 이유는 백낙천이라고 하는 당나라 시인이 「장한가長恨歌」에서 양귀비의 아름다움을 갈고 닦고 읊었기 때문이에요. 그 시를 보고 양귀비의 구석구석이 아름답다고 느낄 수 있는 거예요. 그래서 자연은 우리가 만들어나가는 것이라고 할 수 있습니다.

예술은 단순한 감각적인 아름다움이 아니라 그것을 넘어서는 지적인, 이성적인 차원과 연관됩니다.

이제 예술로 넘어가보겠습니다. 미국의 사상가인 랠프 월도 에머슨Ralph Waldo Emerson은 "아름다움을 사랑하는 것은 취미이고, 아름다움을 창조하는 것은 예술이다"라고 했습니다. 누구나 다 취미를 가지듯이 아름다움을 사랑할 수 있어요. 그런데 아름다움의 창조는 예술가의 몫인 것 같아요. 아름다움을 의식적으로 창조하는 활동, 이것을 예술 활동이라고 부릅니다.

아름다움의 여신인 비너스 얘기를 해볼게요. 회화나 조각 작품 중에 비너스가 나오는 작품이 상당히 많습니다. 조개껍질에서 비너스가 나오는 장면이 담긴 보티첼리의 〈비너스의 탄생〉이 있죠. 조각상으로는 〈크니도스의 비너스〉, 〈밀로의 비너스〉가 있습니다. 부그로가 그린 〈비너스의 탄생〉도 있습니다. 그런데 이 작품들에서 인물들은 나체로 등장합니다. 이것은 서양 미술의 한 가지 특색입니다. 서양에서는 누드라고 하는 벗은 몸이 예술의 역사에서 중요한 비중을 차지합니다. 영국의 미술 평론가인 케네스 클라크Kenneth Clark는 영국 사람은 다른 어느 나라의 말에도 없는 'the naked/the nude'라는 말을 쓰기 때문에 자신은 영국 사람으로 태어나서 굉장히 자랑스럽다고 해요. 'the naked'는 벗은 몸을 가리키고, 'the nude'는 벗긴 벗었지만 아름답고 이상적인, 균형 잡힌 육체를 가리켜요. 아무나 벗는다고 누드가 되는 게 아니라는 거죠. 벌거숭이는 될 수 있어도 누드는 될 수 없습니다. 이 구분은 불어에도 없고 우리말에도 없어요. 그런데 누드의 미술사는 있어도 네이키드의 미술사는 없다는 겁니다. 네이키드의 미술사라고 하면 목욕탕 미술사가 되어버리는 겁니다. 말이 있다는 것은 그것에 대한 관념이 있고 사고가 있다는 것입니다. 서양 미술의 역사에서 나타나는 특징적인 예술미를 누드를 통해 확인할 수 있습니다.

한편 고갱의 작품 가운데 〈우리는 어디서 왔으며, 무엇이며, 어디로 가는가?〉가 있습니다. 이 작품에서 고갱은 뭔가 골치 아픈 문제를 던지고 있는 것 같아요. 이 작품을 통해 우리는 예술은 단순한 감각적인 아름다움이 아니라 그것을 넘어서는 지적인, 이성적인 차원과 연관된다는 것을 알 수 있습니다. 제목에서 드러나듯이 고갱은 단지 타히티 섬의 풍경이 아름다워서 그것을 그린 것이 아닙니다. 고갱은 타히티 섬의 원시적인 풍경과 삶을 접하면서 이것이야말로 참된 인간의 본래의 삶이라는 생각을 했던 겁니다. 또 반 고흐의 〈끈이 달린 구두〉라는 그림이 있습니다. 농부가 신던 다 떨어진 구두를 그린 것입니다. 철학자 하이데거는 이 작품이야말로 농부의 삶이 서려 있는 그림이라고 얘기합니다. 다 떨어진 구두짝이긴 하지만 여기서 존재의 근원을 읽어 볼 수 있다는 얘기입니다. 고갱과 고흐의 작품들을 통해서 예술이라는 것은 아름다움을 담고 있으면서도 지적인 활동이 개입되어 있는 것이라는 점을 잘 이해할 수 있습니다.

그렇다면 우리는 예술과 인간의 다른 삶과의 관계를 어떻게 생각해야 할까요? 가끔 예술가들을 보면 철없고, 세상 물정 모르고, 자기 좋은 대로 한다는 부정적인 생각이 들죠. 또 한편으로 예술가들은 세속에 물들지 않고 자신의 세계를 만들어가는 사람들이라고 할 수 있습니다. 미라는 가치, 예술이라는 가치, 그 자체만을 추구하는 예술로 나아갈 때 자칫하면 감각적인 쾌락만을 추구하는 향락주의에 빠질 위험도 있습니다. 오스카 와일드 같은 사람은 예술을 위한 예술을 해서 그야말로 삶 자체를 예술적으로 살았습니다. 어제의 삶과 오늘의 삶이 달라져야 하는 겁니다. 오늘의 내가 어제와 똑같은 삶을 되풀이하는 것은 너무나 진부하고 구태의연하기 때문에 참신한 삶을 살기 위해 노력하는 겁니다. 치열한 삶이죠. 작품은 말할 것도 없죠. 그런 예술적 혼에 불타서 살아가는 사람들이 있습니다. 그런데 톨스토이 같은 사람은 많은 민중의 삶, 우리의 생활, 우리의 근거를 잊어버릴 때 예술은 의미가 없다고 생각했습니다. 훌륭한 예술이라는 것은 인간 사회에, 인간의 삶에 깊이 관여하고 그것과 잘 결합되는 것이라고 보았던 것입니다. 저도 어느 쪽이 옳은지는 잘 모르겠어요. '예술을 위한 예술인가?' '인생을 위한 예술인가?' 여러분도 한번 생각해보세요.

그야말로 인간만이 가지고 있고 표출해내는 아름다움이 바로 인격의 미입니다.

자연과 예술에 이어 세 번째로 인간에 대해 얘기해보겠습니다. 인간은 물질적 측면과 정신적 측면을 가지고 있죠. 그런데 인간의 아름다움이라고 할 때는 일차적으로 인격미를 말해야 할 것입니다. 우리 몸뚱이 자체는 어머니를 통해 태어났으니까 어쩌면 자연미의 영역이라고 해야 할지도 모르겠어요. 그야말로 인간만이 가지고 있고 표출해내는 아름다움이 바로 인격의 미입니다. 테레사 수녀의 헌신적인 희생, 이런 것이야말로 인간의 아름다움일 수 있겠죠.

오드리 햅번이 남긴 많은 글 가운데 하나를 뽑아봤습니다. "여성의 아름다움은 얼굴 생김새에 있는 것이 아니다. 여성에게서 참된 아름다움은 정신에 있다. 그녀가 보여주는 것은 성실하게 열정을 쏟아붓는 보살핌이다." 이 역시 인격미를 말하는 문장입니다. 또 인격이라고 하는 것은 누구나 다 닦아나가야 하는 것이지만 젊었을 때의 인격이 있고 나이 들었을 때의 인격이 있는 것 같습니다. 청춘의 아름다움도 있지만 나이 듦에 따라서 생기는 아름다움도 있는데 노인의 아름다움을 정의하는 문제도 우리의 과제가 아닐까 생각합니다. 브리지트 바르도라는 배우는 "나는 나의 아름다움과 젊음을 남성들에게 주었다. 이제 나의 지혜와 경험을 동물들에게 주려고 한다"고 했습니다. 나이를 먹으면서 생각하게 되는 아름다움에 관한 얘기입니다.

제가 좋아하는 시인 가운데 아일랜드의 시인인 존 오도나휴 John O'Donohue가 있습니다. 이 사람은 이런 글을 썼습니다. "인간의 정신은 아름다움에 목말라한다. 우리는 모든 곳에서 아름다움을 찾는다. 풍경과 음악과 미술에서, 의상과 가구와 정원에서, 우정과 사랑과 종교에서, 그리고 우리 자신 속에서 아름다움을 찾는다. 그 어느 누구도 아름답지 않으려고 애쓰지는 않을 것이다. 우리가 아름다운 것을 경험할 때는 언제나 귀향의 느낌이 있다." 귀향이라면 집으로 돌아온 느낌, 안온하고 평화롭고 행복한 느낌이죠. 그래서 우리는 그 아름다움에 목말라하며 아름다움을 찾아 이리저리 헤매고 있다는 것입니다.

삶 속에 담긴 풍류의 정신이야말로 동양인의 아름다움의 핵심입니다.

지금까지 서양 얘기를 주로 했다면, 이제 동양의 아름다움을 생각해보겠습니다. 서양의 아름다움을 얘기할 때는 대표적으로 폴리클레이토스Polycleitos의 작품과 같은 그리스 조각을 생각하면 됩니다. 아까 살펴본 〈밀로의 비너스〉도 비슷한 테두리 속에서 이해하면 되겠습니다. 그런데 동양에는 이렇게 쭉 뻗은 늠름한 조각상이나 인물이 잘 없습니다. 이런 것과 확연히 다르게 동양의 왕희지 같은 사람은 붓을 잡으면 줄줄줄 나갔다는 거죠. 왕희지 필체라고 여러분도 한 번쯤 들어보셨을 겁니다.

서양과 동양은 미의식의 방향이 상당히 다릅니다. 서양은 비례나 엄격한 규율에 따라 아름다움을 생각했는데 동양은 그렇지 않습니다. 포석정에 둘러앉아 술 마시다가 신라가 망했다는 설이 있습니다만 풍류를 즐기는 것 자체에 동양의 아름다움의 본질이 있는 게 아닌가 싶습니다. '미'라고 하는 것을 객관적인 실체로서 추구한 것이 서양 미학의 하나의 방향이었다면, 삶 속에 담긴 풍류의 정신이야말로 동양의 아름다움의 핵심입니다. 이것은 저의 미학관이기도 합니다.

사전에서 풍류의 뜻을 찾아보면 '풍치가 있고 멋스럽게 노는 일'이라고 나와 있어요. 또 그다음에는 '속된 것을 버리고 고상한 유희를 하는 것'이라고 나와요. 풍류의 반대개념은 속된 것이에요. 풍류인이 된다는 것은 속된, 세속적인 가치를 벗어난다는 것입니다. 그래서 '그 사람은 풍류가 없다'거나 '풍류를 모르는 사람이다'라고 하면 멋대가리 없는 사람이라는 말이에요. 멋도 없고, 음악도 모르고, 여유도 없고, 옹졸하고, 감정이 메마른 꽁생원이에요.

풍류를 이루는 핵심적인 개념들이 있는데, 바로 '개성', '자연', '예술', '유희'입니다. 자신이 주체가 되어 절개와 지조를 가지고 개성적인 삶을 살아가는 것, 또 한편으로는 자연과 벗하며 예술 활동을 즐기면서 일종의 유희 정신을 가지고 살아가는 것이 풍류 있는 삶이라고 할 수 있습니다. 흔해빠진 일상성을 벗어날 때, 하다못해 술병을 들고 시냇가라도 가야 시를 읊지 않겠어요. 현실 생활을 넘어서는 초탈의 경지를 충실하게 영유할 때 우리는 그것을 '미적 생활'이라고 할 수 있을 것입니다.

서양인은 미적 작품, 다시 말해 예술 작품을 추구했다면 동양인은 작품으로 결정화시키는 것보다 미적 생활을 영위하는 그 자체에 관심을 가졌습니다. 이게 동서양의 가장 큰 차이라는 생각이 듭니다. 철학이나 종교, 사상과도 관계되는 문제입니다. 그래서 고려 시대의 「한림별곡翰林別曲」을 보면 술잔이라든가 술 이름을 여럿 내세우면서 한 잔 먹고 노는, 상당히 향락적인 부분이 있어요. 그런데 조선 시대의 선비들의 풍류는 이것과 조금 다릅니다. 정극인의 「상춘곡賞春曲」을 보면 조그만 초가집에 기거한다 하더라도 송죽이 울창하게 우거진 곳에서 대자연의 주인이 되어 즐기는 것이 풍류라고 생각했습니다.

학림정 이경윤의 〈탄금관월도彈琴觀月圖〉에는 혼자 달과 마주 대하면서 거문고를 뜯는 선비와 옆에서 차를 끓이는 동자의 모습이 나옵니다. 심사정의 〈송하음다松下飮茶〉에도 차를 마시는 장면이 나옵니다. 김홍도의 〈단원도檀園圖〉에서는 세 사람의 벗이 모여서 거문고도 뜯고 술도 마시고 이야기도 나누고 시도 짓고 있습니다. 문인 예술에서 시서화도 중요하지만 그다음으로 중요한 것이 거문고예요. 중국에서는 현금이라고 하는데, 선비들이 항상 음악을 가까이 두었다는 것을 알 수 있습니다.

우리나라의 풍류의 공간으로는 주로 누각과 정자를 떠올릴 수 있습니다. 경치 좋은 곳에 가면 항상 누각과 정자가 있어요. 그래서 그런 것들을 누정이라고 합니다. 여기서 한국의 자연관과 인생관이 참 잘 드러납니다. 자연 속에 자연을 거스르지 않으면서 자연과 하나 되는 공간을 만들어내고 있는 거예요. 바깥에서 봐도 그 정자가 아름답고 정자에서 내려다봐도 아름다운 풍광이 있는 상당히 개방적인 모습입니다. 안과 밖이 하나가 되는 이런 공간은 세계에도 그렇게 많지가 않습니다. 참 중요한 공간입니다.

누각이나 정자는 아름다운 자연을 한곳에 모으고 자연을 끌어안는 것입니다. 청풍명월을 즐기는 적합한 공간 구조인 것이죠.

또 풍류에서 중요한 것으로 술이 있습니다. 술은 풍류의 매개물로서, 술이 한잔 들어가면 흥취가 일어나고 인간과의 교감, 자연과의 교감을 이루어나갈 수 있습니다. 한석봉의 시조를 볼까요. "짚방석 내지 마라 낙엽엔들 못 앉으랴. 솔불 혀지 마라 어제진 달 돋아온다. 아희야 박주산채일망정 없다 말고 내어라." 대단한 것은 아니더라도 변변치 않은 술이라도 좋으니 없다 말고 내어놓으라고 합니다. 술 마시는 것이 일차적인 목적이 아니라 술을 마시는 것으로부터 풍류의 세계가 이루어지는 거겠죠. 정철의 「장진주사將進酒辭」도 술 이야기로 시작합니다. "한잔 먹세그려, 또 한잔 먹세그려. 꽃가지 꺾어서 잔 수 세며 한없이 먹세그려. 이 몸 죽은 후면 … 누가 한잔 먹자 할까? … 하물며 무덤 위에서 원숭이가 휘파람 불 때면, 그때 뉘우친들 무슨 소용 있으리."

새로운 시대, 미학 시대의 지표는 개성과 기쁨과 상상력입니다.

이제 우리가 살고 있는 시대로 넘어와보겠습니다. 지금 우리가 살고 있는 이 시대는 다양한 문화의 시대, 하이테크의 시대인데, 나는 미학을 전공하는 사람으로서 앞으로의 시대는 '감성의 시대'일 것이라는 이야기를 하고자 합니다.

감성이라는 것은 아름다움의 문제와 매우 밀접한 관련을 가지고 있습니다. 아름다움은 감성에 의해 파악되고, 포착됩니다. 미국의 칼럼니스트인 버지니아 포스트렐Virginia Postrel은 『스타일의 전략』이라는 책에서 "새로운 시대는 좋든 싫든 미학적 선택을 해야만 하며, 따라서 개인의 생활이든 기업의 제품이든 간에 '스타일'에 초점을 맞출 수밖에 없다"고 말합니다. 요즘은 자동차 색깔 때문에 한 달을 기다리는 사람도 있습니다. 대개 성능은 비슷비슷하니까 어느 것을 살지 결정하는 데 스타일이 상당한 역할을 합니다. 미학적 선택과 스타일이 우리 시대를 움직이는 힘이라는 것입니다.

다시 말해 우리 시대는 미적 질서에 의해서 움직이고 있습니다. 미국의 제너럴 일렉트릭사는 19세기 말에 설립된, 에디슨이 만든 회사라고 해도 무방한 일류 회사입니다. 이 회사에 세계미학프로그램이라는 부서가 있어요. 이 부서의 책임자가 이런 말을 했습니다. "전 세계적 차원에서 미학 또는 스타일링이 판매를 위한 유일한 핵심 요소로 받아들여지게 되었다." 지금까지는 상품의 가치를 품질과 가격에 입각해서 생각했는데, 이제는 비싸다고 좋은 것도 아니고 품질도 대개는 높은 수준까지 올라와 있어요. 이제는 소비자들의 다양한 취향을 반영하는 것이 중요해요. 미학의 시대, 미적 질서가 지배하는 시대가 돌아온 것입니다.

그래서 애플 디자인의 선구자로 잘 알려진 하르트무트 에슬링거Hartmut Esslinger는 "형태는 감정을 따른다"고 말합니다. 감성을 따른다고 해도 좋겠지요. 이 말은 사실 "형태는 기능을 따른다"고 하는 근대 건축의 기능주의 미학을 바꾼 것입니다. 자동차를 잘 달리게끔 하려면 유선형으로 만들어야 하잖아요. 그러니까 자동차의 형태는 잘 달린다는 기능을 따르는 것입니다. 그게 전통적인 근대 미학입니다. 사람이 사는 닭장 같은 집을 만드는 것이 건축이었어요. 지금 아파트가 그런 겁니다. 모더니즘 디자인 이념의 특징이 효율성, 합리성, 진실이었다면, 오늘날은 이것을 넘어서 다양성의 미학으로 가고 있습니다. 자유, 아름다움, 즐거움이 중요한 시대라고 할 수 있습니다.

그래서 새로운 시대, 미학 시대의 지표는 개성과 기쁨과 상상력입니다. 사람과 장소와 물건, 이것이 우리의 세계를 이루는 것인데, 이 속에서 무엇을 추구하느냐가 중요합니다. 여러분이 있고, 여러분이 살고 있는 학교가 있고, 집이 있고, 도시가 있고, 가지고 있는 물건들이 있죠. 이런 것에서 우리는 개성을 발휘하고 기쁨을 누리고 상상력을 발휘하고 싶어 해요. 그래서 'Look and Feel', 말하자면 외양과 느낌이 중시되는 시대입니다. 제품 디자인, 환경, 사람들의 외모를 통해 개성과 기쁨, 상상력이 발휘되고 있고, 외양과 느낌이 사람들에게 호소하는 힘이 커졌습니다.

그래서 이미지메이킹이 상당히 중요한 과제로 떠오르고 있습니다. 뉴욕 시민 단체 중에 스타일워크스StyleWorks라는 그룹이 있어요. 이 사람들은 직장을 나간다거나 시의원에 출마하는 등 새로운 출발을 하는 사람들에게 '산뜻한 외모'를 제공합니다. 이미지 컨설팅을 해주는 거예요. '승진하셨으니까 헤어스타일도 바꾸고 여러 가지로 달라져야죠' 같은 조언이 더없이 중요한 시대가 되어버렸어요. 헤어 스타일리스트, 메이크업 아티스트, 이미지 컨설턴트, 네일 아티스트 등 이미지메이킹과 관련된 직업도 많이 생겼습니다. 이미지메이킹이 앞에서 말한 외양과 느낌의 시대에 요청되는 활동이죠. 그래서 건강과 아름다움, 의술과 화장술의 구분이 모호해지기도 했습니다. 치과, 피부과, 성형외과에서 질병 치료를 하기보다는 외모 가꾸기를 하고 있죠.

또 오늘날은 '호화로운 대중populuxe'의 시대입니다. 옛날에는 돈 많은 귀족들만 호화로움을 누렸지만 요즘은 우리 모두가 호화로워질 수 있어요. 돈 몇 푼 안 들이고도 얼마든지 새로운 복장으로 변신해서 파티에 나갈 수 있어요. 그런데 모더니즘에는 장식은 범죄이고 스타일링은 빈껍데기라는 관념이 있었습니다. 그에 반해 이제 호화로운 대중의 시대에는 장식과 스타일링이야말로 우리가 반드시 갖춰야 될 것이 되었습니다. 아름다움은 더 이상 사치가 아니라 보편적인 욕구가 됐어요. 여러분이 아름다워질 수 있는 여러 가지 방법을 생각해보세요.

감각적인 호소력이 다른 어느 호소력보다도 중요합니다. 더 이상 정치적 이념만 가지고는 설득할 수 없습니다. 선거 때 되면 정치가가 나와서 미소 짓고, 영화배우 비슷하게 차려입고 나오죠. 감각적인 호소를 하는 거예요. 복지 정책보다는 감각적인 호소의 힘이 실제로 더 큽니다. 과거에는 실체와 표면이 엄연히 구분되어 있었는데 지금은 이 구분 자체가 모호해졌습니다. 국회의원 출마자가 웃는 것이 정말 우리에게 호감을 가져서인지 잘 모르겠고 많이 속기도 하죠. 그런데 또 반드시 속는 것은 아닙니다. 그 사람이 마음을 고쳐먹고 이제 웃음을 가지고 다가올 수도 있는 거죠. 어려운 부분입니다. 패션도 마찬가지고요.

외양과 느낌이 표면, 껍데기라고 생각될지도 모르지만 우리는 이런 것들을 이용해서 삶의 실체에 즐거움과 의미를 덧붙일 수 있습니다.

'Smart and Pretty'. 번역을 하자면 '똑똑하면서도 멋진'이 되겠죠. 우리 시대는 이것을 요구하는 시대입니다. 매력적인 표면이라고 해서 반드시 실체의 결여를 의미하는 것은 아닙니다. 외모가 매력적이고 아름답다고 해서 속이 텅 비었다고 얘기할 순 없지 않겠어요? 오히려 우리는 매력적인 표면을 가지면서도 속도 알찬 삶을 추구하고 그런 물건을 원하고 그런 환경에서 살고 싶어 할지도 모르겠어요.

아프가니스탄에서 억압적인 탈레반 정권이 붕괴한 후 사람들이 가장 먼저 무엇을 했을 것 같아요? 먹고살기도 힘든데 여자들은 매니큐어를 칠하고 남자들은 턱수염을 깎아서 자신의 모습을 바꾸었어요. 옷의 색깔도 예전에는 푸른색이나 흰색뿐이었는데 핑크빛, 자줏빛, 보랏빛 같은 형형색색의 옷을 입고 나오는 거예요. 먹고사는 문제에 가장 관심이 많을 줄 알았는데 그게 아니었던 겁니다. 이런 모습은 감성의 해방이야말로 진정한 삶의 해방이라는 생각을 갖게끔 해주죠.

그러면 우리는 그러한 매니큐어 칠, 감성적인 측면만 가지고 미적 질서를 얘기할 수 있는가 하는 문제를 생각해봐야 해요. 오히려 미적 질서가 더욱더 확고하게 자리 잡기 위해서는 예술과 과학이 접목되고 정서와 인지가 통합되어야 합니다. 다시 말해서 감성의 세계를 맞이하기 위해서는 이성을 저버려서는 안 된다는 것입니다. 아까 말한 제너럴 일렉트릭사에서 3만 5,000가지 색깔의 플라스틱을 만들었어요. 플라스틱을 주문하면 어떤 색상이든지 가져다주는 것입니다. 이런 것을 통해서 풍요로운 감성의 세계를 펼치고 있어요. 그런데 이 3만 5,000가지 색상의 바탕에는 정밀화학공학자, 칩 디자이너, 기계공학자, 조립공이 있는 것입니다.

외양과 느낌이 표면, 껍데기라고 생각될지도 모르지만 우리는 이런 것들을 이용해서 삶의 실체에 즐거움과 의미를 덧붙일 수 있습니다. 외양과 느낌의 시대를 즐긴다는 것은 결국 그런 표면과 함께 놀면서 삶의 즐거움과 의미를 만들어나가는 것입니다. 우리 모두 똑똑하면서도 멋진 삶을 살도록 노력합시다.

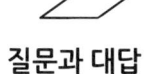

### 질문과 대답

지금 사회적으로 외모지상주의가 문제인데요, 선생님의 말씀처럼 스타일링이 중요시되지만 외모 가꾸기 때문에 오히려 내면을 놓치는 측면이 있는 것 같습니다. 이런 점에 대해서는 어떻게 생각하시나요?

우리 모두가 고민하는 부분이죠. 외모지상주의는 모든 나머지를 희생시키는 측면이 있습니다. 그래서 야기되는 문제가 많이 있죠. 그런데 이런 이야기도 있어요. 미국의 사례인데, 어떤 사람이 얼굴이 참 못생기고 취직도 잘 안 돼서 컨설턴트의 도움을 받았어요. 컨설턴트가 그러면 머리를 금발로 바꿔보고 얼굴 피부도 좀 더 팽팽하게 당기면 어떻겠냐고 해서 그 말대로 했어요. 그런데 그렇게 모습이 바뀌고 보니 원래의 나를 되찾은 것 같다는 생각이 들었다는 거예요. 다시 말해서 외양이 바뀌면서 자신의 삶이 대치되는 효과가 생겼다는 것입니다. 저는 이런 경우가 우리 시대를 잘 설명해주는 사례라고 생각해요. 그러니까 무리하게 시간과 돈을 투자하면서 지나치게 한쪽으로 치우치지 않도록 경계하면서 외양과 느낌을 소중하게 생각하고 라이프 스타일을 찾아가는 게 중요합니다.

예술 작품을 감상할 때, 어떤 사람들은 아는 만큼 보인다고 하면서 예술 작품의 아름다움과 마주하기 위해서는 그것의 의도나 역사적 사실과 같은 지식이 필수적이라고 주장하는 반면, 또 어떤 사람들은 이러한 지식이나 해석이 오히려 예술 작품의 순수한 아름다움, 그리고 개개인의 독창적인 감상을 방해한다고 말하기도 합니다. 그런데 이런 해석이 정말 순수한 아름다움을 감상하는 데 방해가 되는 것인지 궁금합니다.

근본적인 문제 제기를 해주셨어요. 작품 자체에 충실하자는 주장은 서구의 근대적인 사고, 특히 20세기의 뉴 크리티시즘New Criticism이라는 문학비평의 흐름에서 크게 대두되었고 그러한 비평 방식이 미술이나 음악 쪽에도 영향을 미쳤습니다. 작품 바깥으로 넘어서게 되면 걷잡을 수 없어진다는 생각이 이러한 흐름의 바탕에 있었습니다. 이게 근대적인 생각입니다.

그런데 또 한편으로는 작품은 그냥 무에서 나오는 것이 아니며, 작품의 배경이 중요하다는 주장도 있습니다. 뉴 크리티시즘의 입장에서 이러한 배경적 지식이 불필요하다고 얘기하기보다는 이런 논의 자체를 별도의 차원으로 돌릴 수 있습니다. 예술학이나 미학이라는 영역이 있다면 예술사회학 같은 인접 분야의 연구도 있습니다. 또 심리학적인 관점에서, 인류학적인 관점에서 예술의 문제를 논의할 수도 있어요. 작품 자체가 가지고 있는 자율적인 질서에 입각하자는 것이 기본적으로 근대 미학의 생각이지만 다른 부분에 관심을 가지는 사람도 충분히 있겠죠. 사회학자나 다른 분야의 학자들도 작품에 대해서 얘기할 수 있는 것입니다.

추상화가 어렵다고들 하죠. 그것은 현대 화가들이 예술이 전개되어온 역사에 대해서 무언가를 얘기하고 싶어 하기 때문이에요. 나의 작품을 만드는 것이 아니라 지금까지의 예술이라는 역사적인 바탕 속에 자기 작품을 위치시키려고 해요. 이런 맥락을 알면 쉬운데 그렇지 않은 경우 작품을 감상하기가 어려울 수 있고, 또 매우 실험적이고 새로운 것을 창조하는 작업은 결국 남이 보지 못한 것, 진기한 것을 만드는 것이니 이 경우에 감상자와 작품 사이에 거리감이 생길 수밖에 없어요. 그래서 현대 예술이 실험적이고 아방가르드적인 방향으로 나아가면서 비인간화됐다고 비판하는 사람도 있습니다. 그럼에도 불구하고 현대의 전위적인 실험 미술가들은 그런 방향으로 나아가고 있습니다. 이것이 현재 상황인데 뉴 크리티시즘, 근대적인 사고에 입각하면 작가의 의도를 생각하면 안 된다는 거예요. 작가의 의도는 나와 관계없다, 나와 작품과의 만남을 소중하게 생각하자는 것이 이런 견해의 기본적인 입장입니다. 여러분은 제가 소개해드린 이런 입장과 흐름이 있다는 걸 염두에 두고서 각자의 견해에 따라 이 문제에 접근해가면 좋겠습니다.